新唐書

宋 歐陽修 宋 祁 撰

第一四册

卷一一五至卷一三一（傳）

中華書局

唐書卷一百一十五

列傳第四十

狄仁傑 光嗣 兼謨　郝處俊 象賢　朱敬則 仁軌

狄仁傑字懷英，并州太原人。爲兒時，門人有被害者，吏就詰，衆爭辨對，仁傑誦書不置，吏讓之，答曰：「黃卷中方與聖賢對，何暇偶俗吏語耶？」舉明經，調汴州參軍。爲吏誣訴，黜陟使閻立本召訊，異其才，謝曰：「仲尼稱觀過知仁，君可謂滄海遺珠矣。」薦授并州法曹參軍。親在河陽，仁傑登太行山，反顧，見白雲孤飛，謂左右曰：「吾親舍其下。」瞻悵久之，雲移乃得去。同府參軍鄭崇質母老且疾，當使絕域。仁傑謂曰：「君可貽親萬里憂乎？」詣長史藺仁基請代行。仁基咨美其誼，時方與司馬李孝廉不平，相語曰：「吾等可少愧矣！」則相待如初，每曰：「狄公之賢，北斗以南，一人而已。」

稍遷大理丞，歲中斷久獄萬七千人，時稱平恕。左威衞大將軍權善才、右監門中郎將范懷義坐誤斧昭陵柏，罪當免，高宗詔誅之。仁傑奏不應死，帝怒曰：「是使我爲不孝子，必殺之。」仁傑曰：「漢有盜高廟玉環，文帝欲當之族，張釋之廷諍曰：『假令取長陵一抔土，何以加其法？』於是罪止棄市。陛下之法在象魏，固有差等。犯不至死而致之死，何哉？今誤伐一柏，殺二臣，後世謂陛下爲何如主？」帝意解，遂免死。數日，授侍御史。左司郎中王本立恃寵自肆，仁傑劾奏其惡，有詔原之。仁傑曰：「朝廷借乏賢，如本立者不尠。陛下惜有罪，虧成法，奈何？臣願先斥，爲羣臣戒。」本立抵罪。繇是朝廷肅然。使岐州，亡卒數百剽行人，道不通。官捕繫盜黨窮訊，而餘曹紛紛不能制。仁傑曰：「是其計窮，且爲患。」乃明開首原格，出繫者，稟而縱之，使相曉，皆自縛歸。帝嘆其達權宜。

遷度支郎中。帝幸汾陽宮，爲知頓使。并州長史李沖玄以道出妬女祠，俗言盛服過者，致風雷之變，更發卒數萬改馳道。仁傑曰：「天子之行，風伯清塵，雨師灑道，何妬女避邪？」止其役。帝壯之，曰：「眞丈夫哉！」出爲寧州刺史，撫和戎落，得其歡心，郡人勒碑以頌。入拜冬官侍郎、持節江南巡撫使。吳、楚俗多淫祠，仁傑一禁止，凡毀千七百房，止留夏禹、吳太伯、季札、伍員四祠而已。

轉文昌右丞，出豫州刺史。時越王兵敗，支黨餘二千人論死。仁傑釋其械，密疏曰：「臣欲有所陳，似爲逆人申理；不言，且累陛下欽恤意。表成復毀，自不能定。然此皆非本惡，詿誤至此。」有詔悉謫戍邊。囚出寧州，父老迎勞曰：「狄使君活汝耶！」因相與哭碑下。囚齋三日乃去。至流所，亦爲立碑。初，宰相張光輔討越王，軍中恃功，多暴索，仁傑拒之。光輔怒曰：「州將輕元帥邪？」仁傑曰：「亂河南者一越王，公董士三十萬以平亂，縱使暴橫，使無辜之人咸墜塗炭，是一越王死，百越王生也。且王師之至，民歸順以萬計，自縋而下，四面成蹊。奈何縱邀賞之人殺降以爲功，冤痛徹天？如得上方斬馬劍加君頸，雖死不恨！」光輔還，奏仁傑不遜，左授復州刺史。徙洛州司馬。

天授二年，以地官侍郎同鳳閣鸞臺平章事。武后謂曰：「卿在汝南有善政，然有譖卿者，欲知之乎？」謝曰：「陛下以爲過，臣當改之；以爲無過，臣之幸也。譖者乃不願知。」后嘆其長者。時太學生謁急，后亦報可。仁傑曰：「人君惟生殺柄不以假人，至簿書期會，宜責有司。尚書省決事，左、右丞不句杖，左、右丞相不判徒，況天子乎？學徒取告，丞、簿職耳，若爲報可，則胄子數千，凡幾詔耶？爲定令示之而已。」后納其言。

會爲來俊臣所構，捕送制獄。于時，訊反者一問即臣，聽減死。俊臣引仁傑置對，答曰：「有周革命，我乃唐臣，反固實。」俊臣乃挺繫。其屬王德壽以情謂曰：「我意求少遷，公爲我引楊執柔爲黨，公且免死。」仁傑歎曰：「皇天后土，使仁傑爲此乎！」即以首觸柱，血流沫面。德壽懼而謝。守者寖弛，即丐筆書帛，置褚衣中，好謂吏曰：「方暑，請付家徹絮。」

仁傑子光遠得書上變，后遣使案視。俊臣命仁傑冠帶見使者，私令德壽作謝死表，附使以聞。后乃召見仁傑，謂曰：「臣反何耶？」對曰：「不臣反，死笞掠矣。」示其表，曰：「無之。」后知代署，因免死。武承嗣屢請誅之，后曰：「命已行，不可返。」時同被誣者鳳閣侍郎任知古等七族悉得貸。御史霍獻可以首叩殿陛苦爭，欲必殺仁傑等，乃貶仁傑彭澤令，邑人爲置生祠。

萬歲通天中，契丹陷冀州，河北震動，擢仁傑爲魏州刺史。前刺史懼賊至，驅民保城，修守具。仁傑至，曰：「賊在遠，何自疲民？萬一虜來，吾自辦之，何預若輩？」悉縱就田。虜聞，亦引去，民愛仰之，復爲立祠。俄轉幽州都督，賜紫袍、龜帶，后自製金字十二於袍，以旌其忠。

召拜鸞臺侍郎，復同鳳閣鸞臺平章事。時發兵戍疏勒四鎭，百姓怨苦。仁傑諫曰：

天生四夷，皆在先王封域之外。東距滄海，西隔流沙，北橫大漠，南阻五嶺，天所以限中外也。自典籍所紀，聲教所曁，三代不能至者，國家既已兼之。詩人矜薄伐於太原，化行於江、漢，前代之遐裔，而我之域中，過夏、商遠矣。今乃用武荒外，邀功絕域，竭府庫之實，以爭磽确不毛之地，得其人不足以增賦，獲其土不可以耕織。苟求冠帶遠夷，不務固本安人，此秦皇、漢武之所行也。傳曰：「與覆車同軌者未嘗安。」此言雖小，可以喻大。

臣伏見國家師旅歲出，調度之費狃以寖廣，右戍四鎮，左屯安東，杼軸空匱，轉輸不絕，行役旣久，怨曠者多。上不是恤，則政不行；政不行，則害氣作；害氣作，則蟲螟生，水旱起矣。方今關東荐饑，蜀漢流亡，江、淮而南，賦斂不息。人不復本，則相率爲盜；本根一搖，憂患非淺。所以然者，皆貪功方外，耗竭中國也。昔漢元帝納賈捐之之謀而罷珠崖，宣帝用魏相之策而棄車師田。貞觀中，克平九姓，册拜李思摩爲可汗，使統諸部，夷狄叛則伐，降則撫，得推亡固存之義，無遠戍勞人之役。今阿史那斛瑟羅，皆陰山貴種，代雄沙漠，若委之四鎮，以統諸蕃，建爲可汗，遣禦寇患，則國家有繼絕之美，無轉輸之苦。損四鎮，肥中國，罷安東，實遼西，省軍費於遠方，并甲兵於要塞，恆、代之鎭重，而邊州之備豐矣。

且王者外寧，容有內危。陛下姑敕邊兵謹守備，以逸待勞，則戰士力倍；以主禦客，則我得其便；堅壁淸野，寇無所得。自然深入有顚躓之慮，淺入無虜獲之益。不數年，二虜不討而服矣。

又請廢安東，復高姓爲君長，省江南轉饟以息民，不見納。

張易之嘗從容問自安計，仁傑曰：「惟勸迎廬陵王可以免禍。」會后欲以武三思爲太子，以問宰相，衆莫敢對。仁傑曰：「臣觀天人未厭唐德。比匈奴犯邊，陛下使梁王三思募勇士於市，踰月不及千人。廬陵王代之，不浹日，輒五萬。今欲繼統，非廬陵王莫可。」后怒，罷議。久之，召謂曰：「朕數夢雙陸不勝，何也？」於是，仁傑與王方慶俱在，二人同辭對曰：「雙陸不勝，無子也。天其意者以儆陛下乎！且太子，天下本，本一搖，天下危矣。文皇帝身蹈鋒鏑，勤勞而有天下，傳之子孫。先帝寢疾，詔陛下監國。陛下掩神器而取之，十有餘年，又欲以三思爲後。且姑姪與母子孰親？陛下立廬陵王，則千秋萬歲後常享宗廟；三思立，廟不祔姑。」后感悟，即日遣徐彥伯迎廬陵王於房州。王至，后匿王帳中，召見仁傑語廬陵事。仁傑敷請切至，涕下不能止。后乃使王出，曰：「還爾太子！」仁傑降拜頓首，曰：「太子歸，未有知者，人言紛紛，何所信？」后然之。更令太子舍龍門，具禮迎還，中外大悅。初，吉頊、李昭德數請還太子，而后意不回，唯仁傑每以母子天性爲言，后雖忮忍，不能無感，故卒復唐嗣。

尋拜納言，兼右肅政御史大夫。突厥入趙、定，殺掠甚衆，詔仁傑爲河北道行軍元帥，假以便宜。突厥盡殺所得男女萬計，由五回道去，仁傑追不能逮。更拜河北安撫大使。時民多脅從於賊，賊已去，懼誅，逃匿。仁傑上疏曰：「議者以爲虜入寇，始明人之逆順，或迫脅，或願從，或受僞官，或爲招慰。誠以山東之人重氣，一往死不爲悔。比緣軍興，調發煩重，傷破家產，剔屋賣田，人不爲售。又官吏侵漁，州縣科役，督趣鞭笞，情危事迫，不循禮義，投跡犬羊，以圖賒死，此君子所愧，而小人之常。民猶水也，壅則爲淵，疏則爲川，通塞隨流，豈有常性。昔董卓之亂，神器播越，卓已誅禽，部曲無赦，故事窮變生，流毒京室。此由恩不溥洽，失在機先。今負罪之伍，潛竄山澤，赦之則出，不赦則狂。山東羣盜，緣茲聚結。故臣以爲邊鄙暫警不足憂，中土不寧可爲慮也。夫持大國者不可以小治，事廣者不可以細分。人主所務，弗檢常法。願曲赦河北，一不問罪。」詔可。

還，除內史。后幸三陽宮，王公皆從，獨賜仁傑第一區，眷禮卓異，時無輩者。是時李楷固、駱務整討契丹，克之，獻俘含樞殿，后大悅。二人者，本契丹李盡忠部將，盡忠入寇，楷固等數挫王師，後降，有司請論如法。仁傑稱其驍勇可任，若貸死，必感恩納節，可以責功。至是凱旋，后舉酒屬仁傑，賞其知人。授楷固左玉鈐衞大將軍、燕國公，賜姓武；務整右武威衞將軍。

后將造浮屠大像，度費數百萬，官不能足，更詔天下僧日施一錢助之。仁傑諫曰：「工不役鬼，必在役人；物不天降，終由地出。不損百姓，且將何求？今邊垂未寧，宜寬征鎭之傜，省不急之務。就令顧作，以濟窮人，既失農時，是爲棄本。且無官助，理不得成。既費官財，又竭人力，一方有難，何以救之？」后由是罷役。

聖曆三年卒，年七十一。贈文昌右相，謚曰文惠。仁傑所薦進，若張柬之、桓彥範、敬暉、姚崇等，皆爲中興名臣。始居母喪，有白鵲馴擾之祥。中宗卽位，追贈司空。睿宗又封梁國公。

子光嗣、景暉。

光嗣，聖曆初，爲司府丞。武后詔宰相各擧尚書郎一人，仁傑薦光嗣，由是拜地官員外郎，以稱職聞。后曰：「祁奚內擧，果得人。」歷淄、許、貝三州刺史。母喪，奪爲太府少卿，固讓，睿宗嘉其誠，許之。累遷揚州長史，以罪貶歙州別駕，卒。

景暉，官魏州司功參軍，貪暴爲虐，民苦之，因共毁其父生祠，不復奉。至元和中，田弘正鎭魏博，始奏葺之，血食不絕。

族孫兼謨。

兼謨字汝諧，及進士第。辟襄陽使府，剛正有祖風。令狐楚執政，薦授左拾遺，數上書言事。歷刑部郎中，蘄、鄧、鄭三州刺史。歲旱饑，發粟賑濟，民人不流徙。改蘇州，以治最，擢給事中。左藏史盜度支縑帛，文宗以經赦詔勿治，兼謨封還詔書，帝問之，對曰：「典史犯贓，不可免。」帝曰：「朕已赦其長官，吏亦宜宥，與其失信，寧失罪人。」既而曰：「後或事有不可，勿以還詔爲憚。」遷御史中丞。帝曰：「御史臺朝廷綱紀，一臺正，則朝廷治，朝廷正，則天下治。畏忌顧望，則職業廢矣。卿，梁公後，當嗣家聲，不可不愼。」兼謨頓首謝。江西觀察使吳士矩加給其軍，擅用上供錢數十萬。兼謨劾奏：「觀察使爲陛下守土，宣國詔條，知臨戎賞士，州有定數，而與奪由己，貽弊一方，爲諸道觖望，請付有司治罪。」士矩繇是貶蔡州別駕。歷兵部侍郎、河東節度使。還爲尚書左丞。武宗子峴封益王，命兼謨爲傅。俄領天平節度使，辭疾，以祕書監歸洛陽，遷東都留守，卒。

郝處俊，安州安陸人。父相貴，因隋亂，與婦翁許紹據峽州，歸國，拜滁州刺史，封甑山縣公。處俊甫十歲而孤，故吏歸千縑賵之，已能讓不受。及長，好學，嗜漢書，崖略暗誦。貞觀中，第進士，解褐著作佐郎，襲父爵。兄弟友睦，事諸舅謹甚。再轉滕王友，恥爲王府屬，棄官去。久之，召拜太子司議郎，累遷吏部侍郎。高麗叛，詔李勣爲浿江道大總管，處俊副之。師入虜境，未陣，賊遽至，舉軍危駭。處俊方據胡牀，體胖，安餐乾糒不顧，密畀料精銳擊之，虜卻，衆壯其謀。

入拜東臺侍郎。時浮屠盧伽逸多治丹，曰「可以續年」。高宗欲遂餌之，處俊諫曰：「脩短固有命，異方之劑，安得輕服哉？昔先帝詔浮屠那羅邇娑寐案其方書爲祕劑，取靈蘤怪石，歷歲乃能就。先帝餌之，俄而大漸，上醫不知所爲。羣臣請顯戮其人，議者以爲取笑夷狄，故法不得行。前鑑不遠，惟陛下深察。」帝納其言，弟拜盧伽逸多爲懷化大將軍，進處俊同東西臺三品。

咸亨初，幸東都，皇太子監國，諸宰相皆留，而處俊獨從。帝嘗曰：「王者無外，何爲守禦？而重門擊柝，庸待不虞邪？我嘗疑秦法爲寬，荊軻匹夫耳，匕首竊發，羣臣皆荷戟侍，莫敢拒，豈非習慢使然？」處俊對曰：「此乃法急耳。秦法，輒升殿者，夷三族。人皆懼族，安有敢拒邪？魏曹操著令曰：『京城有變，九卿各守其府。』後嚴才亂，與徒數十人攻左掖門，操登銅爵臺望之，無敢救者。時王脩爲奉常，聞變，召車騎未至，領官屬步至宮門。操曰：『彼來者，必王脩乎！』此由脩察變識幾，故冒法赴難。向若拘常，則遂成禍矣。故王者設法不可急，亦不可慢。詩曰『不懈于位，人之攸塈』，仁也；『式遏寇虐，無俾作慝』，刑也。書曰『高明柔克，沈潛剛克』，中道也。」帝曰：「善。」

轉中書侍郎，監脩國史。初，顯慶中，令狐德棻、劉胤之撰國史，其後許敬宗復加緒次。帝恨敬宗所紀失實，更命宰相刊正，且曰：「朕昔從幸未央宮，辟仗既過，有橫刀伏草中者，先帝斂轡却，謂朕曰：『事發，當死者數十人，汝可命出之。』史臣惟敍此爲實。」處俊曰：「先帝仁恩溥博，類非一。臣之弟處傑被擇供奉，時有三衞誤拂御衣者，懼甚。先帝曰：『左右無御史，我不汝罪。』」帝曰：「此史臣應載。」處俊乃表左史李仁實欲删整僞辭，會仁實死而止。

上元初，帝觀酺翔鸞閣，時赤縣與太常音技分東西朋，帝詔雍王賢主東，周王顯主西，因以角勝，處俊曰：「禮所以示童子無誑者，恐其欺詐之心生也。二王春秋少，意操未定，乃分朋造黨使相誇，彼俳兒優子，言辭無度，爭負勝，相譏誚，非所以導仁義，示雍和也。」帝遽止，歎曰：「處俊遠識，非衆臣所逮。」遷中書令，兼太子賓客，檢校兵部尚書。

帝多疾，欲遜位武后，處俊諫曰：「天子治陽道，后治陰德，然則帝與后猶日之與月，陽之與陰，各有所主，不相奪也。若失其序，上讁見于天，下降災諸人。昔魏文帝著令，帝崩，不許皇后臨朝。今陛下奈何欲身傳位天后乎？天下者，高祖、太宗之天下，非陛下之天下，正應謹守宗廟，傳之子孫，不宜持國與人，以喪厥家。」中書侍郎李義琰曰：「處俊言可從，惟陛下不疑。」事遂沮。又兼太子左庶子，拜侍中，罷爲太子少保。

開耀元年卒，年七十五。贈開府儀同三司、荆州大都督。帝哀歎其忠，舉哀光順門，祭以少牢，賻絹布八百段、米粟八百石，詔百官赴哭，官庀葬事。子北叟固辭，未聽。裴炎爲白帝曰：「處俊阽死，諉臣曰：『生無益于國，死無煩費，凡詔賜，願一罷之。』」帝聞惻然，答其意，止賻物而已。

處俊資約素，土木形骸，然臨事敢言，自秉政，在帝前議論諄諄，必傅經義，凡所規獻，得大臣體。武后雖忌之，以其操履無玷，不能害。與舅許圉師同里，俱宦達；鄉人田氏、彭氏以高貲顯。故江、淮間爲語曰：「貴如郝、許，富如田、彭。」

孫象賢，垂拱中，爲太子通事舍人，后素銜處俊，故因事誅之。臨刑，極罵乃死，后怒，令離磔其尸，斲夷祖、父棺冢。自是訖后世，將刑人，必先以木丸窒口云。

朱敬則字少連，亳州永城人。以孝義世被旌顯，一門六闕相望。敬則志尚恢博，好學，重節義然諾，善與人交，振其急難，不責報於人。與左史江融、左僕射魏元忠善。咸亨中，高宗聞其名，召見，異之，爲中書令李敬玄所毁，故授洹水尉。久之，除右補闕。

初，武后稱制，天下頗流言，遂開告密羅織之路，興大獄，誅將相大臣。至是，已革命，事益寧。敬則諫曰：

臣聞李斯之相秦也，行申、商之法，重刑名之家；杜私門，張公室；棄無用之費，損不急之官；惜日愛功，亟戰疾耕。既庶而富，遂屠諸侯。此救弊之術也。故曰：「刻薄可施於進趨，變詐可陳於攻戰。」天下已平，故可易之以寬簡，潤之以淳和。秦乃不然，淫虐滋甚，往而不反，卒至土崩。此不知變之禍也。

陸賈、叔孫通事漢祖，當滎陽、成皋間，糧餉窮，智勇困，未嘗敢開一說，效一奇，唯進豪猾貪暴之人。及區宇適定，乃陳詩、書，說禮、樂，開王道。高帝忿然曰：「吾以馬上得之，安事詩、書？」對曰：「馬上得之，可馬上治之乎？」帝默然。於是賈著新語，通定禮儀。此知變之善也。向若高帝斥二子，置詩、書，重攻戰，尊首級，則複道爭功，拔劍擊柱，晷漏之不保，何十二帝二百年乎？故曰：仁義者，聖人之蘧廬；禮者，先王之陳迹。祠祝畢，芻狗捐；淳精流，糟粕棄。仁義尙爾，況其輕乎？

國家自文明以來，天地草昧，內則流言，外則構難。故不設鉤距，無以順人；不切刑罰，無以息暴。於是置神器，開告端，故能不出房闈，而天下晏然易主矣。臣聞急趨者無善迹，促柱者無和聲；拯溺不規行，療饑不鼎食。卽向時祕策，今之芻狗也。願鑒秦、漢之失，考時事之宜，毁蘧廬，遺糟粕；下寬大之令，流曠蕩之澤，去萋斐之角牙，頓姦險之芒刃，塞羅織之妄源，掃朋黨之險迹，曠然使天下更始，豈不樂哉！

后善其言。

遷正諫大夫，兼脩國史。乃請高史官選，以求名才。侍中韋安石嘗閱其稾史，歎曰：「董狐何以加！世人不知史官權重宰相，宰相但能制生人，史官兼制生死，古之聖君賢臣所以畏懼者也。」時賦斂繁重，民多蕩析，后數召入禁中訪失得。進同鳳閣鸞臺平章事。張易之構魏元忠、張說，欲誅之，無敢言者。敬則獨奏曰：「元忠、說秉心忠一，而所坐無名，殺之失天下望。」乃得不死。

以老疾還政事，俄改成均祭酒、冬官侍郎。易之等集名儒撰三教珠英，又繪武三思、李嶠、蘇味道、李迥秀、王紹宗等十八人像以爲圖，欲引敬則，固辭不與，世絜其爲人。出爲鄭州刺史，遂致仕。侍御史冉祖雍誣奏與王同晈善，貶涪州刺史。既明其非罪，改廬州。代還，無淮南一物，所乘止一馬，子曹步從以歸。卒年七十五。

敬則與三從昆弟居四十年，貲產無異。及執政，每以用人爲先，細務不省也。嶺表蠻叛，以裴懷古有文武才，用爲桂州都督，蠻服其威惠，相率降。薦魏知古爲鳳閣舍人，張思敬爲右史，皆稱職。初，二張權寵盛，敬則密謂敬暉曰：「公若假太子令，舉北軍誅易之兄弟，兩飛騎力耳。」暉卒用其策。始崔寔、仲長統、王朗、曹冏論封建，指秦爲失，敬則以爲秦、漢世禮義陵遲，不可復用周制封諸侯，著論明之，儒者以爲知言。

睿宗嗣位，嘗曰：「神龍以來，忠於本朝者，李多祚、王同晈、韋月將、燕欽融並褒復矣，尚有遺者耶？」劉幽求曰：「朱敬則忠正義烈，天下所推，往爲宗楚客、冉祖雍等所誣，謫守刺史。長安中，嘗語臣曰：『相王必受命，當悉心事之。』及韋氏干紀，臣遂見危赴難。雖天誘其衷，亦敬則啓之。」於是追贈祕書監，謚曰元。

敬則兄仁軌，字德容，隱居養親。常誨子弟曰：「終身讓路，不枉百步；終身讓畔，不失一段。」有赤烏、白鵲棲所居樹，按察使趙承恩表其異。及卒，郭山惲、員半千、魏知古共謚爲孝友先生。

贊曰：武后乘唐中衰，操殺生柄，劫制天下而攘神器。仁傑蒙恥奮忠，以權大謀，引張柬之等，卒復唐室，功蓋一時，人不及知。故唐呂温頌之曰：「取日虞淵，洗光咸池。潛授五龍，夾之以飛。」世以爲名言。方高宗舉天下將以禪后，處俊固爭，不使妻乘夫，陰反陽，至姦人銜怨，仇黨以逞。蓋所謂誼形於主耶。敬則一諫，而羅織之獄衰，時而後言者歟！

唐書卷一百一十六

列傳第四十一

王綝 倆 逐 摶 韋思謙 承慶 嗣立 恆 濟 弘景 陸元方 象先 景倩 景融 希聲 餘慶 璪 王及善 李日知 杜景佺 李懷遠 景伯 彭年

王綝字方慶，以字顯。其先自丹楊徙雍咸陽。父弘直，爲漢王元昌友。王好畋游，上書切諫，王稍止，然益疏斥。終荊王友。

方慶起家越王府參軍，受司馬遷、班固二史於記室任希古，希古它遷，就卒其業。武后時，遷累廣州都督。南海歲有崑崙舶市外區琛琲，前都督路元叡冒取其貨，舶酋不勝忿，殺之。方慶至，秋毫無所索。始，部中首領沓墨，民詣府訴，府曹素相餉謝，未嘗治。方慶約官屬不得與交通，犯者痛論以法，境內清畏。議者謂治廣未有如方慶者，號第一，下詔賜瑞錦、雜綵，以著善政。轉洛州長史，封石泉縣子。遷鸞臺侍郎、同鳳閣鸞臺平章事，進鳳閣侍郎。

神功初，淸邊道大總管武攸宜破契丹凱還，且獻俘，內史王及善以孝明帝忌月，請鼓吹備而不作，方慶曰：「晉穆帝納后，當康帝忌月，時以爲疑。荀訥謂禮有忌日無忌月，自月而推，則忌時忌年，愈無理據。世用其言。臣謂軍方大凱，作樂無嫌。」詔可。武后幸玉泉祠，以山道險，欲御腰輿。方慶奏：「昔張猛諫漢元帝『乘船危，就橋安』。帝乃從橋。今山阿危峭，隥道曲狹，比於樓船，又復甚危，陛下奈何輕踐畏塗哉？」后爲罷行。方慶嘗以「令，期及大功喪，未葬，不聽朝賀；未除，弗豫享宴。比羣臣不遵用，頹紊教誼，不可長」。有詔申責，內外畏之。

后嘗就求羲之書，方慶奏：「十世從祖羲之書四十餘番，太宗求之，先臣悉上送，今所存惟一軸。并上十一世祖導、十世祖洽、九世祖珣、八世祖曇首、七世祖僧綽、六世祖仲寶、五世祖騫、高祖規、曾祖褒并九世從祖獻之等凡二十八人書共十篇。」后御武成殿徧示羣臣，詔中書舍人崔融序其代閥，號寶章集，復以賜方慶，士人歆其寵。以老乞身，改麟臺監，脩國史。中宗復爲皇太子，拜方慶檢校左庶子。

后欲季冬講武，有司不時辦，遂用明年孟春。方慶曰：「按月令『孟冬，天子命將帥講武，習射御，角力。』此乃三時務農，一時講武，安不忘危之道。孟春不可以稱兵。兵，金也，金勝木。方春木王，而舉金以害盛德，逆生氣。孟春行冬令，則水潦爲敗，雪霜大摯，首種不入。今孟春講武，以陰政犯陽氣，害發生之德，臣恐水潦敗物，霜雪損稼，夏麥不登。願陛下不違時令，前及孟冬，以順天道。」手制褒允。

是歲，眞拜左庶子，進封公，奉入同職事三品，兼侍太子讀書。方慶奏：「人臣於天子未有斥太子名者，晉山濤啓事稱皇太子不名。孝敬爲太子，更『弘』爲『崇』；沛王爲太子，更『賢』爲『文』。今東宮門殿名多嫌觸，請一改之，以協舊典。」制可。長安二年卒，贈兗州都督，謚曰貞。中宗復位，以東宮舊臣，贈吏部尚書。

方慶博學，練朝章，著書二百餘篇，尤精三禮。學者有所咨質，酬復淵詣，故門人次爲雜禮答問。家聚書多，不減祕府，圖畫皆異本。方慶歿後，諸子不能業，隨皆散亡。

孫儁。六世孫璵，別傳。璵曾孫摶。

贊曰　李德裕著書稱：「方慶爲相時，子爲眉州司士參軍。武后曰：『君在相位，何子之遠？』對曰：『廬陵是陛下愛子，今尙在遠，臣之子庸敢相近？』以比倉唐悟文侯事。」嗟乎，君子哉！雖造次不忘悟君於善。及建言不斥太子名，以動羣臣，示中興之漸，所謂人難言者，於方慶難乎哉！德裕之稱，爲不誣矣。

脩字靈龜。明經，調莫州參軍，辟范陽節度使張守珪幕府。時契丹屈烈部將謀入寇，河北騷然。脩至虜中，脅説禍福，虜乃不入。安祿山叛，拜博陵、常山二太守，副河北招討。卒，贈太常卿。自褒至脩，六世封石泉云。脩孫遂。

遂好興利，操下以嚴。累遷鄧州刺史、太府卿、西北供軍使。與度支潘孟陽爭營田事，憲宗怒，出遂爲柳州刺史。親吏韋行素、柳季常當受課料兩池，吏見遂斥，即抵以罪。始，詔書出，左丞呂元膺劾：「遂補吏犯贓，法當坐，而詔稱『淸能業官』，按遂犯有狀，不宜謂淸。且柳，大州，不可使治。」帝喻之，乃下。會兵宿淮西，亟財賦，藉遂幹彊，拜宣歙觀察使。蔡已平，師東討李師道，召爲光祿卿、淄靑行營糧料使。辭卿職，換檢校左散騎常侍，兼御史大夫。始，調兵食歲三百萬，俄而賊誅，遂簿羨貲百萬以獻，帝高其能。于時析齊爲三鎭，卽拜遂沂兗海觀察使。

遂資褊刻，杖扑皆踰制。盛夏，治署舍牆垣，程督慘峭。將吏素悍戾，遂輒駡曰：「反殘賊！」人人羞忿。裨校王弁與役人浴于川，語曰：「天方雨，牆且毀，等罪耳！」乃謀亂。明日，逐方燕，弁率其黨挾兵進，逐驚，匿廁下，執而數其罪，殺之。其副張敦實、官屬李矩甫皆死。弁自知留事。帝以沂、海新定，畏青、鄆亦搖，乃拜弁開州刺史。至徐州，械送京師，斬東市。監軍上逐所製杖，出示於朝爲戒云。

摶字昭逸。擢進士第，辟佐王鐸滑州節度府，累遷蘇州刺史。久之，以戶部侍郎判戶部。乾寧初，進同中書門下平章事。董昌誅，出爲威勝節度使。未行，加檢校尚書右僕射、浙東西宣撫使。會錢鏐兼領二浙，故留拜門下侍郎、同中書門下平章事、判度支。昭宗建嫡后，摶請因赦天下以尊大其禮。正拜右僕射，遷司空，封魯國公。

初，中官權盛，帝欲翦抑之。自石門還，政一決宰相，羣宦不平，構藩鎭內脅天子。摶曰：「人君務平心大體，御萬物，偏聽産亂，古所戒也。今奄人盜威福，偪制君上，道路人皆知之。方朝廷多難，未可卒除，當徐以計去之。事急，且有變。」崔胤與摶並位，素忌摶明達有謀，即劾摶爲中官外應。會胤罷宰相，疑摶擠斥，乃厚結朱全忠薦己復輔政，即誣摶與樞密使宋道弼、景務脩交私，將危社稷。全忠因顯疏其尤。光化三年，罷爲工部侍郎，貶溪州刺史。又貶崖州司戶參軍事，賜死藍田驛。

韋思謙名仁約，以近武后父諱爲嫌，遂以字行。其先出雍州杜陵，後客襄陽，更徙爲鄭州陽武人。八歲喪母，以孝聞。及進士第，累調應城令，負殿，不得進官。吏部尚書高季輔曰：「予始得此一人，豈以小疵棄大德邪？」擢監察御史。常曰：「御史出使，不能動搖山岳，震慴州縣，爲不任職。」中書令褚遂良市地不如直，思謙劾之，罷爲同州刺史。及復相，出思謙清水令。或弔之，答曰：「吾狷直，觸機輒發，暇𨚗身乎？丈夫當敢言地，要須明目張膽以報天子，焉能錄錄保妻子邪？」沛王府長史皇甫公義引爲倉曹參軍，謂曰：「公非池中物，屈公爲數旬客，以重吾府。」

改侍御史，高宗賢之，每召與語，雖甚倦，徙倚軒檻，猶數刻罷。疑獄劇事，多與參裁。武候將軍田仁會誣奏御史張仁禕，帝廷詰，仁禕懦不得對。思謙爲辯其枉，因言仁會營罔陷人不測者，詞旨詳暢，帝善之，仁禕得不坐。累遷右司郎中、尚書左丞，振明綱轄，朝廷肅然。進御史大夫。

性謇諤，顏色莊重，不可犯。見王公，未嘗屈禮。或以爲譏，答曰：「耳目官固當特立。鵰、鶚、鷹、鸇，豈衆禽之偶，奈何屈以狎之？」帝崩，思謙扶疾入臨，涕泗冰須，俯伏號絕，詔給扶侍。轉司屬卿，復爲右肅政大夫。故事，大夫與御史鈞禮，思謙獨不答。或以爲疑，思謙曰：「班列固有差，奈何尙姑息邪？」垂拱初，封博昌縣男，同鳳閣鸞臺三品。轉納言，辭疾，不許，詔肩輿以朝，聽子孫侍。以太中大夫致仕，卒，贈幽州都督。

子承慶、嗣立。

承慶字延休。性謹畏，事繼母爲篤孝。擢進士第，補雍王府參軍，府中文翰悉委之。王爲太子，遷司議郎。

儀鳳中，詔太子監國，太子稍嗜聲色，興土功。承慶見造作玩好浮廣，倡優鼓吹讙譁，戶奴小人皆得親左右，承顏色，恐因是作威福，宜加繩察，乃上疏極陳其端，又進諭善箴，太子頗嘉納。承慶嘗謂人所以擾濁浮躁，本之於心，乃著靈臺賦，譏揣當世，亦自廣其志。太子廢，出爲烏程令。累遷鳳閣舍人，掌天官選。屬文敏無留思，雖大詔令，未嘗著藁。失大臣意，出爲沂州刺史。

明堂災，上疏諫，以「文明、垂拱後，執政者未滿歲，率以罪去，大抵皆惡逆不道。夫構大廈，濟巨川，必擇文梓、艅艎。若亟毀而敗，則是庇朽木、乘膠船也。臣謂陛下求賢之意切，而取人之路寬，故一言有合，而付大任。夫以堯舉舜，猶歷試諸難，況庸庸者可超處輔相，以百揆萬機畀小人哉？」書聞不報。未幾，復爲舍人，掌選。病免，改太子諭德。歷豫、虢二州刺史，有善政。轉天官侍郎，脩國史。凡三掌選，銓授平允，議者公之。

長安中，拜鳳閣侍郎、同鳳閣鸞臺平章事。張易之誅，承慶以素附離，免冠待罪。時議草赦令，咸推承慶，召使爲之，無橈色誤辭，援筆而就，衆歎其壯。然以累猶流嶺表。歲餘，拜辰州刺史，未行，以祕書員外少監召，兼脩國史，封扶陽縣子。詔撰武后紀聖文，中宗善之。遷黃門侍郎，未拜，卒。帝悼之，召其弟相州刺史嗣立會葬，因拜黃門侍郎繼其位。贈禮部尚書，謚曰温。

嗣立字延構，與承慶異母。少友悌，母遇承慶嚴，每笞，輒解衣求代，母不聽，即遣奴自捶，母感寤，爲均愛。世比晉王覽。第進士，累調雙流令，政爲二川最。承慶解鳳閣舍人，武后召嗣立謂曰：「爾父嘗稱二子忠且孝，堪事朕。比兄弟稱職，如而父言。今使卿兄弟自相代。」卽拜鳳閣舍人。

時學校廢，刑濫及善人，乃上書極陳：「永淳後，庠序隳散，冑子衰缺，儒學之官輕，章句之選弛。貴閥後生以徼倖升，寒族平流以替業去。垂拱間，仕入彌多，公行私謁，選補逾濫；經術不聞，猛暴相夸。陛下誠下明詔，追三館生徒，敕王公以下子弟一入太學，尊尚師儒，發揚勸奬，海內知嚮。然後審畀銓總，各程所能。以之臨人，則官無曠，民樂業矣。」

又曰：「揚豫以來，大獄屢興，窮治連捕，數年不絕。大猾伺間，陰相影會，構似是之言，正不赦之辜，恣行楚慘，類自誣服，王公士人，至連頸就戮。道路藉藉，咸知其非，而鍛練已成，不可翻動。小則身誅，大則族夷，相緣共坐者庸可勝道？彼皆報讎復嫌，苟圖功求官賞耳。臣願陛下廓天地之施，雷雨之仁，取垂拱以來罪無重輕所不赦者，普皆原洗。死者還官，生者霑恩，則天下瞭然，知向所陷罪，非陛下意也。」

長安中，拜鳳閣侍郎、同鳳閣鸞臺平章事。時州縣非其人，后以爲憂。李嶠、唐休璟曰：「今朝廷重內官，輕外職，每除牧守，皆訴不行，非過累不得遣。請選臺閣賢者分典大州，自近臣始。」后曰：「誰爲朕行？」嗣立曰：「內典機要，非臣所堪，請先行以示羣臣。」后悅，以本官檢校汴州刺史，由是左肅政大夫楊再思等十八人悉補外。未幾，承慶知政事，嗣立以成均祭酒徙魏、洺二州，政無它異。坐善二張，貶饒州長史。繇相州刺史入爲黃門侍郎。轉太府卿、修文館大學士。

中宗景龍中，拜兵部尚書、同中書門下三品。時崇飾觀寺，用度百出。又恩倖食邑者衆，封戶凡五十四州，皆據天下上腴。一封分食數州，隨土所宜，牟取利入。至安樂、太平公主，率取高貲多丁家，無復如平民有所損免，爲封戶者亟於軍興。監察御史宋務光建言：

「願停徵封，一切附租庸輸送。」不納。嗣立建言：

今稟帑耗竭，無一歲之儲。假遇水旱，人須賑給，不時軍興，士待資裝，陛下何以具之？伏見營立寺觀，累年不絕，鴻侈繁麗，務相矜勝，大抵費常千萬以上。轉徙木石，廢功害農；地藏開發，蟄蟲傷露。上聖至慈，理必不然。準之道法則乖，質之生人則損。陛下豈不是思？

又食封之家，日月猥衆，凡用戶部丁六十萬，人課二絹，則固一百二十萬。臣見太府歲調絹纔百萬匹，少則十之二，有所貸免，曾不半在。比諸封家，所入已寡。國初功臣，共定天下，食封不三十家，今橫恩特賜，家至百四十以上。天下租賦，在公不足，而私有餘。又封家徵求，各遣奴皁，凌突侵漁，百姓怨嘆。或貿易斷盜，誅責紛紜，曾無少息。下民窶乏，何以堪命？臣願以丁課一送太府，封家詣左藏仰給，禁止自徵，以息重困。

臣聞設官建吏，本於治人而務安之也。明官得其人，則天下治。古者取士，先鄉曲之譽，然後辟於州；州已試，然後辟五府；五府著聞，乃升諸朝。得不謂所擇悉而所歷深乎？今之取人，未試而遽遷，務進徼幸，比肩係踵。故文者治官，則回邪贓汚；武者治軍，則庸懦怯弱。補授亡限，員外置官，吏困供承，官竭資奉。國家大事，豈甚於此？

古者，設爵待士，才者有之。不才者進，則有才之路塞。賢人據正，遠僥倖之門。僥倖開，則賢者隱矣。賢者隱，則人不安；人不安，國將危矣。刺史、縣令，治人之首，比年不加簡擇，京官坐負及聲稱下者乃典州，吏部年高不善刀筆者乃擬縣。朝輕用人，何以治國？願下有司，精加汰擇。凡諸曹侍郎、兩省、二臺及五品以上清望官，當先選用刺史、縣令，所冀守宰稱職，以興太平。

帝不聽。

嗣立與韋后屬疏，帝特詔附屬籍，顧待甚渥。嘗別第驪山鸚鵡谷，帝臨幸，命從官賦詩，制序冠篇，賜況優備，因封嗣立逍遙公，名所居曰清虛原幽棲谷。嗣立獻木桮、藤盤數十物。唐隆初，拜中書令。韋后敗，幾死于亂，寧王爲救免。出爲許州刺史，以定策立睿宗，賜封百戶，徙汝州。入爲國子祭酒、太子賓客。坐宗楚客等削遺制事，不執正，貶岳州別駕。再徙爲陳州刺史。開元中，河南道巡察使表其廉，欲復用，會卒，年六十六，贈兵部尚書，謚曰孝。

初，嗣立代承慶爲鳳閣舍人、黃門侍郎；承慶亦代爲天官侍郎及知政事。父子並爲宰相，世罕其比。有二子恆、濟，知名。

恆，開元初爲碭山令，政寬惠，吏民愛之。天子東巡，州縣供張，皆鞭扑趣辦，恆不立威而事給。姑子御史中丞宇文融薦恆有經濟才，讓以其位，擢殿中侍御史。累轉給事中，爲隴右、河西黜陟使。時河西節度使蓋嘉運恃左右援，橫恣不法，妄列功狀，恆劾奏之，人代其恐，出爲陳留太守，卒。

濟，開元初調鄄城令。或言吏部選縣令非其人，旣衆謝，有詔問所以安人者，對凡二百人，惟濟居第一，不能對者悉免官。於是擢濟醴泉令，侍郎盧從愿、李朝隱並貶爲刺史。濟四遷戶部侍郎，爲太原尹。著先德詩四章，世服其典懿。天寶中，授尙書左丞，凡三世居之。

濟文雅，頗能脩飾政事，所至有治稱。終馮翊太守。子奐，夏令，亦以能政聞。

嗣立孫弘景，擢進士第，數佐節度府。以左補闕召爲翰林學士。蘇光榮爲涇原節度使，弘景當草詔，書辭不如旨，罷學士。遷累度支郎中。張仲方黜李吉甫謚得罪，憲宗意弘景擿助，出爲綿州刺史。李夷簡鎭淮南，奏以自副。召入，再遷給事中。駙馬都尉劉士涇賂權近，擢太僕卿，弘景上還詔書，穆宗使喩：「其先人昌有功，朕所以念功睦親者。」弘景固執，帝怒，使宣慰安南。由是有名。

時蕭俛輔政，弘景議論常佐佑之。還，再遷吏部侍郎，銓綜平序，貴幸憚其嚴，不敢恩以私。歷陝虢觀察使，召拜尚書左丞，駁正吏銓所除六十餘官不當進資，於是鄭絪、丁公著、楊嗣復皆奪俸，郎吏肅然，望風脩整。吏部員外郎楊虞卿以累下吏，詔弘景與御史詳讞。虞卿私造門，弘景厲言曰：「有詔按公，尚私謁邪？」虞卿多朋助，自謂必見納，及是，惶恐去。遷禮部尚書、東都留守。卒，年六十六，贈尚書左僕射。

弘景以直道進，議論持正有守，當時風敎所倚賴，爲長慶名卿。

陸元方字希仲，蘇州吳人。陳給事黃門侍郎琛之曾孫。伯父柬之，善書名家，官太子司議郎。

元方初明經，後舉八科皆中。累轉監察御史。武后時，使嶺外，方涉海，風濤驚壯，舟人懼，元方曰：「吾受命不私，神豈害我？」趣使濟，而風訖息。使還，除殿中侍御史，擢鳳閣舍人、秋官侍郎。爲來俊臣所陷，后置不罪。遷鸞臺侍郎、同鳳閣鸞臺平章事。坐附會李昭德，貶綏州刺史。擢天官侍郎，兼司衞卿。或言其薦引皆親黨，后怒，免官，令白衣領職。元方薦人如初，后召讓之，對曰：「舉臣所知，不暇問讎黨。」又薦其友崔玄暐有宰相才。后知無它，復拜鸞臺侍郎、同鳳閣鸞臺平章事。后嘗問外事，對曰：「臣備位宰相，大事當白奏，民間碎務，不敢以聞。」忤旨，下除太子右庶子。進文昌左丞，卒。

元方素淸愼，再執政，每進退羣臣，后必先訪問，外祕莫知。臨終，取奏稿焚之，曰：「吾陰德在人，後當有興者。」又曰：「吾當壽，但領選久，耗傷吾神。」有一柙，生平所緘鑰者，歿後，家人發之，乃前後詔敕。贈越州都督。

諸子皆美才，而象先、景倩、景融尤知名。

象先器識沈邃，舉制科高第，爲揚州參軍事。時吉頊與元方同爲吏部侍郎，頊擢象先爲洛陽尉，元方不肯當，頊曰：「爲官擇人，豈以吏部子廢至公邪？」卒以授。俄遷監察御史。累授中書侍郎。景雲中，進同中書門下平章事，監脩國史。

初，太平公主謀引崔湜爲宰相，湜曰：「象先人望，宜幹樞近，若不者，湜敢辭。」主不得已爲言之，遂並知政事。然其性恬靜寡欲，議論高簡，爲時推向。湜嘗曰：「陸公加於人一等。」公主旣擅權，宰相爭附之，象先未嘗往謁；及謀逆，召宰相議，曰：「寧王長，不當廢嫡立庶。」象先曰：「帝得立，何也？」主曰：「帝有一時功，今失德，安可不廢？」對曰：「立以功者，廢必以罪。今不聞天子過失，安得廢？」主怒，更與竇懷貞等謀，卒誅死。時象先與蕭至忠、岑羲等坐爲主所進，將同誅，玄宗遽召免之，曰：「歲寒然後知松柏之後凋也！」以保護功，封兗國公，賜封戶二百。

初，難作，睿宗御承天樓，羣臣稍集，帝麾曰：「助朕者留，不者去！」於是有投名自驗者。事平，玄宗得所投名，詔象先收按，象先悉焚之。帝大怒，欲并加罪，頓首謝曰：「赴君之難，忠也。陛下方以德化天下，奈何殺行義之人？故臣違命，安反側者，其敢逃死？」帝寤，善之。時窮治忠、羲等黨與，象先密爲申救，保全甚衆，當時無知者。

罷爲益州大都督府長史、劍南按察使，爲政尙仁恕。司馬韋抱眞諫曰：「公當峻扑罰以示威，不然，民慢且無畏。」答曰：「政在治之而已，必刑法以樹威乎？」卒不從，而蜀化。累徙蒲州刺史，兼河東按察使。小史有罪，誡遣之，大吏白爭，以爲可杖，象先曰：「人情大抵不相遠，謂彼不曉吾言邪？必責者，當以汝爲始。」大吏慙而退。嘗曰：「天下本無事，庸人擾之爲煩耳。弟澄其源，何憂不簡邪？」故所至民吏懷之。

入爲太子詹事，歷戶部尙書，知吏部選事，母喪免。起爲揚州大都督府長史。遷太子少保。卒，年七十二，贈尙書左丞相，謚曰文貞。

始，象先名景初，睿宗曰：「子能紹先構，是謂象賢者。」乃賜名焉。

弟景倩爲扶溝丞。河南按察使畢構覆州縣殿最，欲必得實。有吏言狀曰：「某彊淸，某詐淸，惟景倩曰眞淸。」終監察御史。

景融長七尺，美姿質，寬中而厚外。博學，工筆札。以蔭補千牛，轉新鄭令，政有風績。累遷工部尚書、東京留守。卒，贈廣陵郡都督。景融於象先，後母弟也。象先被笞，景融諫，不入，則自楚，母爲損威，人多其友。四世孫希聲。

希聲博學善屬文，通易、春秋、老子，論著甚多。商州刺史鄭愚表爲屬。後去，隱義興。久之，召爲右拾遺。時儉腐秉權，歲數歉，梁、宋尤甚。希聲見州縣刓敝，上言當謹視盜賊。明年，王仙芝反，株蔓數十州，遂不制。擢累歙州刺史。昭宗聞其名，召爲給事中，拜戶部侍郎、同中書門下平章事。在位無所輕重，以太子少師罷。李茂貞等兵犯京師，輿疾避難。卒，贈尚書左僕射，謚曰文。

元方從父餘慶。

餘慶，陳右衞將軍珣孫，方雅有祖風。已冠，名未顯，兄玄表嘖曰：「爾名宦不立，奈何？」餘慶感激，閉戶誦書三年，以博學稱。舉制策甲科，補蕭尉。累遷陽城尉。武后封嵩山，以辦具勞，擢監察御史。聖曆初，靈、勝二州党項誘北胡寇邊，詔餘慶招慰，喻以恩信，蕃酋率衆內附。遷殿中侍御史、鳳閣舍人。后嘗命草詔殿上，恐懼不能得一詞，降左司郎中。久之，封廣平郡公、太子右庶子。

餘慶於寒品晚進，必悉力薦藉。人有過，輒面折，退無一言。開元初，爲河南、河北宣撫使，薦富春孫逖、京兆韋述、吳興蔣洌、河南達奚珣，後皆爲知名士。遷大理卿。終太子詹事，謚曰莊。

雅善趙貞固、盧藏用、陳子昂、杜審言、宋之問、畢構、郭襲徵、司馬承禎、釋懷一，時號「方外十友」。餘慶才不逮子昂等，而風流敏辯過之。

初，武后時，酷吏用事，中宗朝，倖臣貴主斜封大行，蹈利畜禍之人，與相乾沒，雖亟貴驟用，而戮不反踵。餘慶以道自將，雖仕不赫赫，訖無悔尤。

子璪，字仲釆。舉明經，補長安尉，以淸幹稱。開元初，中朝臣子弟不任京畿，改新鄉令，人爲立祠。用按察使宇文融薦，遷澠池令。累遷兵部郎中，柬彍騎使。還，除洛陽令，時車駕在洛，權勒姦豪，人不敢犯，爲中書令蕭嵩所器。嵩罷，佗宰相俾陰廉嵩短，璪曰：「與人交，過且不可言，況無有邪？」以是忤貴近，出爲太原少尹。累徙西河太守，封平恩縣男。屬邑多虎，前守設檻穽，璪至，徹之，而虎不爲暴。

王及善，洛州邯鄲人。父君愕，有沈謀。隋亂，幷州人王君廓掠邯鄲，君愕往說曰：「隋氏失御，豪俊共救其亂，宜撫納遺甿而保全之，觀時變，待眞主。足下無尺寸之地、兼旬之糧，劫衆而興，但恣殘剽，所過失望，竊爲足下羞之。」君廓謝曰：「計安出？」答曰：「井陘之險可先取。」君廓從其言，遂屯井陘山。高祖入關，與君廓偕來，拜君愕大將軍，封新興縣公，累遷左武衞將軍。從太宗征遼，領左屯營兵，與高麗戰駐蹕山，死于陣。贈左衞大將軍、幽州都督、邢國公，陪葬昭陵。

及善以父死事，授朝散大夫，襲邢國公爵。皇太子弘立，擢及善左奉裕率。太子宴于宮，命宮臣擲倒，及善辭曰：「殿下自有優人，臣苟奉令，非羽翼之美。」太子謝之。高宗聞，賜絹百匹。除右千牛衞將軍，帝曰：「以爾忠謹，故擢三品要職。羣臣非搜辟，不得至朕所。爾佩大橫刀在朕側，亦知此官貴乎？」病免。召爲衞尉卿。垂拱中，歷司屬卿。山東飢，詔爲巡撫賑給使。拜春官尙書。出爲秦州都督、益州長史，加光祿大夫，以老病致仕。

神功元年，契丹擾山東，擢魏州刺史，武后勞曰：「逆虜盜邊，公雖病，可與妻子行，日三十里，爲朕臥治，爲屛蔽也。」因延問朝政得失，及善陳治亂所宜，后悅曰：「禦寇末也，輔政本也，公不可行。」留拜內史。來俊臣繫獄當死，后欲釋不誅，及善曰：「俊臣凶狡不道，引亡命，汙戮善良，天下疾之。不剸絕元惡，且搖亂胎禍，憂未既也。」后納之。盧陵王之還，密贊其謀。既爲皇太子，又請出外朝，以安羣臣。

及善不甚文，而淸正自將，臨事不可奪，有大臣節。時二張怙寵，每侍宴，無人臣禮，及善數裁抑之，后不悅曰：「卿年高，不宜侍游燕，但檢校閤中。」及善卽移病餘月，后不復問。歎曰：「中書令可一日不見天子乎？」遂乞骸骨，猶不許，改文昌左相、同鳳閣鸞臺三品。卒，年八十二，贈益州大都督，謚曰貞，陪葬乾陵。

李日知，鄭州滎陽人。及進士第。天授中，歷司刑丞。時法令嚴，吏爭爲酷，日知猶平寬無文致。嘗免一囚死，少卿胡元禮執不可，曰：「吾不去曹，囚無生理。」日知曰：「僕不去曹，囚無死法。」皆以狀讞，而武后用日知議。

神龍初，爲給事中。母老病，取急調侍，數日須髮輒白。母未及封而卒。方葬，吏乃齎贈制，日知殞絕于道，左右爲泣，莫能視。巡察使路敬潛欲表其孝，使求狀，辭不報。服除，累遷黃門侍郎。

景雲初，同中書門下平章事〔一〕，轉御史大夫，仍知政事。初，安樂公主館第成，中宗臨幸，燕從官，賦詩，日知卒章，獨以規誡。睿宗它日謂曰：「嚮時雖朕亦不敢諫，非公挺直，何能爾？」即拜侍中。先天元年，罷爲刑部尚書。屢乞骸骨，許之。日知將有請，不謀于家，歸乃治行，妻驚曰：「產利空空，何辭之遽？」日知曰：「仕至此，已過吾分。人亦何厭之有？若厭于心，無日而足也。」既罷，不治田園，唯飾臺池，引賓客與娛樂。開元三年卒。

日知貴，諸子方總角，皆通婚名族，時人譏之。後少子伊衡以妾爲妻，鬻田宅，至兄弟訟鬩，家法遂替云。

杜景佺，冀州武邑人。性嚴正。舉明經中第。累遷殿中侍御史。出爲益州錄事參軍。時隆州司馬房嗣業徙州司馬，詔未下，欲即視事，先笞責吏以示威。景佺謂曰：「公雖受命爲司馬，州未受命，何急數日祿邪？」嗣業怒，不聽。景佺曰：「公持咫尺制，眞僞莫辨，即欲攪亂一府，敬業揚州之禍，非此類邪？」叱左右罷去，既乃除荆州司馬，吏歌之曰：「錄事意，與天通；州司馬，折威風。」由是寖知名。

入爲司刑丞，與徐有功、來俊臣、侯思止專治詔獄，時稱「遇徐、杜者生，來、侯者死」。改秋官員外郎，與侍郎陸元方按員外郎侯味虛罪，已推，輒釋之。武后怒其不待報，元方大懼，景佺獨曰：「陛下明詔六品、七品官，文辨已定，待命于外，今雖欲罪臣，奈明詔何？」宰相曰：「詔爲司刑設，何預秋官邪？」景佺曰：「詔令一布，無臺、寺之異。」后以爲守法，擢鳳閣舍人。遷洛州司馬。

延載元年，檢校鳳閣侍郎、同鳳閣鸞臺平章事。后嘗季秋出棃華示宰相以爲祥，衆賀曰：「陛下德被草木，故秋再華，周家仁及行葦之比。」景佺獨曰：「陰陽不相奪倫，瀆卽爲災。故曰：『冬無愆陽，夏無伏陰，春無凄風，秋無苦雨。』今草木黃落，而木復華，瀆陰陽也。竊恐陛下布德施令，有所虧紊。臣位宰相，助天治物，治而不和，臣之咎也。」頓首請罪。后曰：「眞宰相！」會李昭德下獄，景佺苦申救，后以爲面欺，左遷溱州刺史。入拜司刑卿。聖曆元年，復以鳳閣侍郎同鳳閣鸞臺平章事。契丹入寇，陷河北數州，虜已去，武懿宗欲盡論其罪，景佺以爲脅從可原，后如其議。罷爲秋官尚書。坐漏省內語，降司刑少卿。出爲幷州長史，道病卒，贈相州刺史。初名元方，垂拱中改今名。

李懷遠字廣德，邢州柏仁人。少孤，嗜學。宗人欲藉以高廕，懷遠辭，退而曰：「因人之勢，高士恥之。假蔭而官，吾志邪？」擢四科第，累轉司禮少卿，出爲本州刺史，改冀州，遷揚、益二都督府長史，徙同州刺史。治尚淸簡。累遷鸞臺侍郞，進同鳳閣鸞臺平章事，封平鄉縣男。以左散騎常侍同中書門下三品，爵趙郡公，賜實封戶三百。以老，聽致仕。中宗還京師，召知東都留守，復加同中書門下三品。

懷遠久貴，益素約，不治居室。嘗乘款段馬，僕射豆盧欽望謂曰：「公貴顯，顧當然邪？」答曰：「吾幸其馴，不願它駿。」神龍二年卒，帝賜錦衾斂，自爲文祭之，贈侍中，謚曰成。

子景伯，景龍中爲諫議大夫。中宗宴侍臣及朝集使，酒酣，各命爲回波詞，或以諂言媚上，或要丐謬寵，至景伯，獨爲箴規語以諷帝，帝不悅。中書令蕭至忠曰：「眞諫官也。」景雲中，進太子右庶子。時有建言置都督府非是，詔羣臣普議，景伯與太子舍人盧俌議：「今天下諸州分隸都督，專生殺刑賞。使授非其人，則權重釁生，非彊幹弱枝、經邦軌物之誼。願罷都督，留御史，以時按察，秩卑任重，以制姦宄便。」繇是停都督。終右散騎常侍。

子彭年，有才，剖析明悟。歷遷中書舍人、吏部侍郎。與李林甫善。常慕山東著姓，爲婚姻，引就淸列。典選七年，卒以贓敗，長流臨賀郡。天寶十二載，擢爲濟陰太守，徙馮翊。天子幸蜀，陷於賊，脅以僞官，憂憤死，贈禮部尚書。

校勘記

〔一〕景雲初同中書門下平章事　「雲」，各本原作「龍」，據本書卷五睿宗紀、卷六一宰相表及舊書卷一八八李日知傳改。

唐書卷一百一十七

列傳第四十二

裴炎 伷先　劉禕之 郭翰　魏玄同 恬　李昭德　吉頊

裴炎字子隆，絳州聞喜人。寬厚，寡言笑，有奇節。補弘文生，休澣，它生或出游，炎讀書不廢。有司欲薦狀，以業未就，辭不舉，服勤十年，尤通左氏春秋。舉明經及第。補濮州司倉參軍，歷御史、起居舍人，寖遷黃門侍郎。調露二年，同中書門下三品。進拜侍中。高宗幸東都，留皇太子京師，以炎調護。帝不豫，太子監國，詔炎與劉齊賢、郭正一於東宮平章政事，及大漸，受遺輔太子，是爲中宗。改中書令。舊，宰相議事門下省，號政事堂，長孫无忌以司空、房玄齡以僕射、魏徵以太子太師皆知門下省事，至炎，以中書令執政事筆，故徙政事堂於中書省。

中宗欲以后父韋玄貞爲侍中及授乳媪子五品官，炎固執不從，帝怒曰：「我意讓國與玄貞，豈不可？何惜侍中邪？」炎懼，因與武后謀廢帝。后命炎洎劉禕之率羽林將軍程務挺、張虔勗勒兵入宮，宣太后令，扶帝下殿，帝曰：「我何罪？」后曰：「以天下與玄貞，安得無罪？」乃廢帝為廬陵王，更立豫王為皇帝。以定策功，封永淸縣男。

后已持政，稍自肆，於是武承嗣請立七廟，追王其先，炎諫曰：「太后天下母，以盛德臨朝，宜存至公，不容追王祖考，示自私。且獨不見呂氏事乎！」后曰：「呂氏之王，權屬生人，今追崇先世，在亡迹異，安得同哉！」炎曰：「蔓草難圖，漸不可長。」后不悅而罷。承嗣又諷太后誅韓王元嘉、魯王靈夔，以絕宗室望，劉禕之、韋仁約畏默不敢言，炎獨固爭，后愈銜怒。未幾，賜爵河東縣侯。

豫王雖為帝，未嘗省天下事。炎謀乘太后出游龍門，以兵執之，還政天子。會久雨，太后不出而止。徐敬業兵興，后議討之，炎曰：「天子年長矣，不豫政，故豎子有辭。今若復子明辟，賊不討而解。」御史崔詧曰：「炎受顧託，身總大權，聞亂不討，乃請太后歸政，此必有異圖。」后乃捕炎送詔獄，遣御史大夫騫味道、御史魚承曄參鞫之。鳳閣侍郎胡元範曰：「炎社稷臣，有功於國，悉心事上，天下所知，臣明其不反。」納言劉齊賢、左衞率蔣儼繼辨之，后曰：「炎反有端，顧卿未知耳。」元範、齊賢曰：「若炎反，臣輩亦反矣。」后曰：「朕知炎反，卿輩不反。」遂斬于都亭驛。

炎被劾，或勉其遜辭，炎曰：「宰相下獄，理不可全。」卒不折節。籍其家，無儋石之贏。初，炎見裴行儉破突厥有功，沮薄之，乃斬降虜阿史那伏念等五十餘人，議者恨其娼克，且使國家失信四夷，以爲陰禍有知云。睿宗立，贈太尉、益州大都督，謚曰忠。元範者，申州義陽人。介廉有才，以炎故，流死嶲州。炎從子伷先。

伷先未冠，推蔭爲太僕丞。炎死，坐流嶺南。上變求面陳得失，后召見，盛氣待之，曰：「炎謀反，法當誅，尚何道？」伷先對曰：「陛下唐家婦，身荷先帝顧命，今雖臨朝，當責任大臣，須東宮年就德成，復子明辟，奈何遽王諸武、斥宗室？炎爲唐忠臣，而戮逮子孫，海內憤怨。臣愚謂陛下宜還太子東宮，罷諸武權。不然，豪桀乘時而動，不可不懼！」后怒，命曳出，杖之朝堂，長流瀼州。

歲餘，逃歸，爲吏蹟捕，流北庭。無復名檢，專居賄，五年至數千萬。娶降胡女爲妻，妻有黃金、駿馬、牛羊，以財自雄。養客數百人，自北庭屬京師，多其客，詷候朝廷事，聞知十常七八。時補闕李秦授爲武后謀曰：「讖言『代武者劉』，劉無彊姓，殆流人乎？今大臣流放者數萬族，使之叶亂，社稷憂也。」后謂然，夜拜秦授考功員外郎，分走使者，賜墨詔，尉安流人，實命殺之。仙先前知，以橐它載金幣、賓客奔突厥，行未遠，都護遣兵追之，與格鬭，爲所執，械繫獄，以狀聞。會武后度流人已誅，畏天下姍誚，更遣使者安撫十道，以好言自解釋曰：「前使使尉安有罪，而不曉朕意，擅誅殺，殘忍不道，朕甚自咎。今流人存者一切縱還。」繇是仙先得不死。

中宗復位，求炎後，授仙先太子詹事丞〔一〕。遷秦、桂、廣三州都督。坐累且誅，賴宰相張說右之，免官。久乃擢范陽節度使，太原、京兆尹。以京師官冗，奏罷畿縣員外及試官。進工部尚書。年八十六，以東京留守累封翼城縣公，卒官下。

劉禕之字希美，常州晉陵人。父子翼，字小心，在隋爲著作郎。峭直有行，嘗面折僚友短，退無餘訾。李伯藥曰：「子翼罟人，人都不憾。」貞觀初，召之，辭以母老，詔許終養。江南道巡察使李襲譽嘉其孝，表所居爲孝慈里。母已喪，召拜吳王府功曹參軍，終著作郎、弘文館直學士。

禕之少與孟利貞、高智周、郭正一俱以文辭稱，號「劉孟高郭」，並直昭文館。俄遷右史、弘文館直學士。上元中，與元萬頃等偕召入禁中，論次新書凡千餘篇。高宗又密與參決時政，以分宰相權，時謂「北門學士」。兄懿之，亦給事中，同兩省。先是，姊爲內官，武后遣至外家問疾，禕之因賀蘭敏之私省之，坐流嶲州。后爲丏還，除中書舍人。

儀鳳中，吐蕃寇邊，帝訪侍臣所以置之、討之之宜，人人異謀，禕之獨勸帝：「夷狄猶禽獸，雖被馮陵，不足校，願戢威，紓百姓之急。」帝內其言。俄拜相王府司馬，檢校中書侍郎，帝謂曰：「卿家忠孝，朕子賴卿以師矩，冀蓬在麻不扶而挺也。」

后既立王爲帝，以其參奉大議，愈親之，擢中書侍郎、同中書門下三品，賜爵臨淮縣男。方是時，詔令叢繁，禕之思致華敏，裁可占授，少選可待也。司門員外郎房先敏坐累貶衞州司馬，訴于相府，內史騫味道謂曰：「太后旨。」禕之曰：「乃上從有司所奏云。」后聞，以味道歸非於上，貶青州刺史，加禕之太中大夫，賜物百段。后因曰：「君爲元首，臣爲股肱，以手足疾移於腹背，尙爲一體乎？禕之引咎於己，忠臣也。」納言王德眞推順曰：「戴至德無異才，惟能歸善於君，爲時所服。」后曰：「善。」後私語鳳閣舍人賈大隱曰：「后能廢昏立明，盍反政以安天下？」大隱表其言，后怒曰：「禕之乃負我！」垂拱中，或告禕之受歸誠州都督孫萬榮金，與許敬宗妾私通，太后遣肅州刺史王本立鞫治，以敕示禕之，禕之曰：「不經鳳閣鸞臺，何謂之敕！」后以爲拒制使，賜死于家，年五十七。

初，禕之得罪，睿宗以舊屬申理之，姻友冀得釋。禕之曰：「吾死矣。太后威福由己，而帝營救，速吾禍也！」在獄上疏自陳。臨誅，洗沐，神色自若。命其子執筆占爲表，子號塞不能書，禕之乃自捉筆，得數紙，詞懇哀到，人皆傷之。麟臺郎郭翰、太子文學周思鈞悵歎其文，后惡之，貶翰巫州司法參軍，思鈞播州司倉參軍。睿宗嗣位，贈禕之中書令。翰者，嘗爲御史，巡察隴右，多所按劾。次寧州，時狄仁傑爲刺史，民爭言有異政。翰就館，以筆紙置于桉，謂僚屬曰：「入其境，其政可知，願薦使君美於朝，毋久留。」卽命駕去。性寬簡，讀老子至「和其光，同其塵」，慨然曰：「大雅君子，以保其身。」乃辭憲官，改麟臺郎云。

魏玄同字和初，定州鼓城人。祖士廓，仕齊爲輕車將軍。玄同進士擢第，調長安令。累官司列大夫。坐與上官儀善，流嶺外。旣廢，不自護藉，乃馳逐爲生事。上元初，會赦還，工部尙書劉審禮表其材，拜岐州長史。再遷吏部侍郎。永淳元年，詔與中書、門下同承受進止平章事，封鉅鹿男。上疏言選舉法弊曰：

方今人不加富，盜賊未衰，禮誼寖薄者，下吏不稱職，庶官非其才，取人之道有所未盡也。武德、貞觀，庶事草創，人物固乏。天胙大聖，享國永年，異人間出。諸色入流，歲以千計，官有常員，人無定限，選集猥至，十不收一，取捨淆紊。

夏、商以前，制度多闕。至周，煥然可觀。諸侯之臣不皆命天子，王朝庶官不專一職。穆王以伯冏爲太僕正，命曰：「愼簡乃僚。」此乃自擇下吏之言也。太僕正，特中大夫耳，尙以僚屬委之，則三公、九卿亦當然也。故太宰、內史並掌爵祿廢置，司徒、司馬別掌興賢詔事，是分任羣司而統以數職，王命其大者，而自擇其小者。

漢制，諸侯自置吏四百石以下，其傅、相大臣則漢爲置之；州郡掾史、督郵、從事，悉任之牧守。

自魏、晉以後，始歸吏部，而迄于今。以刀筆量才，簿書察行，法與世弊，其來久矣。尺丈之量，鍾庾之器，非所及則不能度，非所受則無以容，況天下之大、士類之衆，可委數人手乎？又尸厥任者，間非其選，至爲人擇官，爲身擇利，下筆繫親疏，措情觀勢要，悠悠風塵，此焉奔競，使百行折之一面，九能斷之數言，不亦難乎？

且臣聞莅官者，不可以無學。傳曰：「學以從政，不聞以政入學。」今貴戚子弟一皆早仕，弘文、崇賢、千牛、輦脚之類，程較既淺，技能亦薄，而門閥有素，資望自高。夫所謂胄子者，必裁諸學，少則受業，長而入官，然後移家事國，謂之德進。夫少仕則不務學，輕試則無才。又勳官、三衞、流外之屬，不待州縣之舉，直取書判，非先德後言之誼。

臣聞國之用人，如人用財，貧者止糟糠，富者餘粱肉。故當衰弊之乏，則磨策朽鈍以馭之；太平多士，則遴柬髦俊而使之。今選者猥多，宜以簡練爲急。竊見制書，三品至九品並得薦士，此誠仄席旁求意也。但褒貶不明，故上不憂黜責，下不盡搜揚，莫愼所舉，而苟以應命。且惟賢知賢，聖人篤論。皋陶既舉，不仁者遠。身苟濫進，庸及知人？不擇舉者之賢，而責所舉之濫，不可得已。以陛下聖明，國家德業，而不建經久之策，但顧望魏、晉遺風，臣竊惑之。願少遵周、漢之規，以分吏部選，即所用詳，所失鮮矣。

不納。進拜文昌左丞、鸞臺侍郎、同鳳閣鸞臺三品。遷地官尚書，檢校納言。玄同與裴炎締交，能保終始，故號「耐久朋」。

先是，狄仁傑督太原運，失米萬斛，將坐誅，玄同救免。而河陽令周興未知也〔三〕，數於朝堂聽命。玄同曰：「明府可去矣，毋久留。」興以爲沮己，銜之，至是誣玄同言「太后老矣，當復皇嗣」。后不察，賜死于家，年七十三。初，監察御史房濟監刑，謂曰：「丈人盍上變？冀召見，得自陳。」玄同曰：「人殺與鬼殺等耳，不能爲告事人！」

玄同子悟，字安禮，事親以孝聞。第進士，爲御史主簿。開元中，至潁王傅。

李昭德，雍州長安人。父乾祐，貞觀初爲殿中侍御史。鄃令裴仁軌私役門卒，太宗欲斬之，乾祐曰：「法令與天下共之，非陛下獨有也。仁軌以輕罪致極刑，非畫一之制。刑罰不中，則民無所措手足。」帝意解，繇是免死。遷侍御史。母卒，廬墓側，負土成墳。帝遣使就弔，表異其閭。歷治書侍御史，有能名。永徽初，擢御史大夫，爲褚遂良所惡，出爲邢、魏二州刺史。乾祐雖彊直，而昵小人。嘗爲書與所善吏，刺取朝廷事，迷隱其辭，爲吏所賣，遂良白發於朝，坐流驩州。召拜滄州刺史。入爲司刑太常伯，舉雍州司功參軍崔擢爲尚書郎，不得報，私語擢所以然。後擢犯罪，告乾祐漏禁中語以自贖，詔免官，卒。

昭德彊幹有父風，擢明經，累官御史中丞。永昌初，坐事貶振州陵水尉。還爲夏官侍郎。如意元年，拜鳳閣侍郎、同鳳閣鸞臺平章事。武后營神都，昭德規創文昌臺及定鼎、上東諸門，標置華壯。洛有二橋，司農卿韋機徙其一直長夏門，民利之，其一橋廢，省巨萬計。然洛水歲淙齧之，繕者告勞。昭德始累石代柱，銳其前，厮殺暴濤，水不能怒，自是無患。俄檢校內史。薛懷義討突厥，以昭德爲行軍長史，不見虜還。

武承嗣任文昌左相，昭德諫曰：「承嗣已王，不宜典機衡，以惑衆庶。且父子猶相篡奪，況姑姪乎？」后矍然曰：「我未之思也。」乃罷承嗣爲太子少保。洛陽人王慶之率險佞數百人請以承嗣爲皇太子，后不許；固請，后遣昭德詰其故。昭德笞殺慶之，餘黨散走。因奏曰：「自古有姪爲天子而爲姑立廟乎？以親親言之，天皇，陛下夫也；皇嗣，陛下子也。當傳之子孫爲萬世計。陛下承天皇顧託而有天下，又立承嗣，臣見天皇不來食矣。」后乃止。承嗣恨，譖短之。后曰：「吾任昭德而獲安枕，是代我勞，非而所知也。」有人獲洛水白石而赤文者，獻闕下曰：「此石赤心，故以獻。」昭德叱曰：「洛水餘石豈盡能反邪？」時來俊臣、侯思止舞文法，數誅陷大臣，人皆懾懼。昭德每奏其誣罔不道狀，卒榜殺思止，其黨稍摧沮。

然昭德頗怙權，爲衆指目。魯王府功曹參軍丘愔上疏曰：「臣聞魏冉誅庶族以安秦，忠也，弱諸侯以彊國，功也；然出入自專，擊斷無忌，威震人主，不聞有王，張祿一言而卒用憂死。向使昭王不卽覺悟，則秦之霸業或不傳子孫。陛下天授以前，萬機獨斷，公卿百執具職而已。自長壽以來，厭怠細政，擢委昭德，乘總權綱，而才小任重，負氣彊愎，聾盲下民，芻狗同列，刻薄慶賞，多所矯虔，聲威翕習，天下杜口。臣伏見南臺敕目，羣臣奏請，陛下制已曰『可』，而昭德建言不可，制又從之。且人臣參奉機密，獻可替否，事或便利，不豫咨謀，而釁可已行，方興駁異，是揚露擅命，以示於人，歸美引咎，詛不類此。一切奏讞皆承風指，陰相傅會。臣觀其膽，乃大於身，鼻息所衝，上拂雲漢。夫小家治生，有千百之貲，將以託人，尚憂失授，況天下之重，可輕委寄乎？履霜堅冰，須防其漸。大權一去，收之良難。願陛下察臣之言。」又果殺鄧注著石論數千言，述其專恣，鳳閣舍人逄弘敏以聞。后由是惡之，謂姚璹曰：「誠如所言，昭德固負國矣！」乃貶欽州南賓尉。俄召授監察御史。

萬歲通天二年，來俊臣誣以逆謀，既而俊臣亦下獄，同日誅。時甚雨，衆庶莫不冤昭德而快俊臣。神龍二年，贈左御史大夫。建中三年，加贈司空。

吉頊，洛州河南人。長七尺，性陰克，敢言事。舉進士及第。調明堂尉。父哲爲易州刺史，坐賕當死，頊往見武承嗣，自陳有二女弟，請侍王巾盥者。承嗣喜，以犢車迎之。三日未言，問其故，答曰：「父犯法且死，故憂之。」承嗣爲表貸哲死，遷頊龍馬監。

劉思禮謀反，頊上變事，后命武懿宗雜訊，因諷囚引近臣高閑生平所牾者凡三十六姓，捕繫詔獄，榜楚百慘，以成其獄，同日論死，天下冤之。擢右肅政臺中丞。

來俊臣下獄，司刑當以死，狀三日不下。頊從武后游苑中，因間言：「臣爲陛下耳目，知俊臣狀入不出，人以爲疑。」后曰：「朕以俊臣有功，徐思之。」項曰：「于安遠告虺貞反，今爲成州司馬。俊臣誣殺忠良，罪惡如山，國蠧賊也，尙何惜？」於是后斬俊臣，而召安遠爲尙食奉御。

突厥陷趙、定，授檢校相州刺史，且募兵制虜南向。項辭不知武，后曰：「賊方走，藉卿坐鎭耳。」初，太原温彬茂死高宗時，封一笥書，諉妻曰：「吾死後，須年及垂拱獻之。」垂拱初，妻上其書，言后革命事及突厥至趙去，故后知虜且還。項至，募士無應者，俄詔以皇太子爲元帥，應募日數千。項還言狀，后曰：「人心若是邪？卿可爲羣臣道之。」項誦語于朝，諸武惡之。

始，項善張易之、殿中少監田歸道、鳳閣舍人薛稷、正諫大夫員半千、夏官侍郎李迥秀，皆爲控鶴內供奉。項又彊敏，故后倚爲腹心。聖曆二年，進天官侍郎、同鳳閣鸞臺平章事。爲刺史時，武懿宗討契丹，退保相州。後爭功殿中，懿宗陋短俯僂，項嚴語侵之，無所容假。后怒曰：「我在，乃藉諸武，它日安可保？」銜之。

張易之兄弟以寵盛，思自全，問項計安出。項曰：「公家以倖進，非有大功於天下，勢必危。吾有不朽策，願效之，非止保身，且世世不絕胙。」易之流涕請，項曰：「天下思唐久矣！廬陵斥外，相王幽閉。上春秋高，武諸王非海內屬意。公盍從容請相王、廬陵，以副人望？

易弔爲賀之資也。」易之、昌宗乘間如項教，后意乃定。既而知項與謀，召見問狀，項對：「廬陵、相王皆陛下子，先帝顧託於陛下，當速有所付。」乃還中宗。

明年，項坐弟冒僞官貶琰川尉，及辭，召見，泣曰：「臣去國，無復再謁，願有所言。然病棘，請須臾間。」后命坐，項曰：「水土皆一盎，有爭乎？」曰：「無。」曰：「以爲塗，有爭乎？」曰：「無。」曰：「以塗爲佛與道，有爭乎？」曰：「有之。」項頓首曰：「雖臣亦以爲有。夫皇子、外戚，有分則兩安。今太子再立，而外家諸王並封，陛下何以和之？貴賤親疏之不明，是驅使必爭，臣知兩不安矣。」后曰：「朕知之，業已然，且奈何？」項尋徙始豐尉，客江都，卒。中宗之立，項實倡之，會得罪，無知者。睿宗初，有發明其忠，乃下詔贈御史大夫。

贊曰：異乎，炎之暗于幾也！知中宗之不君，不知武后之盜朝，假虎翼而責其搏人，死固宜哉！昭德、項進不以道，君子恥之。雖然，一情區區，抑武興唐，其助有端，則賢炎遠矣。禕之、玄同漏言及誅，不失所以事君者云。

校勘記

〔一〕中宗復位求炎後授伷先太子詹事丞　按中宗爲裴炎等所廢，後復位。通鑑卷二〇八載中宗神龍元年制云：「文明已來破家子孫皆復舊資廕，唯徐敬業、裴炎不在免限。」同書卷二一〇睿宗景雲元年十一月載：「追復裴炎官爵……至是求炎後，獨伷先在，拜詹事丞。」是伷先任詹事丞，在睿宗景雲時，此作中宗時，誤。

〔二〕玄同救免而河陽令周興未知也　通鑑卷二〇四載：「高宗之世，周興以河陽令召見，上欲加擢用，或奏以爲非清流，罷之。興不知，數於朝堂待命。」是「周興未知」云云，自另一事。疑「玄同救免」下有闕文。

唐書卷一百一十八

列傳第四十三

張廷珪 韋湊 見素 諤 顗 知人 維 縝 虛心 韓思復 朝宗 佽
宋務光 呂元泰 辛替否 李渤 裴潾 張皋 李中敏 李款 李甘

張廷珪，河南濟源人。慷慨有志尙。第進士，補白水尉。舉制科異等。累遷監察御史，按劾平直。武后稅天下浮屠錢，營佛祠於白司馬坂，作大象，廷珪諫，以爲：「傾四海之財，殫萬民之力，窮山之木爲塔，極冶之金爲象，然猶有爲之法，不足高也。塡塞澗穴，覆壓蟲蟻，且巨億計。工員窮窶，驅役爲勞，饑渴所致，疾疹方作。又僧尼乞丐自贍，而州縣督輸，星火迫切，鬻賣以充，非浮屠所謂隨喜者。今天下虛竭，蒼生彫弊，謂宜先邊境，實府庫，養人力。」后善之，召見長生殿，賞慰良厚，因是罷役。

會詔市河南河北牛羊、荊益奴婢，置監登、萊，以廣軍資。廷珪上書曰：「今河南牛疫，十不一在，詔雖和市，甚於抑奪。併市則價難準，簡擇則吏求賄，是牛再疫，農重傷也。高原耕地奪爲牧所，兩州無復丁田，牛羊踐暴，舉境何賴？荆、益奴婢多國家戶口，姦豪掠買，一入於官，永無免期。南北異宜，至必生疾，此有損無益也。抑聞之，君所恃在民，民所恃在食，食所資在耕，耕所資在牛；牛廢則耕廢，耕廢則食去，食去則民亡，民亡則何恃爲君？羊非軍國切要，假令蕃滋，不可射利。」后乃止。

張易之誅，議窮治黨與。廷珪建言：「自古革命，務歸人心，則以刑勝治。今唐曆不移，天地復主，宜以仁化蕩宥。且易之盛時，趨附奔走半天下，盡誅則已暴，罰一二則法不平，宜一切洗貸。」中宗納之。

神龍初，詔白司馬坂復營佛祠，廷珪方奉詔抵河北，道出其所，見營築勞亟，懷不能已，上書切爭，且言：「自中興之初，下詔書，弛不急，斥少監楊務廉，以示中外。今土木復興，不稱前詔；掘壤伐木，寖害生氣。願罷之，以紓窮乏。」帝不省。尋爲中書舍人。再遷禮部侍郎。

玄宗開元初，大旱，關中飢，詔求直言。廷珪上疏曰：「古有多難興國，殷憂啓聖，蓋事危則志銳，情苦則慮深，故能轉禍爲福也。景龍、先天間，凶黨構亂，陛下神武，汛掃氛垢，日月所燭，無不濡澤，明明上帝，宜錫介福。而頃陰陽愆候，九穀失稔，關輔尤劇。臣思天意，殆以陛下春秋鼎盛，不崇朝有大功，輕堯、舜而不法，思秦、漢以自高，故昭見咎異，欲日慎一日，永保大和，是皇天於陛下睠顧深矣，陛下得不奉若休旨而寅畏哉！誠願約心削志，考前王之書，敦素樸之道，登端士，放佞人，屛後宮，減外廄，場無蹴鞠之玩，野絕從禽之樂，促遠境，罷縣戍，矜惠惸獨，蠲薄徭賦，去淫巧，捐珠璽，不見可欲，使心不亂。或謂天戒不足畏，而上帝馮怒，風雨迷錯，荒饉日甚，則無以濟下矣；或謂人窮不足恤，而億兆攜離，愁苦昏墊，則無以奉上矣。斯安危所繫，禍福之原，奈何不察？今受命伊始，華夷百姓淸耳以聽，刮目以視，冀有聞見，何遽孤其望哉？」

再遷黃門侍郎，監察御史蔣挺坐法，詔決杖朝堂，廷珪執奏：「御史有譴，當殺殺之，不可辱也。」士大夫服其知體。

王琚持節巡天兵諸軍，方還，復詔行塞下，議者皆謂將襲回紇，廷珪陳五不可，且言：「中國步多騎少，人齎一石糧，負甲百斤，盛夏長驅，晝夜不休，勞逸相絕，其勢不敵，一也。出軍掩敵，兵不數萬，不可以行，廢農廣饋，饑歲不支，二也。千里遠襲，其誰不知？賊有斥候，必能預防，三也。狄人獸居磧漠，譬之石田，克而無補，四也。天下無年，當養人息兵，五也。」又請復十道按察使，巡視州縣，帝然納之，因詔陸象先等分使十道。時遣使齎繒錦至石國市犬馬，廷珪曰：「犬馬非土性弗畜，珍禽異獸不育于國，不宜勞遠人致異物，願省無益之故，救必然之急，天下之幸。」

坐漏禁内語，出爲沔州刺史。頻徙蘇、宋、魏三州。初，景龍中，宗楚客、紀處訥、武延秀、韋温等封戶多在河南、河北，諷朝廷詔兩道蠶產所宜，雖水旱得以蠶折租。廷珪謂：「兩道倚大河，地雄奧，股肱走集，宜得其歡心，安可不恤其患而殫其力？若以桑蠶所宜而加別稅，則隴右羊馬、山南椒漆、山之銅錫鉛鍇、海之蜃蛤魚鹽，水旱皆免，寧獨河南、北外於王度哉？願依貞觀、永徽故事，準令折免。」詔可。在官有威化。入爲少府監，封范陽縣男。以太子詹事致仕。卒，贈工部尚書，謚貞穆。

廷珪偉姿儀，善八分書，與李邕友善，及邕躓於仕，屢表薦之，人尚其方介云。

韋湊字彥宗，京兆萬年人。祖叔諧，貞觀中爲庫部郎中，與弟吏部郎中叔謙、兄主爵郎中季武同省，時號「三列宿」。

湊，永淳初，解褐婺州參軍事。徙資州司兵，觀察使房昶才之，表于朝，遷揚州法曹。州人孟神爽罷仁壽令，豪縱，數犯法，交通貴戚，吏莫敢繩，湊按治，杖殺之，遠近稱伏。入爲相王府屬，時姚崇兼府長史，嘗曰：「韋子識遠文詳，吾恨晚得之。」六遷司農少卿。忤宗楚客，出爲貝州刺史。

睿宗立，授鴻臚少卿。徙太府，兼通事舍人。時改葬故太子重俊，有詔加謚，又詔雪李多祚等罪，議贈官。湊上言：

王者發號出令，必法大道，善善著，惡惡明也。賞罰所不加，則考行立謚以褒貶之。臣議其君，子議其父，曰「靈」曰「厲」者，不敢以私亂公也。臣伏見故太子與多祚等擁北軍，犯宸居，破扉斬關，兵指黄屋，騎騰紫微，和帝御玄武門親諭逆順，太子據鞍自若，督衆不止；逆黨悔非，回兵執賊，多祚伏誅，太子乃遁去。明日帝見羣臣，涕數行下，曰「幾不與公等相見」，其爲危甚矣！

臣子之禮，過位必趨，蹙路馬芻有誅。昔漢成帝爲太子，行不敢絕馳道。秦師免冑過周北門，王孫滿策其必敗。推此，則太子稱兵宫中，爲悖已甚。以斬三思父子而嘉之乎，則弄兵討逆以安君父可也；因欲自立，則是爲逆，又奚可褒？此時韋氏逆未明，義未絕，於太子母也，子無廢母之理；非中宗命廢之，則又劫父廢母。且君或不君，臣安可不臣？父或不父，子安可不子？晉太子申生謚曰恭，漢太子據謚曰戾，今太子乃謚節愍，臣所未諭。願與議謚者質於御前，使臣言非耶，甘鼎鑊之誅，申大義示天下；臣言是耶，咸蒙冰釋，不復異議。如曰未然，奈何使後世亂臣賊子資以爲辭？宜易謚以合經禮，多祚等罪云「免」而不云「雪」。帝瞿然，引內閤中，勞曰：「誠如卿言。業已爾，奈何？」對曰：「太子實逆，不可以褒，請質行以謚。」時大臣亦重改，唯罷多祚等贈官。

景雲初，作金仙等觀，湊諫，以爲：「方農月興功，雖貲出公主，然高直售庸，則農人捨耕取顧，趨末棄本，恐天下有受其飢者。」不聽。湊執爭，以「萬物生育，草木昆蚑傷伐甚多，非仁聖本意」。帝詔外詳議。中書令崔湜、侍中岑羲曰：「公敢是耶？」湊曰：「食厚祿，死不敢顧，況聖世必無死乎？」朝廷爲減費萬計。出爲陝、汝、岐三州刺史。

開元初，欲建碑靖陵，湊以古園陵不立碑，又方旱不可興工，諫而止。遷將作大匠。詔復孝敬皇帝廟號義宗，湊諫曰：「傳云：『必也正名。』禮：祖有功，宗有德，其廟百世不毀。商有三宗，周宗武王，漢文帝爲太宗，武帝爲世宗。歷代稱宗者，皆方制海內，德澤可尊，列於昭穆，是謂不毀。孝敬皇帝未嘗南面，且別立寢廟，無稱宗之義。」遂罷。

遷右衞大將軍，玄宗謂曰：「故事，諸衞大將軍與尙書更爲之，近時職輕，故用卿以重此官，其毋辭！」尋徙河南尹，封彭城郡公。會洛陽主簿王鈞以賕抵死，詔曰：「兩臺御史、河南尹縱吏侵漁，春秋重責帥，其出湊曹州刺史，侍御史張洽通州司馬。」久之，遷太原尹，兼北都軍器監，邊備修舉，詔賜時服勞勉之。及病，遣上醫臨治。卒，年六十五，贈幽州都督，謚曰文。子見素。

見素字會微，質性仁厚。及進士第，授相王府參軍，襲父爵，擢累諫議大夫。天寶五載，爲江西、山南、黔中、嶺南道黜陟使，繩糾吏治，所至震畏。遷文部侍郎，平判皆誦於口，銓敍平允，官有丐求，輒下意聽納，人多德之。

十三載，玄宗苦雨潦閱六旬，謂宰相非其人，罷左相陳希烈，詔楊國忠審擇大臣。時吉温得幸，帝欲用之。温爲安祿山所厚，國忠懼其進，沮止之。謀於中書舍人竇華、宋昱，皆以見素安雅易制，國忠入白帝，帝亦以相王府屬，有舊恩，遂拜武部尚書、同中書門下平章事、集賢院學士，知門下省事。

明年，祿山表請蕃將三十二人代漢將，帝許之，見素不悦，謂國忠曰：「祿山反狀暴天下，今又以蕃代漢，難將作矣。」國忠不應，見素曰：「知禍之牙不能防，見禍之形不能制，焉用彼相？明日當懇論之。」既入，帝迎諭曰：「卿等有疑祿山意耶？」國忠、見素趨下，流涕具陳祿山反明甚，詔復位，因以祿山表置帝前乃出。帝令中官袁思藝傳詔曰：「此姑忍，朕徐圖之。」由是奉詔。然每進見，未嘗不爲帝言之，帝不入其語。未幾，祿山反，從帝入蜀。陳玄禮之殺國忠也，兵傷其首，衆傳聲曰：「毋害韋公父子！」獲免。帝令壽王賜藥傅創。次巴西，詔兼左相，封豳國公。

肅宗立，與房琯、崔渙持節奉傳國璽及册，宣揚制命，帝曰：「太子仁孝，去十三載已有傳位意，屬方水旱，左右勸我且須豐年。今帝受命，朕如釋負矣。煩卿等遠去，善輔導之。」見素涕泣拜辭，又命見素子諤及中書舍人賈至爲册使判官，謁見肅宗於順化郡。肅宗聞琯名且舊，虛懷待之；以見素嘗附國忠，禮遇獨減。

是歲十月丙申，有星犯昴，見素言於帝曰：「昴者，胡也。天道謫見，所應在人，祿山將死矣。」帝曰：「日月可知乎？」見素曰：「福應在德，禍應在刑。昴金忌火，行當火位，昴之昏中，乃其時也。既死其月，亦死其日。明年正月甲寅，祿山其殪乎！」帝曰：「賊何等死？」答曰：「五行之說，子者視妻所生。昴犯以丙申。金，木之妃也；木，火之母也。丙火爲金，子申亦金也。二金本同末異，還以相剋，賊殆爲子與首亂者更相屠戮乎！」及祿山死，日月皆驗。

明年三月至鳳翔，拜尙書右僕射，罷知政事。初，行在所承喪亂後，兵吏三銓簿領煬散，選部文符僞濫，帝欲廣懷士心，至者一切補官，不加檢復。見素奏宜明條綱以爲持久，帝未及從。既還都，選者猥集，補署無所，日訴于朝，乃追行其言。會郭子儀亦爲僕射，徙見素太子太師，詔至蜀郡奉迎太上皇。以功食實封三百戶。上元初，以疾求致仕，許之；詔朝朔望。寶應元年卒，年七十六，贈司徒，謚忠貞。子諤。

贊曰：楊國忠本與安祿山爭寵，故捕吉温以激其亂，陰儲蜀貲，待天子之出，則己與韋見素流涕爭祿山反狀，將信所言，以久其權。見素能言祿山反，不能言所以反，是佐國忠敗王室也，玄宗不悟，仍相之。卒爲後帝所薄，然猶完其要領，幸矣。謂見素爲前知，果非也。

諤歷京兆府司錄參軍。國忠之死，軍聚不解，陳玄禮請殺貴妃以安衆，帝意猶豫，諤諫曰：「臣聞以計勝色者昌，以色勝計者亡。今宗廟震驚，陛下棄神器，奔草莽，惟割恩以安社稷。」因叩頭流血。帝寤，賜妃死，軍乃大悅。擢諤御史中丞，爲置頓使。乘輿將行，或曰「國忠死，不可往蜀」，請之河、隴，或請幸太原、朔方、涼州，或曰如京師，雜然不一。帝心向蜀，未能言。諤曰：「今兵少，不能捍賊，還京非萬全計，不如至扶風，徐圖去就。」帝問於衆，衆然之，遂至扶風，乃決西幸。後終給事中。

顗字周仁，諤弟益之子。蚤孤，事姊恭順。及長，身不衣帛。通陰陽象緯，博知山川風俗，論議典據。以門調補千牛備身。自鄠尉判入等，授萬年尉。歷御史、補闕，與李約、李正辭更進諷諫，數移大事。裴垍、韋貫之、李絳、崔羣、蕭俛皆布衣舊，繼爲宰相，朝廷典章多所咨逮，嘗曰：「吾儕五人，智不及一韋公。」長慶初爲大理少卿。累遷給事中。敬宗立，授御史中丞，爲戶部侍郎，徙吏部。卒，贈禮部尚書。

所著易緼解，推演終始，有深誼。既喜接士，後出莫不造門。而李逢吉方結黨與，擅國政，頗傅會之，素議遂衰。然節儉自居，天下推其尚云。

知人字行哲，叔謙子。弱而好古。以國子舉授校書郎。高宗時，擢州參軍八人爲中臺郎，知人自荊府兵曹遷司庫員外郎，兼判司戎大夫事。未幾卒。子維、繩。

維字文紀。進士對策高第，擢武功主簿。督役乾陵，會歲飢，均力勸功，人不知勞。坐徐敬業親，貶五泉主簿。徙內江令，敎民耕桑，縣爲刻頌。遷戶部郎中，善裁剖，時員外宋之問善詩，故時稱「戶部二妙」。終太子右庶子。

繩長文辭。撫養宗屬孤幼無異情。舉孝廉，以母老不肯仕。踰二十年，乃歷長安尉，威行京師。擢監察御史，更泗、涇、鄜三州刺史。天寶初，入爲祕書少監，玄宗尚文，視其職如尚書丞、郎。繩刊是圖簡，以善職稱。終陳王傅。

虛心字無逸，維子。舉孝廉。遷大理丞、侍御史。神龍中，按大獄，僕射竇懷貞、侍中劉幽求有所輕重，虛心據正不橈。景龍中，屬羌叛，既禽捕，有詔悉誅，虛心惟論酋長死，原活其餘。遷御史中丞。歷荆、潞、揚三大都督府長史。荆州有鄉豪，負勢干法，虛心籍其訾入之官。以廬江多盜，遂縣舒城，盜賊爲衰。入爲工部尚書、東京留守。累封南皮郡子。卒，贈揚州大都督，謚曰正。

弟虛舟，歷洪、魏二州刺史，有治名。入爲刑部侍郎。

初，維爲郎，蒔柳于廷，及虛心兄弟居郎省，對之輒斂容。自叔謙後，至郎中者數人，世號「郎官家」。

韓思復字紹出，京兆長安人。祖倫，貞觀中歷左衞率，封長山縣男。思復少孤，年十歲，母爲語父亡狀，感咽幾絕，故倫特愛之，嘗曰：「此兒必大吾宗。」然家富有，金玉、車馬、玩好未嘗省。篤學，舉秀才高第，襲祖封。永淳中，家益窶，歲飢，京兆杜瑾者，以百綾餉思復，思復方併日食，而綾完封不發。

調梁府倉曹參軍，會大旱，輒開倉賑民，州劾責，對曰：「人窮則濫，不如因而活之，無趣爲盜賊。」州不能詘。轉汴州司戶，仁恕，不行鞭罰。以親喪去官，鬻薪自給。姚崇爲夏官侍郎，識之，擢司禮博士。五遷禮部郎中。建昌王武攸寧母亡，請鼓吹，思復持不可而止。坐爲王同皎所薦，貶始州長史。遷滁州刺史，州有銅官，人鏟鑿尤苦，思復爲罝他鄙，費省獲多。有黃芝五生州署，民爲刻頌其祥。徙襄州。

入拜給事中。帝作景龍觀，思復諫曰：「禍難初弭，土木遽興，非憂物恤人所急。」不見省。嚴善思坐譙王重福事，捕送詔獄，有司劾善思「任汝州刺史，與王游；至京師，不暴王謀，但奏東都有兵氣。匿反罔上，宜伏誅」。思復曰：「往韋氏擅內，謀危社稷，善思詣相府，白陛下必即位。今詔追善思，書發即至，使有逆節者，肯遽奔命哉？請集百官議。」議多同，善思得免死，流靜州。遷中書舍人，數指言得失，頗見納用。

開元初爲諫議大夫。山東大蝗，宰相姚崇遣使分道捕瘞。思復上言：「夾河州縣，飛蝗所至，苗輒盡，今游食至洛。使者往來，不敢顯言。且天災流行，庸可盡瘞？望陛下悔過責躬，損不急之務，任至公之人，持此誠實以答譴咎，其驅蝗使一切宜罷。」玄宗然之，出其疏付崇，崇建遣思復使山東按所損，還，以實言。崇又遣監察御史劉沼覆視，沼希宰相意，悉易故牒以聞，故河南數州賦不得蠲。崇惡之，出爲德州刺史。拜黃門侍郎。帝北巡，爲行在巡問賑給大使。遷御史大夫，性恬澹，不喜爲繩察，徙太子賓客，進爵伯。累遷吏部侍郎。復爲襄州刺史，治行名天下。代還，仍拜太子賓客。卒，年七十四，謚曰文。天子親題其碑曰「有唐忠孝韓長山之墓」。故吏盧僎、邑人孟浩然立石峴山。

初，鄭仁傑、李無爲者，隱居太白山，思復少從二人游，嘗曰：「子識淸貌古，恨仕不及宰相也。」子朝宗。

朝宗初歷左拾遺。睿宗詔作乞寒胡戲，諫曰：「昔辛有過伊川，見被髮而祭，知其必戎。今乞寒胡非古不法，無乃爲狄？又道路藉藉，咸言皇太子微服觀之。且匈奴在邸，刺客卒發，大憂不測，白龍魚服，深可畏也。況天象變見，疫癘相仍，厭兵助陰，是謂無益。」帝稱善，特賜中上考。帝傳位太子，朝宗與將軍龐承宗諫曰：「太子雖睿聖，宜且養成盛德。」帝不聽。累遷荆州長史。

開元二十二年，初置十道採訪使，朝宗以襄州刺史兼山南東道。襄州南楚故城有昭王井，傳言汲者死，行人雖暍困，不敢視，朝宗移書諭神，自是飲者亡恙，人更號韓公井。坐所任吏擅賦役，貶洪州刺史。天寶初，召爲京兆尹，分渭水入金光門，匯爲潭，以通西市材木。出爲高平太守。始，開元末，海內無事，訛言兵當興，衣冠潛爲避世計，朝宗廬終南山，爲長安尉霍仙奇所發，玄宗怒，使侍御史王鉷訊之，貶吳興別駕，卒。

朝宗喜識拔後進，嘗薦崔宗之、嚴武於朝，當時士咸歸重之。

朝宗孫佽，字相之，性清簡。元和初第進士。自山南東道使府入爲殿中侍御史。累遷桂管觀察使，部二十餘州，自參軍至縣令無慮三百員，吏部所補纔十一，餘皆觀察使商才補職。佽下車，悉來謁，一吏持籍請補缺員，佽下教曰：「居官治，吾不奪；其不奉法，無望縱舍。缺者，須按籍取可任任之。」會春服使至，鄉有豪猾厚進賄使者，求爲縣令，使者請佽，佽許之。既去，召鄉豪責以橈法，笞其背，以令部中，自是豪右畏戢。時詔置五管監兵，盡境賦不足充其費，佽處以儉約，遂爲定制，衆以爲難。卒，贈工部侍郎。

宋務光字子昂，一名烈，汾州西河人。舉進士及第，調洛陽尉。遷右衞騎曹參軍。神龍元年，大水，詔文武九品以上官直言極諫，務光上書曰：

后王樂聞過，罔不興；拒諫，罔不亂。樂聞過則下情通，下情通則政無缺，此所以興也。拒諫則羣議壅，羣議壅則上孤立，此所以亂也。

臣嘗觀天人相與之際，有感必應，其間甚密，是以教失於此，變生於彼。易曰：「天垂象，見吉凶，聖人象之。」竊見自夏以來，水氣勃戾，天下多罹其災，洛水暴漲，漂損百姓。傳曰：「簡宗廟，廢祠祀，則水不潤下。」夫王者卽位，必郊祀天地，嚴配祖宗。自陛下御極，郊、廟、山川不時薦見。又水者陰類，臣妾之道，氣盛則水泉溢；頃虹蜺紛錯，暑雨滯霪，陰勝之沴也。後廷近習或有離中饋之職以干外政，願深思天變，杜絕其萌。

又自春及夏，牛多病死，疫氣浸淫。傳曰：「思之不睿，時則有牛禍。」意者萬機之事，陛下未躬親乎？晁錯曰：「五帝其臣不及，則自親之。」今朝廷賢佐雖多，然莫能仰陛下清光。願勤思法宮，凝就大化。以萬方爲念，不以聲色爲娛；以百姓爲憂，不以犬馬爲樂。臣聞三五之君不能免淫亢，顧備禦存乎人耳。災興細微，安之不怪，及禍變已成，駭而圖之，猶水決治防、病困求藥，雖復僶俛，尙何救哉！夫塞變應天，實繫人事。今霖雨卽閉坊門，豈一坊一市能感發天道哉？必不然矣。故里人呼坊門爲宰相，謂能節宣風雨。天工人代，乃爲虛設。

又數年以來，公私罄竭，戶口減耗，家無接新之儲，國乏俟荒之蓄。陛下近觀朝市，則以爲旣庶且富；試踐閭陌，則百姓衣馬牛之衣，食犬彘之食，十室而九。丁壯盡於邊塞，孀孤轉於溝壑，猛吏奮毒，急政破資。馬困斯佚，人窮斯詐。起爲姦盜，從而刑之，良可嘆也。今人貧而奢不息，法設而僞不止；長吏貪冒，選擧以私；稼穡之人少，商旅之人衆。願坦然更化，以身先之。凋殘之後，緩其力役；久弊之極，訓以敦厖。十年之外，生聚方足。

臣聞太子者，君之貳，國之本，所以守器承祧，養民贊業。願擇賢能，早建儲副，安社稷，慰黎元。姻戚之間，謗議所集，積疑成患，憑寵生災，愛之適以害之也。如武三思等，誠不宜任以機要，國家利器，庸可久假於人？祕書監鄭普思、國子祭酒葉靜能挾小道淺術，列朱紫，取銀黃，虧國經，悖天道。書曰：「制治于未亂，保邦于未危。」此誠治亂安危之秋也。願陛下遠佞人，親有德；乳保之母、妃主之家，以時接見，無令媟黷。

疏奏不省。

俄以監察御史巡察河南道。時滑州輸丁少而封戶多，每配封人，皆亡命失業。務光建言：「通邑大都不以封。今命侯之家專擇雄奧，滑州七縣，而分封者五，王賦少於侯租，入家倍於輸國。請以封戶均餘州。」又請「食賦附租庸歲送，停封使，息傳驛之勞」。不見納。以考最，進殿中侍御史。遷右臺。嘗薦汝州參軍事李欽憲，後爲名臣。卒，年四十二。

時又有清源尉呂元泰，亦上書言時政曰：「國家者，至公之神器，一正則難傾，一傾則難正。今中興政化之始，幾微之際，可不愼哉？自頃營寺塔，度僧尼，施與不絕，非所謂急務也。林胡數叛，獯虜內侵，帑藏虛竭，戶口亡散。夫下人失業，不謂太平；邊兵未解，不謂無事；水旱爲災，不謂年登；倉廩未實，不謂國富。而乃驅役飢凍，彫鐫木石，營構不急，勞費日深，恐非陛下中興之要也。比見坊邑相率爲渾脫隊，駿馬胡服，名曰『蘇莫遮』。旗鼓相當，軍陣勢也；騰逐喧譟，戰爭象也；錦繡夸競，害女工也；督斂貧弱，傷政體也；胡服相歡，非雅樂也；渾脫爲號，非美名也。安可以禮義之朝，法胡虜之俗？詩云：『京邑翼翼，四方是則。』非先王之禮樂而示則於四方，臣所未諭。書：『曰謀，時寒若。』何必羸形體，灌衢路，鼓舞跳躍而索寒焉？」書聞不報。

辛替否字協時，京兆萬年人。景龍中爲左拾遺。時置公主府官屬，而安樂府補授尤濫；武崇訓死，主棄故宅，別築第，侈費過度；又盛興佛寺，公私疲匱。替否上疏曰：

古之建官不必備，九卿有位而闕其選。故賞不僭，官不濫；士有完行，家有廉節；朝廷餘奉，百姓餘食；下忠於上，上禮於下；委裘無倉卒之危，垂拱無顚沛之患。夫事有惕耳目，動心慮，作不師古，以行於今，臣得言之。陛下倍百行賞，倍十增官，金銀不供於印，束帛不充於錫，何所媿於無用之臣、無力之士哉？

古語曰：「福生有基，禍生有胎。」且公主，陛下愛子也，選賢嫁之，設官輔之，傾府庫以賜之，壯第觀以居之，廣池籞以嬉之，可謂至重至憐也。然用不合古義，行不根人心，將變愛成憎，轉福爲禍。何者？竭人之力，費人之財，奪人之家，怨也。愛一女，取三怨於天下，使邊疆士不盡力，朝廷士不盡忠。人心散矣，獨持所愛，何所恃乎？向使魯王賞同諸壻，則有今日之福，無曩日之禍。人徒見其禍，不知禍所來，所以禍者，寵過也。今棄一宅，造一宅，忘前悔，忽後禍，臣竊謂陛下乃憎之，非愛之也。臣聞君以人爲本，本固則邦寧，邦寧則陛下夫婦母子長相保也。願外謀宰臣，爲久安計，不使姦臣賊子有以伺之。

今疆埸危駭，倉廩空虛，卒輸不充，士賞不及，而大建寺宇，廣造第宅。伐木空山，不給棟梁；運土塞路，不充牆壁。所謂佛者，清淨慈悲，體道以濟物，不欲利以損人，不榮身以害教。今三時之月，掘山穿地，損命也；殫府虛帑，損人也；廣殿長廊，榮身也。損命則不慈悲，損人則不愛物，榮身則不清淨，寧佛者之心乎？昔夏爲天子二十餘世而商受之，商二十餘世而周受之，周三十餘世而漢受之，由漢而後，歷代可知已。咸有道之長，無道之短，豈窮金玉修塔廟享久長之祚乎？臣以爲減彫琢之費以賙不足，是有佛之德；息穿掘之苦以全昆蟲，是有佛之仁；罷營構之直以給邊垂，是有湯、武之功；回不急之祿以購廉淸，是有唐、虞之治。陛下緩其所急，急其所緩，親未來，疏見在，失眞實，冀虛無，重俗人之所爲，而輕天子之業，臣竊痛之。

今出財依勢，避役亡命，類度爲沙門，其未度者，窮民善人耳。拔親樹知，豈離朋黨，畜妻養孥，非無私愛，是致人毀道，非廣道求人也。陛下常欲塡池塹，捐苑囿，以賑貧人。今天下之寺無數，一寺當陛下一宮，壯麗用度尙或過之。十分天下之財而佛有七八，陛下何有之矣？雖役不食之人、不衣之士，猶尙不給，況必待天生地養、風動雨潤而後得之乎？臣聞國無九年之儲，曰非其國。今計倉廩，度府庫，百僚共給，萬事用度，臣恐不能卒歲。假如兵旱相乘，則沙門不能擐甲冑，寺塔不足穰飢饉矣。

帝不省。

睿宗立，罷斜封官千餘人，俄詔復之。方營金仙、玉眞觀。替否以左補闕上疏曰：

臣謂古之用度不時、爵賞不當、國破家亡者，口說不若身逢，耳聞不若目見，臣請以有唐治道得失，陛下所及見者言之。

太宗，陛下之祖，撥亂立極，得至治之體。省官淸吏，舉天下職司無虛授，用天下財帛無枉費；賞必待功，官必得才，爲無不成，征無不服。不多寺觀而福祿至，不度僧尼而咎殃滅。陰陽不愆，五穀遂成，粟腐帛爛。萬里貢賦，百蠻歸款。享國久長，多歷年所。陛下何憚而不法之？

中宗，陛下之兄，居先帝之業，忽先帝之化，不聽賢臣之言，而悅子女之意。虛食祿者數千人，妄食土者百餘戶；造寺蠹財數百億，度人免租、庸數十萬。是故國家所出日加，所入日減，倉乏半歲之儲，庫無一時之帛。所惡者逐，逐必忠良；所愛者賞，賞皆讒慝。朋佞喋喋，交相傾動。奪百姓之食以養殘凶，剝萬人之衣以塗土木。人怨神怒，親忿衆離，水旱疾疫，六年之間，三禍爲變。享國不永，受終於凶婦，取譏萬代，詒笑四夷，陛下所見也。若法太宗治國，太山之安可致也；法中宗治國，累卵之危亦可致也。

頃淫雨不解，穀荒于壟，麥爛于場，入秋亢旱，霜損蟲暴，草木枯黃，下人咨嗟，未知所濟。而營寺造觀，日繼于時，道路流言，計用緡錢百餘萬。陛下知倉有幾歲儲？庫有幾歲帛？百姓何所活？三邊何所輸？民散兵亂，職此由也。而以百萬構無用之觀，受天下之怨。陛下忍棄太宗之治本，不忍棄中宗之亂階；忍棄太宗久長之謀，不忍棄中宗短促之計。何以繼祖宗、觀萬國耶？陛下在韋氏時，切齒羣凶；今貴爲天子，不改其事，恐復有切齒於陛下者。

往見明敕，一用貞觀故事。且貞觀有營寺觀，加浮屠、黃老，益無用之官，行不急之務者乎？往者和帝之憐悖逆也，宗晉卿勸爲第宅，趙履温勸爲園亭，工徒未息，義兵交馳，亭不得游，宅不得息，信邪僻之說，成骨肉之刑，陛下所見也。今茲二觀，得無晉卿之徒陰勸爲之，冀誤骨肉？不可不察也。惟陛下停二觀以須豐年，以所費之財給貧窮、塡府庫，則公主福無窮矣。

疏奏，帝不能用，然嘉切直。

稍遷右臺殿中侍御史。雍令劉少微恃權貪贓，替否按之，岑羲屢以爲請，替否曰：「我爲憲司，懼勢以縱罪，謂王法何？」少微坐死。遷累潁王府長史。卒，年八十。

李渤字濬之，魏橫野將軍、申國公發之裔。父鈞，殿中侍御史，以不能養母廢于世。渤恥之，不肯仕，刻志於學，與仲兄涉偕隱廬山。嘗以列禦寇拒粟，其妻怒，是無婦也；樂羊子捨金，妻讓之，是無夫也。乃摭古聯德高蹈者，以楚接輿、老萊子、黔婁先生、於陵子、王儒仲、梁鴻六人圖象讚其行〔一〕，因以自儆。久之，更徙少室。

元和初，戶部侍郎李巽、諫議大夫韋況交章薦之，詔以右拾遺召。於是河南少尹杜兼遣吏持詔、幣即山敦促，渤上書謝：「昔屠羊說有言：『位三旌，祿萬鍾，知貴於屠羊，然不可使吾君妄施。』彼賤賈也，猶能忘己愛君。臣雖欲盜榮以濟所欲，得無愧屠羊乎？」不拜。

洛陽令韓愈遺書曰：

有詔河南敦喻遺公，朝廷士引頸東望，若景星、鳳鳥始見，爭先覩之爲快。方今天子仁聖，小大之事皆出宰相，樂善言如不得聞，自即大位，凡所出而施者無不得宜。勤儉之聲，寬大之政，幽閨婦女、草野小子飽聞而厭道之。愈不通於古，請問先生，兹非太平世歟？加又有非人力而至者，年穀屢熟，符貺委至。干紀之姦不戰而拘纍，彊梁之凶銷鑠縮栗，迎風而委伏。其有一事未就正，視若不成人。四海所環，無一夫甲而兵者。若此時也，遺公不疾起與天下士樂而享之，斯無時矣。昔孔子知不可爲而爲之不已，跡接於諸侯之國。今可爲之時，自藏深山，牢關而固拒，即與仁義者異守矣。想遺公冠帶就車，惠然肯來，舒所畜積，以補綴盛德之闕，利加于時，名垂將來。踴躍懷企，頃刻以冀。又竊聞朝廷議，必起遺公，使者往若不許，即河南必繼以行。拾遺徵若不至，更加高秩。如是辭少就多，傷於廉而害於義，遺公必不爲也。善人進，其類皆有望於公。公不爲起，是使天子不盡得良臣，君子不盡得顯位，人庶不盡被惠利，其害不爲細。必審察而諦思之，務使合於孔子之道乃善。

渤心善其言，始出家東都，每朝廷有闕政，輒附章列上。

元和九年討淮西，上平賊三術：一曰感，二曰守，三曰戰。感不成，不失爲守；守不成，不失爲戰。又上禦戎新錄，乃以著作郎召，渤遂起。歲餘，遷右補闕，以直忤旨，下遷丹王府諮議參軍，分司東都。十三年，上言：

至德以來，天下思致治平，訖今不稱者，人倦而不知變。天以變通之運遺陛下，陛下順而革之，則悠久。宜乘平蔡之勢，以德羈服恆、兗無不濟，則恩威暢矣。昔舜、禹以匹夫宅四海，其烈如彼；今以五聖營太平，其難如此。臣恐宰相羣臣蘊晦術略，啓沃有所未盡，使陛下翹然思文、武、禹、湯而不獲也。宜正六官，敍九疇，脩王制、月令，崇孝悌，敦九族，廣諫路，黜選舉，復俊造，定四民，省抑佛、老，明刑行令，治兵禦戎。願下宰相公卿大夫議，博引海內名儒，大開學館，與羣臣參講，據經稽古、應時便俗者，使切磋周復，作制度，合宣父繼周之言。謹上五事：一禮樂，二食貨，三刑政，四議都，五辨讎。

渤雖處外，然志存朝廷，表疏凡四十五獻。擢爲庫部員外郎。會皇甫鎛輔政，務剝下佐用度，而渤奉詔弔鄜士美喪，在道上言：「渭南長源鄉戶四百，今纔四十；閿鄉戶三千，而今千。它州縣大抵類此。推其敝，始於攤逃人之賦。假令十室五逃，則均責未逃者，若抵石于井，非極泉不止，誠絲聚斂之臣割下媚上。願下詔一賜禁止，計不三年，人必歸于農。夫農，國之本，本立而太平可議矣。」又言：「道路茀不治，驛馬多死。」憲宗得奏咨駭，卽詔出飛龍馬數百給畿驛。渤既以峭直觸要臣意，乃謝病歸。

穆宗立，召拜考功員外郎。歲終，當校考。渤自宰相而下升黜之，上奏曰：「宰相俛、文昌、植，陛下卽位，倚以責功，安危治亂繫也。方陛下敬大臣，未有昵比左右自驕之心，而天下事一以付之，俛等不推至公，陳先王道德，又不振祓舊典，復百司之本。政之興廢在賞罰。俛等未聞慰一首公，使天下吏有所勸；黜一不職，使尸祿有所懼。士之邪正混然無章。陛下比幸驪山，宰相、學士皆股肱心腹，宜皆知之，不先事以諫，陷君於過。俛與學士杜元穎等請考中下。御史大夫李絳、左散騎常侍張惟素、右散騎常侍李益諫幸驪山，鄭覃等諫畋游，得事君之禮，請考上下。崔元略當考上下，前考于翬不實，翬以賄死，請降中中。大理卿許季同，任翬者，應考中下；然頃陷劉闢，棄家以歸，宜補厥過，考中中。少府監裴通職修舉，考應中上；以封母，捨嫡而追所生，請考中下。」奏入，不報。會渤請急，馮宿領考功，以「考課令取歲中善惡爲上下，郎中校京官四品以下黜陟之，由三品上爲淸望官，歲進名聽內考，非有司所得專。渤舉舊事爲褒貶，違朝廷制，請如故事」。渤議遂廢。

會魏博節度使田弘正表渤爲副，元穎劾奏：「渤賣直售名，資狂躁，干進不已，外交方鎮求尉薦，不宜在朝。」出爲處州刺史。渤奏還信州移稅錢二百萬，免賦米二萬石，廢冗役千六百人。觀察使上狀。不閱歲，遷江州刺史。

度支使張平叔斂天下逋租，渤上言：「度支所收貞元二年流戶賦錢四百四十萬，臣州治田二千頃，今旱死者千九百頃。若徇度支所斂，臣懼天下謂陛下當大旱責民三十年逋賦。臣刺史，上不能奉詔，下不忍民窮，無所逃死，請放歸田里。」有詔蠲責。渤又治湖水，築隄七百步，使人不病涉。

入爲職方郎中，進諫議大夫。時敬宗晏朝紫宸，入閤，帝久不出，羣臣立屏外，至頓仆。渤見宰相曰：「昨論晏朝事，今益晚，是諫官不能移人主意，渤請出閤待罪。」會喚仗，乃止。退上疏曰：「今日入閤，陛下不時見羣臣，羣臣皆布路跛倚。夫跛倚形諸外，則憂思結諸內。憂倦既積，災釁必生，小則爲旱爲孽，大則爲兵爲亂。禮：『三諫不聽，則逃之。』陛下新即位，臣至三諫，恐危及社稷。」又言：「左右常侍職規諷，循默不事，若設官不責實，不如罷之。」俄充理匭使，建言：「事大者以聞，次白宰相，下以移有司。有司不當，許再納匭。妄訴者加所坐一等，以絕冒越。」詔可。

時政移近倖，紀律蕩然，渤勁正不顧患，通章封無閡日。天子雖幼昏，亦感寤，擢給事中，賜金紫服。

五坊卒夜鬬，傷縣人，鄠令崔發怒，敕吏捕捽，其一中人也，釋之。帝大怒，收發送御史獄。會大赦、改元，發以囚坐雞竿下，俄而中人數十持梃亂擊，發敗面折齒，幾死，吏哀請乃去。既而囚皆釋，而發不得原。渤上疏曰：「縣令曳辱中人，中人毆御囚，其罪一也。然令罪在赦前，而中人在赦後，不寘于法，臣恐四夷聞之，慢倍之心生矣。」渤又誦言：「前神策軍在幔城，篡京兆進食牙盤，不時治，致宦人益橫。」帝以問左右，皆曰「無之」。帝謂渤有黨，出爲桂管觀察使。它日，宰相李逢吉等見帝曰：「發暴中人誠不敬，然其母故宰相韋貫之姊，年八十，憂發成疾。陛下方孝治，宜少挺之。」帝惻然曰：「比諫官但言發枉，未嘗道此。」卽遣使送發於家，且撫慰其母。韋拜詔，泣對使者杖發四十。猶奪其官。至文宗，乃用發爲懷州長史。

桂有灕水，出海陽山，世言秦命史祿伐粵，鑿爲漕，馬援討徵側，復治以通餽；後爲江水潰毀，渠遂廞淺，每轉餉，役數十戶濟一艘。渤釃浚舊道，鄣泄有宜，舟楫利焉。踰年，以病歸洛。大和中，召拜太子賓客。卒，年五十九，贈禮部尚書。

渤，孤操自將，不苟合於世，人咸謂之沽激。屢以言斥，而悻直不少衰，守節者尙之。

裴潾，本河東聞喜人。篤學，善隸書。以蔭仕。元和初，累遷左補闕。於是兩河用兵，憲宗任宦人爲館驛使，檢稽出納。有曹進玉者，尤恃恩倨甚，使者過，至加捽辱，宰相李吉甫奏罷之。會伐蔡，復以中人領使。潾諫曰：「凡驛，有官專尸之，畿內以京兆尹，道有觀察使、刺史相監臨，臺又御史爲之使，以察過闕。猶有不職，則宜明科條督責之，誰不惕懼？若復以宮闈臣領之，則內人而及外事，職分亂矣。夫事不善，誠於初；體有非，不必大。方開太平，澄本正末，宜塞侵官之原、出位之漸。」帝雖不用，而嘉其忠，擢起居舍人。

帝喜方士，而柳泌爲帝治丹劑，求長年。帝御劑，中躁病渴。潾諫曰：

夫除天下之害者，常受天下之利；共天下之樂者，常饗天下之福。故上自黃帝、顓頊、堯、舜、禹、湯、文、武，咸以功濟生人，天皆報以耆壽，垂榮無疆。陛下以孝安宗廟，以仁牧黎庶，攘剗祆凶，復張太平，賓禮賢俊，待以終始。神功聖德，前古所不及。陛下躬行之，天地宗廟必相陛下以億萬之永。今乃方士韋山甫、柳泌等以丹術自神，更相稱引，詭爲陛下延年。臣謂士有道者皆匿名滅景，無求於世，豈肯干謁貴近，自鬻其伎哉？今所至者，非曰知道，咸求利而來。自言飛鍊爲神，以訹權貴，僞窮情得，不恥遁亡。豈可信厥術、御其藥哉？

臣聞人食味、別聲、被色而生者也。味以行氣，氣以實志。水火鹽梅以亨魚肉，宰夫和之，齊之以味，君子食之，以平其心。夫三牲五穀，稟五行以生也，發爲五味。天地生之，所以奉人，聖人節調，以致康彊。若乃藥劑者，所以禦疾，豈常進之餌哉？況又金石性託酷烈，而燒治積年，包炎産毒，未易可制。夫秦、漢之君亦信方士矣，如盧生、徐福、欒大、李少君，後皆詐譎無成功。事暴前策，皆可驗視。禮：「君之藥，臣先嘗之；父之藥，子先嘗之。」臣、子一也，願以所治劑，俾其人服之，竟一歲以考眞僞，則無不驗矣。

帝怒，貶江陵令。

穆宗立，泌等誅，召濟，再遷刑部郎中。前率府倉曹參軍曲元衡杖民柏公成母死，有司以死在辜外，推元衡父蔭贖金，公成受賕不訴，以赦免。濟議曰：「杖捶者，官得施所部，非所部，雖有罪，必請有司，明不可擅也。元衡非在官，公成母非所部，不可以蔭免。公成取賄仇家，利母之死，逆天性，當伏誅。」有詔元衡流，公成論死。久之，繇給事中爲汝州刺史，越法杖人輒死，以太子左庶子分司東都。遷左散騎常侍、集賢殿學士。改刑部侍郎，爲華州刺史。召拜兵部侍郎，出爲河南尹，復還舊官。卒，贈戶部尙書，謚曰敬。

濟以道自任，悉心事上，疾黨附，不爲權近所持。嘗衰古今辭章，續梁昭明太子文選，自號大和通選，上之。當時文士非與遊者皆不取，世恨其隘。憲宗竟以藥棄天下，世益謂濟知言。

穆宗雖誅泌，而後稍稍復惑方士。有布衣張皐者，上疏曰：「神慮澹則血氣和，嗜欲勝則疾疹作。古之聖賢務自頤養，不以外物橈耳目、聲色敗情性，繇是和平自臻，福慶用昌。在易，『無妄之疾，勿藥有喜』，在詩，『自天降康，降福穰穰』，此天人符也。然則藥以攻疾，無疾不用藥也。高宗時，處士孫思邈達於養生，其言曰：『人無故不應餌藥。藥有所偏助，則藏氣爲不平。』推此論之，可謂達見至理。夫寒暑爲賊，節宣乖度，有資於醫，尙當重慎。故禮稱：『醫不三世，不服其藥。』庶士猶爾，況天子乎？先帝晚節喜方士，累致危疾，陛下所自知，不可蹈前覆、迎後悔也。今人人竊議，直畏忤旨，莫敢言。臣蓬蔑之生，非以邀寵，顧忠義可爲者，聞而默，則不安，願陛下無忽。」帝善其言，詔訪皐，不獲。

李中敏字藏之，系出隴西。元和中，擢進士第。性剛峭，與杜牧、李甘善，其文辭氣節大抵相上下。沈傳師觀察江西，辟爲判官。入拜侍御史。

鄭注誣逐宰相宋申錫，天下以目。大和六年，大旱，文宗內憂，詔詢所以致雨者。中敏時以司門員外郎上言：「雨不時降，夏陽驕愆，苗欲槁枯，陛下憂勤，降德音，俾下得盡言。臣聞昔東海誤殺一孝婦，大旱三年。臣頃爲御史臺推四，華封儒殺良家子三人，陛下赦封儒死。然三人者，亦陛下赤子也。神策士李秀殺平民，法當死，以禁衞，刑止流。宋申錫位宰相，生平饋致一不受，其道勁正，姦人忌之，陷不測之辜，獄不參驗，銜恨而沒，天下士皆指目鄭注。臣知數寃必列訴上帝，天之降災，殆有由然。漢武帝國用空竭，桑弘羊興筦榷之利，然卜式請亨以致雨。況申錫之枉，天下知之，何惜斬一注以快忠臣之魂，則天且雨矣。」帝不省。中敏以病告滿，歸潁陽。注誅，以司勳員外郎召。

累遷諫議大夫，爲理匭使，建言：「上書者將納於匭，有司先審其副，有不可，輒卻之。臣謂匭出禁中，暮而入，爲下開必達之路，廣聰明，直枉結。若有司先裁可否，恐事不重密，非窮塞得自申意。請一裁諸上。」詔可。遷給事中。仇士良以開府階蔭其子，中敏曰：「內謁者監安得有子？」士良慙恚。繇是復棄官去。開成末，爲婺、杭二州刺史，卒于官。

中敏所善李款，字言源。長慶初第進士，爲侍御史。注自邠寧入朝，款伏閤劾奏：「注內通敕使，外結朝臣，往來兩地，卜射財謝。」帝不省。後寖用事，款被斥去。注死，繇倉部員外郎累遷江西觀察使。終澧王傅。

李甘字和鼎。長慶末，第進士，舉賢良方正異等。累擢侍御史。鄭注侍講禁中，求宰相，朝廷譁言將用之，甘顯倡曰：「宰相代天治物者，當先德望，後文藝。注何人，欲得宰相？白麻出，我必壞之。」既而麻出，乃以趙儋爲鄜坊節度使，甘坐輕肆，貶封州司馬。而李訓內亦惡注，繇是注卒不相。甘終于貶。

始，河南人楊牢，字松年，有至行。甘方未顯，以書薦於尹曰：「執事之部孝童楊牢，父茂卿，從田氏府，趙軍反，殺田氏，茂卿死。牢之兄蜀，三往索父喪，慮死不果至。牢自洛陽走常山二千里，號伏叛壘，委髮羸骸，有可憐狀，讎意感解，以尸還之。單縗冬月，往來太行間，凍膚皸瘃，銜哀雨血。行路稠人爲牢泣，歸責其子，以牢勉之。牢爲兒踐操如此，未聞執事門唁而書顯之，豈樹風扶教意耶？且鄉人能齧疽刳脞，急親之病，皆一時決耳，猶蒙表其閭，脫之徭，上有大禮則差問以粟帛。今河北驕叛，萬師不能攘，而牢徒步請尸仇手，與夫含腐忍瘡者孰多？牢絕乳即能詩，洛陽兒曹壯於牢者皆出其下。聞牢之贖喪，潞帥償其費，其葬也，滑帥賻之財，斯執事之事，他人既篡之矣。即有稱牢於上者，執事能無恨其後乎？」其激卬自任類此。牢後亦擢進士第。

贊曰：夫以下摩上，士所甚患，然取名最多，故上失德則與下爭名，而後有誅夷斥竄事。然或依古肆言，高而難從，以邀主賈直者，逆之似傷道，行之不切時，此言事常弊也。若廷珪數子，優游彌縫，皆中時病，非所謂賈直自榮者也。至渤爭晏朝，漭諫方士，甘斥鄭注不可作宰相，排寵救危，不得不爾，賢哉！

校勘記

〔一〕以楚接輿……王儒仲梁鴻六人圖象讚其行　「儒仲」，各本原作「仲儒」。按後漢書卷八三逸民傳，王霸，字儒仲，「隱居守志」，與梁鴻等合傳。「仲儒」顯爲倒文，今改正。

唐書卷一百一十九

列傳第四十四

武平一　李乂　賈曾至　白居易行簡　敏中

武平一名甄，以字行，潁川郡王載德子也。博學，通春秋，工文辭。武后時，畏禍不敢與事，隱嵩山脩浮圖法，屢詔不應。中宗復位，平一居母喪，迫召爲起居舍人，丐終制，不見聽。景龍二年，兼脩文館直學士。時天子暗柔不君，韋后烝亂，外戚盛。平一重斥語，即自請抑母黨，上言：「去歲熒惑入羽林，太白再經天，太陽虧，月犯大角。臣聞災不妄生，上見下應，信如景響。詩曰：『唯此文王，小心翼翼，昭事上帝，聿懷多福。』陛下天性孝愛，戚屬外家，恩洽澤濡。臣一宗，階三等，家數侯，朱輪華轂，過許、史、梁、鄧遠甚。恩崇者議積，位厚者釁速，故月滿必虧，日中則移，時不再來，榮難久藉。昔永淳之後，王室多難，先聖從權，故臣家以宗子竊祿疏封。今上聖復辟，宜退守園廬，乃再假光寵，爵封如初，高班厚位，遂超涯極。故陰氣僭陽，河、洛汎溢。昔王族驕盈，梅福上書；竇氏專縱，丁鴻進諫。且后妃之家，恩過寵深，一朝覆沒，遂無噍類。願思抑損之宜、長遠之策，推遠時權，以全親親。」帝慰勉，不許。遷考功員外郎。

于時，太平、安樂公主各立黨相掁毀，親貴離閲，帝患之，欲令敦和，以訪平一。因上書曰：「病之在四體者，跡分而易逐；居心腹者，候遽而難治。刑政乖舛，四支疾也；親權猜間，心腹患也。書曰：『克明俊德，以親九族，九族既睦，平章百姓。』詩曰：『協比其鄰，婚姻孔云。』是知親族以輯睦爲義也。自頃權貴猜防，外和內離，怨結姻婭，疑生骨肉。邀榮之徒，詭獻忠款；膏脣之伍，苟輸讒計。脅肩邸第之中，噤頤媼宦之側。故過從絕，猜嫌構，親愛乖，黨與生。積霜成冰，禍不可旣。願悉召近親貴人，會宴內殿，告以輯睦，申以恩勤，斥姦人，塞讒路。若猶未已，則捨近圖遠，抑慈示嚴，惟陛下之命。」帝美其忠切，卒不用。

初，崔日用自言明左氏春秋諸侯官族。它日，學士大集，日用折平一曰：「君文章固耐久，若言經，則敗績矣。」時崔湜、張說素知平一該習，勸令酬詰，平一乃請所疑。日用曰：「魯三桓，鄭七穆，奈何？」答曰：「慶父、叔牙、季友，桓三子也。孟孫至彘凡九世，叔孫舒、季孫肥凡八世。鄭穆公十一子，子然及士子孔三族亡〔二〕，子羽不爲卿，故稱七穆，子罕、子駟、子良、子國、子游、子印、子豐也。」一坐驚服。平一問日用曰：「公言齊桓公、楚莊王時，諸侯屬齊若楚凡幾？平公、靈王時，諸侯屬晉、楚凡幾？晉六卿，齊、楚執政幾何人？」日用謝曰：「吾不知，君能知乎？」平一條舉始末，無留語。日用曰：「吾請北面。」闔坐大笑。

後宴兩儀殿，帝命后兄光祿少卿嬰監酒，嬰滑稽敏給，詔學士謝之，嬰能抗數人。酒酣，胡人襪子、何懿等唱「合生」，歌言淺穢，因倨肆，欲奪司農少卿宋廷瑜賜魚。平一上書諫曰：「樂，天之和，禮，地之序；禮配地，樂應天。故音動於心，聲形于物，因心哀樂，感物應變。樂正則風化正，樂邪則政教邪，先王所以達廢興也。伏見胡樂施于聲律，本備四夷之數，比來日益流宕，異曲新聲，哀思淫溺。始自王公，稍及閭巷，妖伎胡人、街童市子，或言妃主情貌，或列王公名質，詠歌蹈舞，號曰『合生』。昔齊衰，有行伴侶，陳滅，有玉樹後庭花，趨數驁僻，皆亡國之音。夫禮慊而不進卽銷，樂流而不反則放。臣願屏流僻，崇肅雍，凡胡樂，備四夷外，一皆罷遣。況兩儀、承慶殿者，陛下受朝聽訟之所，比大饗羣臣，不容以倡優媟狎虧汙邦典。若聽政之暇，苟玩耳目，自當奏之後廷可也。」不納。

玄宗立，貶蘇州參軍，徙金壇令。平一見寵中宗，時雖宴豫，嘗因詩頌規誡，然不能卓然自引去，故被謫。既謫而名不衰。開元末，卒。孫元衡、儒衡別傳。

李乂字尙眞，趙州房子人。少孤。年十二，工屬文，中書令薛元超曰：「是子且有海內名。」第進士、茂才異等，累調萬年尉。長安三年，詔雍州長史薛季昶選部吏才中御史者，季昶以乂聞，擢監察御史。劾奏無避。景龍初，葉靜能怙勢，乂條其姦，中宗不納。遷中書舍人、脩文館學士。

帝遣使江南，發在所庫貲以贖生，乂上疏以爲：「江南魚鼈之利，衣食所資。江湖之生無旣，而府庫之財有限，與其拯物，不如憂民。且鬻生之徒惟利所視，錢刀日至，網罟歲廣，施之一朝，營之百倍。若回所贖之貲，減方困之徭，其澤多矣。」

韋氏之變，詔令嚴促，多乂草定。進吏部侍郎，仍知制誥。與宋璟等同典選事，請謁不行，時人語曰：「李下無蹊徑。」改黃門侍郎，封中山郡公。制敕不便，輒駁正。貴幸有求官者，睿宗曰：「朕非有靳，顧李乂不可過耳！」諫罷金仙、玉眞二觀，帝雖不從，優容之。太平公主干政，欲引乂自附，乂深自拒絕。

開元初，姚崇爲紫微令，薦爲侍郎，外託引重，實去其糾駁權，畏乂明切也。未幾，除刑部尙書。卒，年六十八，贈黃門監，謚曰貞。遺令薄葬，毋還鄉里。

乂沈正方雅，識治體，時稱有宰相器。葬日，蘇頲、畢構、馬懷素往祖之，哭曰：「非公爲慟而誰慟歟！」乂事兄尙一、尙貞孝謹甚，又俱以文章自名，弟兄同爲一集，號李氏花萼集，乂所著甚多。尙一終淸源尉，尙貞博州刺史。

賈曾，河南洛陽人。父言忠，貌魁梧，事母以孝聞，補萬年主簿。護役蓬萊宮，或短其苛，高宗廷詰，辯列詳諦，帝異之，擢監察御史。方事遼東，奉使稟軍餉，還，奏上山川道里，幷陳高麗可破狀。帝問：「諸將材否？」對曰：「李勣舊臣，陛下所自悉。龐同善雖非鬭將，而持軍嚴。薛仁貴票勇冠軍，高偘忠果而謀，契苾何力性沈毅，雖忌前，有統御才。然夙夜小心，忘身憂國，莫逮於勣者。」帝然所許，衆亦以爲知言。累轉吏部員外郞。李敬玄兼尙書，言忠尙氣，及主選，不能下，貶邵州司馬。失武懿宗意，下獄幾死，左除建州司戶參軍，卒。

曾少有名，景雲中，爲吏部員外郞。玄宗爲太子，遴選宮僚，以曾爲舍人。太子數遣使采女樂，就率更寺肄習，曾諫曰：「作樂崇德，以和人神。韶、夏有容，咸、英有節，而女樂不與其間。昔魯用孔子幾霸，戎有由余而彊，齊、秦遺以女樂，故孔子行，由余出奔。良以冶容哇咬，蠱心喪志，聖賢疾之最甚。殿下渴賢之美未彰，好伎之聲先聞，非所以追啓誦、嗣堯舜之烈也。餘閑宴私，後廷伎樂，古亦有之，猶當祕隱，不以示人，況閱之所司，明示羣臣哉！願下令屏倡優女子，諸使者採召，一切罷止。」太子手令嘉答。

俄擢中書舍人，以父嫌名不拜，徙諫議大夫，知制誥。天子親郊，有司議不設皇地祇位，曾請合享天地如古制并從祀等坐。睿宗詔宰相禮官議，皆如曾請。開元初，復拜中書舍人，曾固辭。議者謂中書乃曹司，非官稱，嫌名在禮不諱，乃就職。與蘇晉同掌制誥，皆以文辭稱，時號「蘇賈」。後坐事貶洋州刺史。歷虔、鄭等州刺史，遷禮部侍郎，卒。子至。

至字幼鄰，擢明經第，解褐單父尉。從玄宗幸蜀，拜起居舍人，知制誥。帝傳位，至當譔册，既進稾，帝曰：「昔先天誥命，乃父爲之辭，今茲命册，又爾爲之，兩朝盛典，出卿家父子手，可謂繼美矣。」至頓首，嗚咽流涕。歷中書舍人。

至德中，將軍王去榮殺富平令杜徽，肅宗新得陝，且惜去榮材，詔貸死，以流人使自効。至諫曰：「聖人誅亂，必先示法令，崇禮義。漢始入關，約法三章，殺人者死，不易之法也。按將軍去榮以朔方偏裨提數千士，不能整行列，挾私怨殺縣令，有犯上之逆。或曰去榮善守，陝新下，非去榮不可守，臣謂不然。李光弼守太原，程千里守上黨，許叔冀守靈昌，魯炅守南陽，賈賁守雍丘，張巡守睢陽，初無去榮，未聞賊能下也。以一能而免死，彼弧矢絕倫、劍術無前者，恃能犯上，何以止之！若捨去榮，誅將來，是法不一而招罪人也。惜一去榮，殺十去榮之材，其傷蓋多。彼逆亂之人，有逆於此而順於彼乎？亂富平而治於陝乎？悖縣令，能不悖於君乎？律令者，太宗之律令，陛下不可以一士小材，廢祖宗大法。」帝詔羣臣議，太子太師韋見素、文部郎中崔器等皆以爲：「法者，天地大典，王者不敢專也。帝王不擅殺，而小人得擅殺者，是權過人主。開元以前，無敢專殺，尊朝廷也；今有之，是弱國家也。太宗定天下，陛下復鴻業，則去榮非至德罪人，乃貞觀罪人也。其罪祖宗所不赦，陛下可易之耶？」詔可。

蒲州刺史以河東瀕賊，徹傅城廬舍五千室，不使賊得保聚，民大擾。詔遣至尉安，官助營完，蒲人乃安。坐小法，貶岳州司馬。

寶應初，召復故官，遷尙書左丞。楊綰建請依古制，縣令舉孝廉于刺史，刺史升天子禮部。詔有司參議，多是綰言。至議以爲：「自晉後，衣冠遷徙，人多僑處，因緣官族，所在占籍。今鄉舉取人未盡，請廣學校，增國子博士員，十道大州得置大學館，詔博士領之，召置生徒。使保桑梓者，鄉里舉焉；在流寓者，庠序推焉。」議者更附至議。轉禮部侍郎，待制集賢院。

大曆初，徙兵部。累封信都縣伯，進京兆尹。七年，以右散騎常侍卒，年五十五，贈禮部尚書，謚曰文。

白居易字樂天，其先蓋太原人。北齊五兵尚書建，有功于時，賜田韓城，子孫家焉。又徙下邽。父季庚，爲彭城令，李正己之叛，說刺史李洧自歸，累擢襄州別駕。

居易敏悟絕人，工文章。未冠，謁顧況。況，吳人，恃才少所推可，見其文，自失曰：「吾謂斯文遂絕，今復得子矣！」貞元中，擢進士、拔萃皆中，補校書郎。元和元年，對制策乙等，調盩厔尉，爲集賢校理，月中，召入翰林爲學士。遷左拾遺。

四年，天子以旱甚，下詔有所蠲貸，振除災沴。居易見詔節未詳，卽建言乞盡免江淮兩賦，以救流瘠，且多出宮人。憲宗頗采納。是時，于頔入朝，悉以歌舞人內禁中，或言普寧公主取以獻，皆頔嬖愛。居易以爲不如歸之，無令頔得歸曲天子。李師道上私錢六百萬，爲魏徵孫贖故第，居易言：「徵任宰相，太宗用殿材成其正寢，後嗣不能守，陛下猶宜以賢者子孫贖而賜之。師道人臣，不宜掠美。」帝從之。河東王鍔將加平章事，居易以爲：「宰相天下具瞻，非有重望顯功不可任。按鍔誅求百計，不卹彫瘵，所得財號爲『羨餘』以獻。今若假以名器，四方聞之，皆謂陛下得所獻，與宰相。諸節度私計曰：『誰不如鍔？』爭裒割生人以求所欲。與之則綱紀大壞，不與則有厚薄，事一失不可復追。」是時，孫璹以禁衞勞，擢鳳翔節度使。張奉國定徐州，平李錡有功，遷金吾將軍。居易爲帝言：「宜罷璹，進奉國，以竦天下忠臣心。」度支有囚繫閿鄉獄，更三赦不得原。又奏言：「父死，縶其子，夫久繫，妻嫁，債無償期，禁無休日，請一切免之。」奏凡十餘上，益知名。

會王承宗叛，帝詔吐突承璀率師出討，居易諫：「唐家制度，每征伐，專委將帥，責成功，比年始以中人爲都監。韓全義討淮西，賈良國監之；高崇文討蜀，劉貞亮監之。且興天下兵，未有以中人專統領者。神策既不置行營節度，卽承璀爲制將，又充諸軍招討處置使，是實都統。恐四方聞之，必輕朝廷。後世且傳中人爲制將自陛下始，陛下忍受此名哉？且劉濟等洎諸將必恥受承璀節制，心有不樂，無以立功。此乃資承宗之姦，挫諸將之銳。」帝不聽。既而兵老不決，居易上言：「陛下討伐，本委承璀，外則盧從史、范希朝、張茂昭。今承璀進不決戰，已喪大將，希朝、茂昭數月乃入賊境，觀其勢，似陰相爲計，空得一縣，卽壁不進，理無成功。不亟罷之，且有四害。以府帑金帛、齊民膏血助河北諸侯，使益富彊，一也。河北諸將聞吳少陽受命，將請洗滌承宗，章一再上，無不許，則河北合從，其勢益固。與奪恩信，不出朝廷，二也。今暑濕暴露，兵氣熏烝，雖不顧死，孰堪其苦？又神策雜募市人，不忸于役，脫奔逃相動，諸軍必搖，三也。回鶻、吐蕃常有游偵，聞討承宗歷三時無功，則兵之彊弱，費之多少，彼一知之，乘虛入寇，渠能救首尾哉？兵連事生，何故蔑有？四也。事至而罷，則損威失柄，祇可逆防，不可追悔。」亦會承宗請罪，兵遂罷。

後對殿中，論執彊鯁，帝未諭，輒進曰：「陛下誤矣。」帝變色，罷，謂李絳曰：「是子我自拔擢，乃敢爾，我叵堪此，必斥之！」絳曰：「陛下啓言者路，故羣臣敢論得失。若黜之，是箝其口，使自爲謀，非所以發揚盛德也。」帝悟，待之如初。歲滿當遷，帝以資淺，且家素貧，聽自擇官。居易請如姜公輔以學士兼京兆戶曹參軍，以便養，詔可。明年，以母喪解，還，拜左贊善大夫。

是時，盜殺武元衡，京都震擾。居易首上疏，請亟捕賊，刷朝廷恥，以必得爲期。宰相嫌其出位，不悅。俄有言「居易母墮井死，而居易賦新井篇，言浮華，無實行，不可用」。出爲州刺史。中書舍人王涯上言不宜治郡，追貶江州司馬。既失志，能順適所遇，託浮屠生死說，若忘形骸者。久之，徙忠州刺史。入爲司門員外郎，以主客郎中知制誥。

穆宗好畋游，獻續虞人箴以諷，曰：

唐受天命，十有二聖。兢兢業業，咸勤厥政。鳥生深林，獸在豐草。春蒐冬狩，取之以道。鳥獸蟲魚，各遂其生。民野君朝，亦克用寧。在昔玄祖，厥訓孔彰：「馳騁畋獵，俾心發狂。」何以效之，曰羿與康。曾不是誠，終然覆亡。高祖方獵，蘇長進言：「不滿十旬，未足爲懽。」上心既悟，爲之輟畋。降及宋璟，亦諫玄宗。溫顔聽納，獻替從容。璟趨以出，鷂死握中。噫！逐獸于野，走馬于路。豈不快哉，銜橛可懼。審其安危，惟聖之慮。

俄轉中書舍人。田布拜魏博節度使，命持節宣諭，布遺五百縑，詔使受之，辭曰：「布父讎國恥未雪，人當以物助之，乃取其財，誼不忍。方諭問旁午，若悉有所贈，則賊未殄，布貲竭矣。」詔聽辭餉。

是時，河朔復亂，合諸道兵出討，遷延無功。賊取弓高，絕糧道，深州圍益急。居易上言：「兵多則難用，將衆則不一。宜詔魏博、澤潞、定、滄四節度，令各守境，以省度支貲餉。每道各出鋭兵三千，使李光顔將。光顔故有鳳翔、徐、滑、河陽、陳許軍無慮四萬，可徑薄賊，開弓高糧路，合下博，解深州之圍，與牛元翼合。還裴度招討使，使悉太原兵西壓境，見利乘隙夾攻之，間令招諭以動其心，未及誅夷，必自生變。且光顔久將，有威名，度爲人忠勇，可當一面，無若二人者。」於是，天子荒縱，宰相才下，賞罰失所宜，坐視賊，無能爲。居易雖進忠，不見聽，乃丐外遷。爲杭州刺史，始築隄捍錢塘湖，鍾洩其水，漑田千頃；復浚李泌六井，民賴其汲。久之，以太子左庶子分司東都。復拜蘇州刺史，病免。

文宗立，以祕書監召，遷刑部侍郎，封晉陽縣男。大和初，二李黨事興，險利乘之，更相奪移，進退毀譽，若旦暮然。楊虞卿與居易姻家，而善李宗閔，居易惡緣黨人斥，乃移病還東都。除太子賓客分司。踰年，即拜河南尹，復以賓客分司。開成初，起爲同州刺史，不拜，改太子少傅，進馮翊縣侯。會昌初，以刑部尚書致仕。六年，卒，年七十五，贈尚書右僕射，宣宗以詩弔之。遺命薄葬，毋請謚。

居易被遇憲宗時，事無不言，湔剔抉摩，多見聽可，然爲當路所忌，遂擯斥，所蘊不能施，乃放意文酒。既復用，又皆幼君，偃蹇益不合，居官輒病去，遂無立功名意。與弟行簡、從祖弟敏中友愛。東都所居履道里，疏沼種樹，構石樓香山，鑿八節灘，自號醉吟先生，爲之傳。暮節惑浮屠道尤甚，至經月不食葷，稱香山居士。嘗與胡杲、吉旼、鄭據、劉眞、盧眞、張渾、狄兼謨、盧貞燕集，皆高年不事者，人慕之，繪爲九老圖。

居易於文章精切，然最工詩。初，頗以規諷得失，及其多，更下偶俗好，至數千篇，當時士人爭傳。雞林行賈售其國相，率篇易一金，甚僞者，相輒能辯之。初，與元稹酬詠，故號「元白」；稹卒，又與劉禹錫齊名，號「劉白」。其始生七月能展書，姆指「之」、「無」兩字，雖試百數不差；九歲暗識聲律。其篤於才章，蓋天稟然。敏中爲相，請謚，有司曰文。後履道第卒爲佛寺。東都、江州人爲立祠焉。

贊曰：居易在元和、長慶時，與元稹俱有名，最長於詩，它文未能稱是也，多至數千篇，唐以來所未有。其自敍言：「關美刺者，謂之諷諭；詠性情者，謂之閑適；觸事而發，謂之感傷；其它爲雜律。」又譏「世人所愛惟雜律詩，彼所重，我所輕。至諷諭意激而言質，閑適思澹而辭迂，以質合迂，宜人之不愛也」。今視其文，信然。而杜牧謂：「纖豔不逞，非莊士雅人所爲。流傳人間，子父女母交口教授，淫言媟語入人肌骨不可去。」蓋救所失不得不云。

觀居易始以直道奮，在天子前爭安危，冀以立功，雖中被斥，晚益不衰。當宗閔時，權勢震赫，終不附離爲進取計，完節自高。而稹中道徼險得宰相，名望漼然。嗚呼，居易其賢哉！

行簡字知退，擢進士，辟盧坦劍南東川府。罷，與居易自忠州入朝，授左拾遺。累遷主客員外郎，代韋詞判度支桉，進郎中。長慶時，振武營田使賀拔志歲終結課最，詔行簡閲實，發其妄，志懼，自刺不殊。行簡敏而有辭，後學所慕尚。寶曆二年卒。

敏中字用晦，少孤，承學諸兄。長慶初，第進士，辟義成節度使李聽府，聽一見，許其遠到。遷右拾遺，改殿中侍御史，爲符澈邠寧副使，澈卒以能政聞。御史中丞高元裕薦爲侍御史，再轉左司員外郎。武宗雅聞居易名，欲召用之。是時，居易足病廢，宰相李德裕言其衰苶不任事，卽薦敏中文詞類其兄而有器識。卽日知制誥，召入翰林爲學士。進承旨。

宣宗立，以兵部侍郎同中書門下平章事，遷中書侍郎，兼刑部尙書。德裕貶，敏中抵之甚力，議者訾惡。德裕著書亦言「惟以怨報德爲不可測」，蓋斥敏中云。歷尙書右僕射、門下侍郎，封太原郡公。自員外，凡五年十三遷。

崔鉉輔政，欲專任，患敏中居右。會党項數寇邊，鉉言宜得大臣鎭撫，天子嚮其言，故敏中以司空、平章事兼邠寧節度、招撫、制置使。初，帝愛萬壽公主，欲下嫁士人。時鄭顥擢進士第，有閥閱，敏中以充選。顥與盧氏婚，將授室而罷，銜之。敏中自以居外，畏顥讒，自訴于帝。帝曰：「朕知久矣。若用顥言，庸相任耶？」顧左右取書一函，發視，悉顥所上，敏中乃安。及行，帝御安福樓以餞，頒璽書諭尉，賜通天帶，衞以神策兵，開府辟士，禮如裴度討淮西時。次寧州，諸將已破羌賊，敏中卽說諭其衆，皆願棄兵爲業。乃自南山并河按屯保，回繞千里。又規蕭關通靈威路，使爲耕戰具。踰年，檢校司徒，徙劍南西川，增騾軍，完創關壁。治蜀五年，有勞，加兼太子太師，徙荆南。

懿宗立，召拜司徒、門下侍郎，還平章事。數月足病不任謁，固求避位，不許，中使者勞問，俾對別殿，毋拜。右補闕王譜奏言：「敏中病四月，陛下坐朝，與他宰相語不三刻，安暇論天下事？願聽其請，無使有持寵曠貴之譏。」書聞，帝怒，斥譜陽翟令。給事中鄭公輿申救，不聽。譜者，侍中珪之遠裔。未幾，加敏中中書令。自裴度以勳德居，而敏中以恩澤進。

咸通二年，南蠻擾邊，召敏中入議，許挾扶升殿。固求免，乃出爲鳳翔節度使。三奏願歸守墳墓，除東都留守，不敢拜，許以太傅致仕。詔書未至，卒，册贈太尉。博士曹鄴責其病不堅退，且逐諫臣，擧怙威肆行，謚曰醜。

校勘記

〔一〕鄭穆公十一子子然及士子子孔三族亡　「士」，十行、汲、殿、局本作「二」，衲本作「士」。按左傳襄公二十六年「鄭七穆」杜預注：「子然、二子孔已亡，子羽不爲卿，故止七也。」二子孔爲子孔及士子孔，與子然並鄭穆公庶子，見襄公十九年傳。此依衲本，「士子」下疑脫「孔」字。如從十行等本「士」作「二」，則「二子」下衍「子」字。

唐書卷一百二十

列傳第四十五

桓彥範 盧襃秀 薛季昶 楊元琰 仲昌 敬暉 崔玄暐 渙 縱 碣

張柬之 袁恕己 高

桓彥範字士則，潤州丹楊人。以門蔭調右翊衞，遷司衞主簿。狄仁傑曰：「君之才，當自光大，毋卹于初。」厚爲禮。尋擢監察御史，遷累中丞。

長安中，爲司刑少卿。張昌宗引妖人迎占，言計不軌。宋璟請窮治其姦，武后以昌宗嘗自歸，不許。彥範諫曰：「昌宗謬橫恩，苞禍心，億測天命，皇神降怒，自摘其咎。推原厥情，蓋防事暴之日得引首以免，未敗則俟時爲逆。此凶詭之臣，營惑聖心。既自歸露，而尙與妖人祈福禳解，則果於必成，初無悔意。今而宥之，誠恐昌宗自謂應運，天下滔然從之。父在，子稱尊爲逆子；君在，臣圖位爲逆臣。逆而不誅，社稷懼亡。請付三司考治。」

不納。時內史李嶠等屢奏:「往爲酷吏破家者,請皆宥雪。」依違未從。彥範復上言:「自文明後得罪,惟揚、豫、博三州不免,它可悉赦。」疏十上,卒見聽。嘗曰:「大理,人命所縣,不可便辭詭合以自免。」

張柬之將誅易之等,引與定策。於是,以彥範、敬暉爲左、右羽林將軍,屬以禁兵。時中宗每北門起居,因得謁陳祕計。神龍元年正月,彥範、暉率羽林兵與將軍李湛、李多祚、楊元琰、薛思行等千騎五百人討賊。令湛、多祚就東宮迎中宗至玄武門,彥範等斬關入,士皆鼓譟,時武后處迎仙宮之集仙殿,斬易之等廡下。后聞變而起,見中宗曰:「乃汝耶?豎子誅,可還宮。」彥範進曰:「太子今不可以歸!往天皇棄羣臣,以愛子託陛下。今久居東宮,羣臣思天皇之德,不血刃,淸內難,此天意人事歸李氏。臣等謹奉天意,惟陛下傳位,萬世不絕,天下之幸。」后乃臥,不復言。明日,中宗復位,以彥範爲侍中,封譙郡公,賜實封五百戶。

上書戒帝曰:

詩以關雎爲始,言后妃者人倫之本,治亂之端也。故舜之興以皇、英,而周之興以任、姒。桀奔南巢,禍階末嬉;魯桓滅國,惑始齊姜。伏見陛下臨朝視政,皇后必施帷殿上,預聞政事。臣愚謂古王者謀及婦人,皆破國亡身,傾輈繼路。且以陰乘陽,違天也；以婦凌夫，違人也。違天不祥，違人不義。故書曰：「牝雞之晨，惟家之索。」易曰：「無攸遂，在中饋。」言婦人不得預外政也。伏願上以社稷爲重，令皇后無居正殿、干外朝，深居宮掖，脩陰教以輔佐天子。

又道路籍籍，皆云胡僧慧範託浮屠法，詭惑后妃，出入禁奧，瀆撓朝政。陛下嘗輕騎微服，數幸其居，上下汙慢，君臣虧替。臣謂興化致治以康乂國家者，繇進善而棄惡。孔子曰：「執左道以亂政者殺，假鬼神以危人者殺。」今慧範亂政危人者也，不急誅，且有變。除惡務本，願早裁之。

帝孱昏，狃左右，不能有所省納。

俄墨敕以方士鄭普思爲祕書監，葉靜能爲國子祭酒。彥範執不可，帝曰：「要已用之，不可止。」彥範曰：「陛下始復位，制詔：『軍國皆用貞觀故事。』貞觀時，以魏徵、虞世南、顏師古爲監，以孔穎達爲祭酒，如普思等方伎猥下，安足繼蹤前烈。臣恐物議謂陛下官不擇才，以天秩加私愛。」不從。

時武三思以遷太后衞恚，慮不利諸武，而韋后雅爲帝寵畏，且三思與烝亂，由是朋讒奇中。未幾，罷彥範等政事。五月，加特進，封扶陽郡王，賜姓韋，同后屬籍，錫金銀、錦繡，皆以鐵券恕十死，令朝朔望。尋出爲洛州刺史，改濠州。王同晈謀誅三思，事洩，三思誣彥範等同逆，陰令許州司功參軍鄭愔上變。乃貶彥範瀧州司馬，敬暉崖州司馬，袁恕己竇州司馬，崔玄暐白州司馬，張柬之新州司馬，悉奪勳封。三思又疏韋后隱穢，榜於道，請廢之。帝震怒，三思猥曰：「此殆彥範輩爲之。」命御史大夫李承嘉鞫狀，物色其人。承嘉即奏：「彥範、暉、柬之、恕己、玄暐暴訕搖變，內託廢后，而實危君。人臣無將，當伏誅。」詔有司議罪。大理丞李朝隱執奏：「彥範等未訊即誅，恐爲讎家誣衊，請遣御史按實。」卿裴談請即誅斬，家籍沒。帝業嘗許以不死，遂流瀼州，禁錮終身，子弟年十六以上謫徙嶺外。擢承嘉金紫光祿大夫、襄武郡公，后又賜綵五百段、錦被一。進談刑部尙書，而貶朝隱。三思又諷節愍太子請夷彥範等三族，帝不從。三思慮五人者且復用，乃納崔湜計，遣周利貞矯制殺之。利貞至貴州，逢彥範，即縛曳竹槎上，肉盡，杖殺之，年五十四。

睿宗即位，彥範等並追復官爵，賜實封二百戶，還其子孫，謚曰忠烈。開元六年，詔與暉、玄暐、柬之、恕己勤勞王家，皆配享中宗廟庭。建中三年，復贈彥範爲司徒，暉太尉，玄暐太子太師，柬之司徒，恕己太子太傅。

彥範工屬文，然不甚喜觀書，所志惟忠孝大略。居若不能言，及議論帝前，雖被詰讓，而安辭定色，辨爭愈切。

誅二張也，柬之勒兵景運門，將遂夷諸武。洛州長史薛季昶勸曰：「二凶雖誅，產、祿猶在，請除之。」會日暮事遽，彥範不欲廣殺，因曰：「三思机上肉爾，留爲天子藉手。」季昶歎曰：「吾無死所矣！」俄而三思竊入宮，因韋后反盜朝權。同功者歎曰：「死我者，桓君也。」彥範亦曰：「主上昔爲英王，故吾留武氏使自誅定。今大事已去，得非天乎！」初，將起事，告其母。母曰：「忠孝不並立，義先國家可也。」

御史李福業者，嘗與彥範謀，及被殺，福業亦流番禺。後亡匿吉州參軍敬元禮家，吏捕得，元禮俱坐死。福業將刑，謝元禮曰：「子有親，吾甚愧恨。」元禮曰：「公窮而歸我，我得已乎？」見者傷之。

時監察御史盧襲秀亦坐與桓、敬善，爲冉祖雍所按，不屈。或報曰：「南使至，桓、敬已死。」襲秀泫然。祖雍怒曰：「彥範等負國，君乃流涕。且君下獄，諸弟皆縱酒無憂色，何邪？」對曰：「我何負哉？正坐與彥範善耳。今盡殺諸弟則已，如獨殺襲秀，恐公不得高枕而瞑！」祖雍色動，握其手曰：「當活公。」遂得不坐。

襲秀者，其祖方慶，武德中，爲察非掾，秦王器之。嘗引與議建成事，方慶辭曰：「母老矣，丐身歸養。」王不逼也。貞觀中，爲稾城令。

彥範弟玄範，官至常州刺史；臣範，工部侍郎。

薛季昶者，絳州龍門人。武后時上書，自布衣擢監察御史，以累左遷平遙尉，復拜御史。屢按獄如旨，擢給事中。夏官郎中侯味虛將兵討契丹，不利，妄言「賊行有蛇虎導軍」。后惡其詭，拜季昶爲河北道按察使。季昶馳至軍，斬味虛以聞，威震北方。槀城尉吳澤射殺驛使，髡民女髮爲髢，州不能劾，季昶杖殺之。然後布恩信，甄表善良。或傳季昶嚢爲味虛笞辱，故深文報怨。自給事中數月爲御史中丞，坐事左遷。久乃入爲雍州長史，遷文昌左丞，爲洛州長史。

預誅易之等功，進戶部侍郎。五王失柄，出季昶荆州長史，貶儋州司馬。初，季昶與昭州首領周慶立、廣州司馬光楚客不叶，懼二怨，不敢往。歎曰：「吾至是邪！」即具棺沐浴，仰藥死。葬昭州。睿宗立，詔贈左御史大夫，同彥範等賜一子官。

季昶剛烈，然喜入先語以爲實，後雖有辨理，不能得也。而敦愛故舊，禮有名士，其長可蓋所缺云。

楊元琰者，字温，虢州閿鄉人，漢太尉震十八代孫。生數歲未言，相者視曰：「語遲者神定，必爲重器。」及長，秀眉美鬚髯，崇肩博頤。居父喪，七日不食。服除，補梓州參軍、平棘令，課第一，御史府表其政，璽書褒厲。再擢永寧軍副使，忤用事者免。載初中，爲安南副都護，三徙爲荆府長史，五遷州刺史，咸有風績。

初，張柬之代爲荆州，共乘艫江中，私語外家革命，元琰悲涕慷慨，志在王室。柬之執政，故引爲右羽林將軍，謂曰：「江上之言，君叵忘之，今可以勉！」乃與李多祚等定計斬二張。進雲麾將軍，封弘農郡公，實封戶五百，賜鐵劵恕十死。

敬暉等爲武三思所構，元琰知禍未已，乃詭計請祝髮事浮屠，悉還官封。中宗不許。暉聞，尙戲曰：「胡頭應祝。」以多鬚似胡云。元琰曰：「功成不退，懼亡。我不空言。」暉感之，然已不及計。暉等死，獨元琰全。

再遷衞尉卿，又上官封，願追寵其親，帝哀憐，贈越州都督長史。李多祚死太子難，元琰坐厚善，繫獄，蕭至忠救之，免。睿宗立，數上書乞骸骨，不聽。四遷刑部尙書，封魏國公。徙太子賓客，詔設位東宮，太子爲拜。俄致仕。開元六年卒，年七十九，謚曰忠。生平無留畜，中外食其家常數十人。臨終，敕諸子薄葬。

子仲昌，字蔓。以通經爲脩文生。累調，不甚顯。以河陽尉對策，玄宗擢第一，授蒲州法曹參軍，判入異等，遷監察御史。坐累爲孝義令。鸞降庭樹，太守蕭恕表其政，徙下邽。終吏部郎中。仲昌資長于吏，常分父邑租振宗黨。御身以約，善與人交，士樂從之游云。

敬暉字仲曄，絳州平陽人。弱冠舉明經。聖曆初，爲衞州刺史。是時，河北經突厥所騷，方秋而城，暉曰：「金湯非粟不守，豈有棄農畝，事池隍哉？」縱民歸斂，闔部賴安。遷夏官侍郎，出爲太州刺史，改洛州長史。武后幸長安，爲副留守，以治幹聞，璽書勞之，多賜物段。

長安二年，授中臺右丞。以誅二張功，加金紫光祿大夫，爲侍中、平陽郡公，實封五百戶，進封齊國。暉表請諸武王者宜悉降爵，繇是皆爲公。三思憤。俄封平陽郡王，加特進，罷政事。

初，易之已誅，薛季昶請收諸武，暉亦苦諫，不從。三思濁亂，暉每椎坐悵恨，彈指流血。尋及貶，又放瓊州，爲周利貞所害。睿宗時，追復官爵，又贈秦州都督，謚曰肅愍。

崔玄暐，博陵安平人，本名曅，武后時，有所避，改焉。少以學行稱，叔父祕書少監行功器之。舉明經，爲高陵主簿。居父喪盡禮。廬有燕，更巢共乳。母盧，有賢操，常戒玄暐曰：「吾聞姨兄辛玄馭云：『子姓仕宦，有言其貧窶不自存，此善也；若貲貨盈衍，惡也。』吾嘗以爲確論。比見親表仕者務多財以奉親，而親不究所從來。必出于祿稟則善，如其不然，何異盜乎？若今爲吏，不能忠清，無以戴天履地。宜識吾意。」故玄暐所守以清白名。母亡，哀毁，甘露降庭樹。

後以庫部員外郎累遷鳳閣舍人。長安元年，爲天官侍郎，當公介然，不受私謁，執政忌之，改文昌左丞。不踰月，武后曰：「卿向改職，乃聞令史設齋相慶，此欲肆其貪耳，卿爲朕還舊官。」乃復拜天官侍郎，厚賜綵物。三年，授鸞臺侍郎、同鳳閣鸞臺平章事，兼太子左庶子。四年，遷鳳閣侍郎。先是，酷吏誣籍數百家，玄暐開陳其枉，后感悟，皆爲原洗。宋璟劾張昌宗不軌事，玄暐頗助璟。及有司正昌宗罪，而玄暐弟昪爲司刑少卿，執論大辟。兄弟守正如此。

后久疾，宰相不召見者累月。及少閒，玄暐奏言：「皇太子、相王皆仁明孝友，宜侍醫藥，不宜引異姓出入禁闥。」后慰納。以誅二張功爲中書令、博陵郡公。后遷上陽宮，顧玄暐曰：「諸臣進皆因人，而玄暐我所擢，何至是？」對曰：「此正所以報陛下也。」俄拜博陵郡王，罷政事，册其妻爲妃，賜實封五百戶，檢校益州大都督府長史，知都督事。會貶，又流古州。道病卒，年六十九，謚曰文獻。

玄暐三世不異居，家人怡怡如也。貧寓郊墅，羣從皆自遠會食，無它爨，與昪尤友愛。

族人貧孤者，撫養教勵。後雖秉權，而子弟仕進不使踰常資，當時稱重。少頗屬辭，晚以非己長，不復構思，專意經術。

子璩，亦有文。開元二年詔：「玄暐、柬之，神龍之初，保乂王室，姦臣忌焉，謫歿荒海，流落變遷，感激忠義。宜以玄暐子璩、柬之孫毖，並爲朝散大夫。」璩終禮部侍郎。璩子渙。

渙博綜經術，長論議。十歲居父喪，毀辟加人，陸元方異之。起家亳州司功參軍，還調。於是入判者千餘，吏部侍郎嚴挺之施特榻試彝尊銘，謂曰：「子清廟器，故以題相命。」累遷司門員外郎。楊國忠惡不附己，出爲巴西太守。玄宗西狩，迎謁于道。帝見占奏，以爲明治體，恨得之晚，房琯亦薦之，卽日拜門下侍郎、同中書門下平章事。

肅宗立，與韋見素等同赴行在。時京師未復，舉選不至，詔渙爲江淮宣諭選補使。收采遺逸，不以親故自嫌。常曰：「抑才虞謗，吾不忍爲。」然聽受不甚精，以不職罷爲左散騎常侍，兼餘杭太守、江東採訪防禦使。入遷吏部侍郎、集賢院待制。簡淡自處，時望尤重。遷御史大夫。

元載輔政，與中官董秀槃結固寵，渙疾之，因進見，慨然論載姦。代宗曰：「載雖非重愼，然協和中外無間然，能臣也。」對曰：「和之爲貴者，由禮節也，不節之以禮，焉得和？今干戈甫定，品物思乂。載爲宰相，宜明制度，易海內耳目。而怙權樹黨，毀法爲通，鬻恩爲恕，附下苟容，乃幽國卑主術，臣所未喻。」帝默然。會渙兼稅地青苗錢物使，以錢給百官，而吏用下直爲使料，上直爲百司料。載諷皇城副留守張清擿其非，詔尚書左丞蔣渙按實，且載所惡，由是貶道州刺史。卒，贈太子太傅，謚曰元。子縱。

縱繇協律郎三遷監察御史。會詔擇令長，授藍田令，德化大行，縣人立碑頌德。渙之貶，縱棄金部員外郎就養。

後爲汴西水陸運、兩稅、鹽鐵等使。王師圍田悅，乏食，詔縱餉四節度糧，軍無乏。德宗出奉天，方鎮兵未至。縱勸李懷光奔命，悉軍財稱所須。懷光兵疲久戰，次河中，遷延不進。縱以金帛先度，曰：「濟者即賜。」衆趨利爭西，遂及奉天。遷京兆尹。上言：「懷光反覆不情，宜備之。」及帝徙梁州，追扈不及，左右短縱素善懷光，殆不來。帝曰：「知縱者，朕也，非爾輩所及。」後數日至，授御史大夫。處大體，不急細事，獄訴付成僚屬而已。

自兵興，內外官冗溢，時議併省。縱奏：「兵未息，仕進者多緒，在官則累遷，有功而褒賞，不可廢也。比選集，乃據闕留人，怨望滋結。朝廷頻詔錄勞，而諸道敍優日廣。若停減吏員，非但承優者無官可敍，亦恐序進者無路勝置矣。」詔可。

貞元元年，天子郊見，爲大禮使。歲旱用屈，縱撙裁文物，儉而不陋。除吏部侍郎，尋爲河南尹。時兵雖定，民彫耗，縱治簡易，蠲略細苛。先是戍邊者道由洛，儲餼取於民。縱始令官辦，使五家相保，自占發斂，以絕胥史之私。又引伊、洛溉高仰，通利里閈，人甚宜之。入爲太常卿，封常山縣公。卒，年六十二，贈吏部尙書，謚曰忠。

初，渙爲元載所抑，縱訖載世，不求聞達。渙有嬖妾，縱以母事之。妾剛酷，雖縱顯官而數笞詬，然率妻子候顏色，承養不懈，時以爲難。孫碣。

碣字東標，及進士第，遷右拾遺。武宗方討澤潞，碣建請納劉稹降，忤旨，貶鄧城令。稍轉商州刺史。擢河南尹、右散騎常侍，再爲河南尹。邑有大賈王可久，轉貨江、湖間。値龐勛亂，盡亡其貲，不得歸。妻詣卜者楊乾夫咨在亡。乾夫名善數，而內悅妻色，且利其富。既占，陽驚曰：「乃夫殆不還矣！」即陰以百金謝媒者，誘聘之，妻乃嫁乾夫，遂爲富人。它年徐州平，可久困甚，丐衣食歸閭里，往見妻。乾夫大怒，詬逐之。妻詣吏自言，乾夫厚納賄，可久反得罪。再訴，復坐誣。可久恨歎，遂失明。碣之來，可久陳冤，碣得其情，即敕吏掩乾夫幷前獄史下獄，悉發賕姦，一日殺之，以妻還可久。時淫潦，獄決而霽，都民相語，歌舞于道。徙陝虢觀察使。軍亂，貶懷州司馬，卒。

張柬之字孟將，襄州襄陽人。少涉經史，補太學生。祭酒令狐德棻異其才，便以王佐期之。中進士第，始調清源丞。永昌元年，以賢良召，時年七十餘矣。對策者千餘，柬之爲第一。授監察御史，遷鳳閣舍人。

時突厥默啜有女請和親，武后欲令武延秀娶之。柬之奏：「古無天子取夷狄女者。」忤旨，出爲合、蜀二州刺史。故事，歲以兵五百戍姚州，地險瘴，到屯輒死。柬之論其弊曰：

臣按姚州，古哀牢國，域土荒外，山岨水深。漢世未與中國通，唐蒙開夜郎、滇、筰，而哀牢不附。東漢光武末，始請內屬，置永昌郡統之。賦其鹽布氈罽以利中土。其國西大秦，南交趾，奇珍之貢不闕。劉備據蜀，甲兵不充，諸葛亮五月度瀘，收其產入以益軍，使張伯岐選取勁兵，以增武備。故蜀志稱亮南征後，國以富饒。此前世置郡，以其利之也。今鹽布之稅不供，珍奇之貢不入，戈戟之用不實於戎行，寶貨之資不輸於大國。而空竭府庫，驅率平人，受役蠻夷，肝腦塗地。臣竊爲陛下惜之。

昔漢歷博南山，涉蘭倉水，更置博南、哀牢二縣。蜀人愁苦，行者作歌曰：「歷博南，越巂津，度巂倉，爲他人。」蓋譏其貪珍奇之利，而爲蠻夷所驅役也。漢獲其利，人且怨歌。今減耗國儲，費調日引，使陛下赤子身膏野草，骸骨不歸，老母幼子哀號望祭於千里之外。朝廷無絲髮利，而百姓蒙終身之酷，臣竊爲國家痛之。

往諸葛亮破南中，卽用渠率統之，不置漢官，不留戍兵。言置官留兵有三不易：置官必夷漢雜居，猜嫌將起；留兵轉糧，爲患滋重；後忽反叛，勞費必甚。故粗設綱紀，自然久定。臣謂亮之策，誠盡羈縻蠻夷之要。今姚州官屬，既無固邊厭寇之心，又無亮且縱且擒之伎。唯詭謀狡算，恣情割剝；扇動酋渠，遣成朋黨；折支諂笑，取媚蠻夷，拜跪趨伏，無復爲恥；提挈子弟，嘯引凶愚，聚會蒱博，一擲累萬。凡逋逃亡命在彼州者，戶贏二千，專事剽奪。且姚州本龍朔中武陵主簿石子仁奏置，其後長史李孝讓、辛文協死於羣蠻，詔遣郎將趙武貴討擊，兵無噍類，又以將軍李義摠繼往，而郎將劉惠基戰死，其州遂廢。臣竊以亮有三不易，其言卒驗。

垂拱中，蠻郎將王善寶、昆州刺史爨乾福復請置州，言課稅自支，不旁取於蜀。及置，州掾李稜爲蠻所殺。延載中，司馬成琛更置瀘南七鎭，戍以蜀兵，蜀始擾矣。且姚府總管五十七州間，皆巨猾游客。國家設官，所以正俗防姦，而無恥之吏，敗謬至此。今劫害未止，恐驚擾之禍日滋。宜罷姚州，隸巂府，歲時朝覲同蕃國；廢瀘南諸鎭，而設關瀘北，非命使，不許交通；增嶲屯兵，擇淸良吏以統之。臣愚以爲便。疏奏不納。俄爲荆州大都督府長史。

長安中，武后謂狄仁傑曰：「安得一奇士用之？」仁傑曰：「陛下求文章資歷，今宰相李嶠、蘇味道足矣。豈文士齷齪，不足與成天下務哉？」后曰：「然。」仁傑曰：「荆州長史張柬之雖老，宰相材也。用之必盡節於國。」卽召爲洛州司馬。它日又求人，仁傑曰：「臣嘗薦張柬之，未用也。」后曰：「遷之矣。」曰：「臣薦宰相而爲司馬，非用也。」乃授司刑少卿，遷秋官侍郎。後姚崇爲靈武軍使，將行，后詔擧外司可爲相者，崇曰：「張柬之沈厚有謀，能斷大事，其人老，惟亟用之。」卽日召見，拜同鳳閣鸞臺平章事，進鳳閣侍郎。

誅二張也，柬之首發其謀。以功擢天官尙書、同鳳閣鸞臺三品、漢陽郡公，實封五百戶。不半歲，以漢陽郡王加特進，罷政事。柬之旣失權，願還襄州養疾，乃授襄州刺史。中宗爲賦詩祖道，又詔羣臣餞定鼎門外。至州，持下以法，雖親舊無所縱貸。會漢水漲齧城郭，柬之因壘爲隄，以遏湍怒，闔境賴之。又懇辭王爵，不許。俄及貶，又流瀧州，憂憤卒，年八十二。景雲元年，贈中書令，謚曰文貞，授一子官。柬之剛直不傅會，然邃於學，論次書數十篇。

子愿、漪。愿仕至襄州刺史。漪以著作佐郎侍父襄陽，恃其家立功，簡接鄉人，鄉人怨之。

初，易之等誅後，中宗猶監國告武氏廟，而天久陰不霽。侍御史崔渾奏：「陛下復國，當正唐家位號，稱天下心。奈何尙告武氏廟？請毁之，復唐宗廟。」帝嘉納。是日詔書下，雰翳澄駁，咸以爲天人之應。

袁恕己，滄州東光人。仕累司刑少卿，知相王府司馬。與誅二張，又從相王統南衙兵備非常，以功加銀靑光祿大夫、中書侍郎、同中書門下三品，封南陽郡公，實封五百戶。將作少匠楊務廉者，以工巧進。恕己恐其復啓游娛侈麗之漸，言於中宗曰：「務廉位九卿，忠言嘉謨不聞，而專事營構以媚上，不斥之，亡以昭德。」乃授陵州刺史。未幾，拜中書令、特進、南陽郡王，罷政事。例及貶，又流環州，爲周利貞所逼，恕己素餌黃金，至是飮野葛數升，不死，憤懣，抔土以食，爪甲盡，不能絕，乃擊殺之。謚曰貞烈。

孫高。

高字公頤。少慷慨有節尙。擢進士第。代宗時，累遷給事中。建中中，拜京畿觀察使，坐累貶韶州長史，復拜給事中。德宗將起盧杞爲饒州刺史，高當草詔，見宰相盧翰、劉從一曰：「杞當國，矯誣陰賊，斥忠誼，傲明德，反易天常，使宗祏失守，天下疣痏，朝廷不寘以法，才示貶黜，今還授大州，天下其謂何？」翰等不悅，命舍人作詔。詔出，高執不下，奏曰：「陛下用杞爲相，出入三年，附下罔上，使陛下越在草莽，羣臣願食其肉且不厭。漢法，『三光不明，雨旱不時，皆宰相請罪，小者免，大者戮。』杞罪萬誅，陛下赦不誅，止貶新州，俄又內移，今復拜刺史，誠失天下望。」帝曰：「杞不逮，是朕之過。朕已再赦。」答曰：「杞天資詭險，非不逮，彼固所餘。赦者，止赦其罪，不宜授刺史。願問外廷，并敕中人聽於民。若億兆異臣之言，臣請前死。」諫官亦力爭帝前。帝曰：「與上佐可乎？」羣臣奉詔。翌日，遣使慰高曰：「朕惟卿言切至，已如奏。」太子少保韋倫曰：「高言勁挺，自是陛下一良臣，宜加優禮。」

貞元二年，帝以大盜後關輔百姓貧，田多荒茀，詔諸道上耕牛，委京兆府勸課。量地給牛，不滿五十畝不給。高以爲聖心所憂，乃在窮乏。今田不及五十畝即是窮人，請兩戶共給一牛。從之。卒，年六十，中外悵惜。憲宗時，李吉甫言其忠謇，特贈禮部尚書。

文宗開成三年，又詔：玄暐曾孫郢爲監察御史，暉曾孫元膺河南丞，柬之四世孫憬壽安尉，恕己曾孫德文校書郎。始，帝訪御史中丞狄兼謩以仁傑功，且言五王遺烈，乃求其後，秩以官。唯彥範後無聞云。

贊曰：五王提衞兵誅嬖臣，中興唐室，不淹辰天下晏然，其謀深矣。至謂中宗爲英王，不盡誅諸武，使天子藉以爲威，何其淺耶？釁牙一啓，爲豔后、豎兒所乘，劫持戮辱，若放豚然，何哉？無亦神奪其明，厚韋氏毒，以興先天之業乎？不然，安李之功，賢於漢平、勃遠矣！

唐書卷一百二十一

列傳第四十六

劉幽求　鍾紹京　崔日用 日知　王琚 張暐　王毛仲 李守德

陳玄禮

劉幽求，冀州武彊人。聖曆中，舉制科中第。調閬中尉，刺史不禮，棄官去。久之，授朝邑尉。桓彥範等誅張易之、昌宗，而不殺武三思，幽求謂彥範曰：「公等無葬地矣。不早計，後且噬臍。」不從。既，五王皆爲三思構死。

臨淄王入誅韋庶人，預參大策，是夜號令詔敕一出其手。以功授中書舍人，參知機務，爵中山縣男，實封二百戶，授二子五品官，二代俱贈刺史。睿宗立，進尚書右丞、徐國公，增封戶至五百，賜物千段、奴婢二十人、第一區、良田千畝、金銀雜物稱是。

景雲二年，以戶部尚書罷政事。不旬月，遷吏部，拜侍中。璽詔曰：「頃王室不造，中宗厭代，戚孽專亂，將隕社稷，朕與王公皆幾于難。幽求處危思奮，翊贊聖儲，協和義士，震殄元惡。國家之復存，緊幽求是賴，厥庸茂焉，朕用嘉之。雖胙以土宇，而賦入未廣。昔西漢行封，更擇多戶；東京定賞，復增大邑。宜加賜實封二百戶，子子孫孫傳國無絕，特免十死，銘諸鐵劵，以傳其功。」先天元年，爲尙書右僕射、同中書門下三品，監脩國史。

幽求自謂有勞于國，在諸臣右，意望未滿，而竇懷貞爲左僕射，崔湜爲中書令，殊不平，見於言面。已而湜等附太平公主，有逆計。幽求與右羽林將軍張暐定計，使暐說玄宗曰：「湜等皆太平黨與，日夜陰計，若不早圖，且產大害，太上不得高枕矣。臣請督羽林兵除之。」帝許之。未發也，而暐漏言於侍御史鄧光賓，帝懼，即列其狀。睿宗以幽求等屬吏，劾奏以疎間親，罪應死。帝密申右之，乃流幽求於封州、暐於峯州、光賓於繡州。明年，太平公主誅，卽日召復舊官，知軍國事，還封戶，賜錦衣一襲。

開元初，進尙書左丞相，兼黃門監，俄以太子少保罷。姚崇素忌之，奏幽求鬱怏散職，有怨言。詔有司鞫治，宰相盧懷愼等奏言：「幽求輕肆不恭，失大臣體，乖崖分之節。」翌日，貶睦州刺史，削實封戶六百。遷杭、郴二州，恚憤卒于道，年六十一。贈禮部尙書，謚曰文獻。六年，詔與蘇瓌配享睿宗廟廷。建中中，追贈司徒。

鍾紹京，虔州贛人。初爲司農錄事，以善書直鳳閣。武后時署諸宮殿、明堂及銘九鼎，皆其筆也。景龍中，爲苑總監，會討韋氏難，紹京帥戶奴、丁夫從。事平，夜拜中書侍郎，參知機務。明日，進中書令、越國公，實封五百戶，賚賜與劉幽求等。既當路，以賞罰自肆，當時惡之。因上疏讓官，睿宗用薛稷謀，進戶部尚書，出爲彭州刺史。

玄宗卽位，復拜戶部尚書，增實封，改太子詹事。不爲姚崇所喜，與幽求並以怨望得罪，貶果州刺史，賜封邑百戶。後坐它事，貶懷恩尉，悉奪階封，再遷溫州別駕。十五年入朝，見帝泣曰：「陛下忘疇日事邪，忍使棄死草莽！且同時立功者，今骨已朽，而獨臣在，陛下不垂愍乎？」帝惻然，卽日授太子右諭德。久之，遷少詹事。年踰八十，以官壽卒。紹京嗜書畫，如王羲之、獻之、褚遂良眞跡，藏家者至數十百卷。建中中，追贈太子太傅。

崔日用，滑州靈昌人。擢進士第，爲芮城尉。大足元年，武后幸長安，陝州刺史宗楚客委以頓峙，饋獻豐甘，稱過賓使者。楚客歎其能，亟薦之，擢爲新豐尉，遷監察御史。陰附安樂公主，得稍遷。神龍中，鄭普思納女後宮，日用劾奏，中宗初不省，廷爭切至，普思由是得罪。時諸武若三思、延秀及楚客等權寵交煽，日用多所結納，驟拜兵部侍郎。宴內殿，酒酣，起爲回波舞，求學士，卽詔兼脩文館學士。

帝崩，韋后專制，畏禍及，更因僧普潤、道士王曄私謁臨淄王以自託，且密贊大計。王曰：「謀非計身，直紓親難爾。」日用曰：「至孝動天，舉無不克。然利先發，不則有後憂。」及韋氏平，夜詔權雍州長史，以功授黃門侍郎，參知機務，封齊國公，賜實戶二百。坐與薛稷相忿競，罷政事，爲婺州長史。歷揚、汴、兗三州刺史。

由荆州長史入奏計，因言：「太平公主逆節有萌，陛下往以宮府討有罪，臣、子勢須謀與力，今據大位，一下制書定矣。」帝曰：「畏驚太上皇，奈何？」日用曰：「庶人之孝，承順顏色；天子之孝，惟安國家，定社稷。若令姦宄竊發，以亡大業，可爲孝乎？請先安北軍而後捕逆黨，於太上皇固無所驚。」帝納之。及討逆，詔權檢校雍州長史，以功益封二百戶，進吏部尙書。

會帝誕日，日用采詩大、小雅二十篇及司馬相如封禪書獻之，借以諷諭，且勸告成事。有詔賜衣一副、物五十段，以示無言不酬之義。

久之，坐兄累，出爲常州刺史。後以例減封戶三百，徙汝州。開元七年，詔曰：「唐元之際，日用實贊大謀，功多不宜減封，復食二百戶。」徙幷州長史，卒年五十。幷人懷其惠，吏民數百皆縞服送喪。贈吏部尙書，謚曰昭。再贈荆州大都督。

日用才辯絕人，而敏于事，能乘機反禍取富貴。先天後，求復相，然亦不獲也。嘗謂人曰「吾平生所事，皆適時制變，不專始謀。然每一反思，若芒刺在背」云。

子宗之，襲封。亦好學，寬博有風檢，與李白、杜甫以文相知者。

日用從父兄日知，字子駿，少孤貧，力學，以明經進至兵部員外郎。與張說同爲魏元忠朔方判官，以健吏稱。遷洛州司馬，會譙王重福之變，官司逃，日知獨率吏卒助屯營擊賊，以功加銀青光祿大夫。遷殿中少監，建言「廄馬多，請分牧隴右，省關畿芻調」。授荆州長史，四遷京兆尹，封安平縣侯。坐贓，爲御史李如璧所劾，貶歙縣丞。後歷殿中監，進中山郡公。說執政，薦爲御史大夫，帝不許，遂爲左羽林大將軍，而自用崔隱甫。隱甫繇是怨說。日知俄授太常卿。自以處朝廷久，每入謁，必與尙書齒，時謂「尙書裏行」。終潞州長史，謚曰襄。

王琚，懷州河內人。少孤，敏悟有才略，明天文象緯。以從父隱客嘗爲鳳閣侍郎，故數與貴近交。時年甫冠，見駙馬都尉王同皎，同皎器之。會謀刺武三思，琚義其爲，即與周璟、張仲之等共計。事洩亡命，自傭於揚州富商家，識非庸人，以女嫁之，厚給以貲，琚亦賴以濟。睿宗立，琚自言本末，主人厚齎使還長安。玄宗爲太子，閒游獵韋、杜間，怠休樹下，琚以儒服見，且請過家，太子許之。至所廬，乃蕭然窶陋。坐久，殺牛進酒殊豐厚，太子駭異。自是每到韋、杜，輒止其廬。

初，太子在潞州，襄城張暐爲銅鞮令，性豪殖，喜賓客弋獵事，厚奉太子，數集其家。山東倡人趙元禮有女，善歌舞，得幸太子，止暐第，其後生子瑛者也。太子已平內難，召暐，拜宮門郎，與姜皎、崔滌、李令問、王守一、薛伯陽等並侍左右。令問累擢殿中少監，守一太僕少卿。此數人以東宮皆勢重天下。

琚是時方補諸暨縣主簿，過謝東宮，至廷中，徐行高視，侍衞何止曰：「太子在！」琚怒曰：「在外惟聞太平公主，不聞有太子。太子本有功於社稷，孝於君親，安得此聲？」太子遽召見，琚曰：「韋氏躬行弒逆，天下動搖，人思李氏，故殿下取之易也。今天下已定，太平專思立功，左右大臣多爲其用，天子以元妹，能忍其過，臣竊爲殿下寒心。」太子命坐，且泣曰：「計將安便？」琚曰：「昔漢蓋主供養昭帝，其後與上官桀謀殺霍光，不及天子，而帝猶以大義去之。今太子功定天下，公主乃敢妄圖，大臣樹黨，有廢立意。太子誠召張說、劉幽求、郭元振等計之，憂可紓也。」太子曰：「先生何以自隱而日與寡人游？」琚曰：「臣善丹沙，且工諧隱，願比優人。」太子喜，恨相知晚。翌日，授詹事府司直、內供奉，兼崇文學士。日以諸王及姜皎等入侍，獨琚常豫祕謀。不踰月，遷太子舍人，兼諫議大夫。太子受內禪，擢中書侍郎。

公主謀益甚，幽求、暐謀先事誅之，侍御史鄧光賓漏謀，不克，皆得罪。久之，琚見事迫，請帝決策。先天二年七月，乃與岐王、薛王、姜皎、李令問、王毛仲、王守一以鐵騎至承天門。太上皇聞外譁譟，召郭元振升承天樓，閉關以拒，俄而侍御史任知古召募數百人於朝堂，不得入。少選，琚從帝至樓下，誅蕭至忠、岑羲、竇懷貞，斬常元楷李慈北闕下、賈膺福李猷於內客省。事平，琚進戶部尚書，封趙國公，皎工部尚書、楚國公，毛仲輔國大將軍、霍國公，守一太常卿、晉國公，各食實戶五百；令問殿中監、宋國公，實戶三百。琚、皎、令問辭不就，以舊官增戶二百。於是帝召燕內殿，賜金銀雜皿皆一牀、帛二千、第一區。

帝於琚眷委特異，豫大政事，時號「內宰相」。每見閤中，視日薄乃得出。遇休日，使者至第召之，而皇后亦使尙宮勞琚母，賜賚接足，羣臣不能無望。或說帝曰：「王琚、麻嗣宗皆譎詭縱橫，可與履危，不可與共安。方天下已定，宜益求純樸經術士以自輔。」帝悟，稍疏之。俄拜御史大夫，持節巡天兵以北諸軍。改紫微侍郎，道未至，拜澤州刺史，削封戶百。歷九刺史，復封戶。又改六州、二郡。

琚自以立勳，至天寶時爲舊臣，性豪侈，其處方面，去故就新，受饋遺至數百萬，侍兒數十，寶帳備具，閽門三百口。既失志，稍自放，不能遵法度。在州與官屬小史酣豪飲謔、摴博、藏鉤爲樂。每徙官，車馬數里不絕。從賓客女伎馳弋，凡四十年。李邕故與琚善，皆華首外遷，書疏往復，以讉謫留落爲慊。右相李林甫恨琚恃功使氣，欲除之，使人劾發琚宿贓，削封階，貶江華員外司馬。又使羅希奭深按其罪，琚懼，仰藥，未及死，希奭縊之。時人哀其無罪。始，琚爲中書侍郎，母居洛陽，來京師，讓琚曰：「爾家上世皆州縣職，今汝無攻城野戰勞，以諂佞取容，海內切齒，吾恐汝家墳墓無人復掃除也。」琚卒不免。寶應元年，贈太子少保。

太平之誅，張暐召還爲大理卿，封鄧國公，實封戶三百，進京兆尹，入侍宴樂，出主京邑，時人以爲寵，然自以幹治稱。累遷太子詹事，判尙書左右丞，再爲羽林大將軍，三至左金吾大將軍，以年高加特進。子履冰、季良，弟晤，仕皆淸近。暐嘗還鄉上冢，帝賜詩及錦袍繒綵。乘馹就道，子弟車馬聯咽。使者賜賚，敕州縣供儗，居處尊顯。天寶五載卒，年九十，贈開府儀同三司。履冰，歷金吾將軍，季良，殿中監，俱列棨戟。

王毛仲，高麗人。父坐事，沒爲官奴，生毛仲，故長事臨淄王。王出潞州，有李守德者，爲人奴，善騎射，王市得之，並侍左右，而毛仲爲明悟。景龍中，王還長安，二人常負房箙以從。王數引萬騎帥長及豪俊，賜飲食金帛，得其驩心。毛仲曉旨，亦布誠結納，王嘉之。韋后稱制，令韋播、高嵩爲羽林將軍，押萬騎，以苛峭樹威。果毅葛福順、陳玄禮訴於王，王方與劉幽求、薛崇簡及利仁府折衝麻嗣宗謀舉大計，幽求諷之，皆願效死，遂入討韋氏。守德從帝止苑中，而毛仲匿不出，事定數日，乃還，不之責，例擢將軍。

王爲皇太子，以毛仲知東宮馬駝鷹狗等坊。不旬歲，至大將軍，階三品。與誅蕭至忠等，以功進輔國大將軍，檢校內外閑廄，知監牧使，進封霍國公，實封戶五百。與諸王及姜皎等侍禁中，至連榻而坐。帝暫不見，惘惘若有失，見則釋然。開元九年，詔持節爲朔方道防禦討擊大使，與左領軍大總管王晙、天兵軍節度使張說、幽州節度使裴伷先等數計事。

毛仲始見飾擢，頗持法，不避權貴爲可喜事。兩營萬騎及閑廄官吏憚之無敢犯，雖官田草萊，樵斂不敢欺。於牧事尤力，娩息不訾。初監馬二十四萬，後乃至四十三萬，牛羊皆數倍。蒔茼麥、苜蓿千九百頃以禦冬。市死畜，售絹八萬。募嚴道僰僮千口爲牧圉。檢勒芻菽無漏隱，歲贏數萬石。從帝東封，取牧馬數萬匹，每色一隊，相間如錦繡，天子才之。還，加開府儀同三司，自開元後，唯王仁皎、姚崇、宋璟及毛仲得之。

然貪小人，志既滿，不能無驕，遂求爲兵部尚書，帝不悅，毛仲鞅鞅。及與葛福順爲姻家，而守德及左監門將軍盧龍子唐地文、左右威衞將軍王景耀高廣濟數十人與毛仲相倚杖爲姦。毛仲恃舊，最不法。中使至其家稱詔，毛仲不甚恭，位卑者，或踞見，迕意卽侮誶，以氣凌之，直出其上。高力士、楊思勗等銜之。毛仲有兩妻，其一上所賜，皆有國邑。嘗生子，帝命力士就賜，仍授子五品官，還，問曰：「毛仲喜乎？」力士奏：「毛仲熟視臣曰：『是子亦何辱三品官？』」帝怒曰：「前毛仲負我，未嘗爲意，今以嬰兒顧云云。」力士等知帝怒，它日，從容曰：「北門奴官皆毛仲所與，不除之，必起大患。」後毛仲移書太原索甲仗，少尹嚴挺之以聞，帝恐毛仲遂亂，匿其狀。十九年，有詔貶瀼州，福順壁州，守德嚴州，盧龍子唐地文振州，王景耀黨州，高廣濟道州，並爲別駕員外置。毛仲四子悉奪官，貶惡地，緣坐數十人。有詔縊毛仲於零陵。

守德本名宜得，立功乃改今名，位武衞將軍。嘗遇故主於道，主走避，守德命左右迎之至第，親上食奉酒，主流汗不敢當。數日，入奏曰：「臣蒙國恩過分，而故主無寸祿，請解官授之。」帝嘉其志，擢爲郎將。

陳玄禮宿衞宫禁，以淳篤自檢。帝嘗欲幸虢國夫人第，諫曰：「未宜敕，不可輕去就。」帝爲止。後在華清宫，正月望夜，帝將出游，復諫曰：「宫外曠野無備豫，陛下必出游，願歸城闕。」帝不能奪。安祿山反，謀誅楊國忠闕下，不克，至馬嵬，卒誅之。從入蜀。還，封蔡國公。及李輔國遷帝西内，玄禮以老卒。

贊曰：幽求之謀，紹京之果，日用之智，琚之辯，皆足濟危紓難，方多故時，必資以成功者也。雄邁之才，不用其奇則厭然不滿，誠不可與共治平哉！姚崇勸不用功臣，宜矣。然待幽求等恨太薄云。毛仲小人，志得而驕，不足論已。

唐書卷一百二十二

列傳第四十七

魏元忠　韋安石 陟 斌 叔夏 縚 抗　郭元振

魏元忠，宋州宋城人。爲太學生，跌蕩少檢，久不調。盩厔人江融曉兵術，元忠從之游，盡傳所學。儀鳳中，吐蕃數盜邊，元忠上封事洛陽宮，言命將用兵之要曰：

天下之柄有二，文武而已，至制勝御人，其道一也。今言武者先騎射，不稽之權略；言文者首篇章，不取之經綸。臣觀魏、晉、齊、梁才固不乏，然何益治亂哉！養由基射能穿札，不止鄢陵之奔，陸機識能辨亡，無救河橋之敗，斷可見已。

夫才生於世，世實須才。何世而不生才？何才而不資世？故物有不求，未有無物之歲；士有不用，未有無士之時也。志士在富貴與賤貧，皆思立功名以傳于後，然知己難而所遇罕。士之懷琬琰就煨塵、抱棟幹困溝壑者，悠悠之人直覩此士之貧賤，安知其方略哉！故漢拜韓信，舉軍驚笑；蜀用魏延，羣臣觖望。此富貴者易爲善，貧賤者難爲功也。昔漢文帝不知魏尙賢而囚之，知李廣才而不用，乃歎其生不逢時。夫以廣之才，天下無雙，時方歲事匈奴，而卒不任。故近不知尙、廣之賢，而遠想廉頗、李牧，馮唐是以知其有而不能用也。此身爲時主所知，不得盡其才也。晉羊祜謀舉吳，賈充、荀勗沮之，祜歎曰：「天下事不如意十常七八。」以二人不同，終不大舉。此據立功之地，而不獲展其志也。布衣之人，懷奇抱策，而望朝奏夕召，豈易得哉？臣願歷訪文武五品以上，得無有智如羊祜、武如李廣而不得騁其才者乎？使各言其志，毋令久失職。

又言：

人無常俗，政有治亂；軍無常勝，將有能否。兵爲王者大事，存亡繫焉，將非其任，則殄人敗國。齊段孝玄有言：「持大兵如擎盤水，一致蹉跌，求止可得哉？」周亞夫堅壁以挫吳、楚，司馬懿閉營而困諸葛亮，此皆全軍制勝，不戰而卻敵。是知大將臨戎，以智爲本。今之用人，類將家子，或死事孤兒，進非幹略，雖竭力盡誠，不免於傾敗，若之何用之？且建功者，言其所濟，不言所來；言其所能，不言所藉。若陳湯、呂蒙、馬隆、孟觀悉出貧賤，而勳伐甚高，不聞其家世將帥也。故陰陽不和，擢士爲相；蠻貊不廷，擢校爲將。今以四海之廣，億兆之衆，豈無卓越之士？臣恐未之思乎！

又賞者禮之基，罰者刑之本。禮崇則謀夫竭其能，賞厚則義士輕其死，刑正故君子勗其心，罰重則小人懲其過。賞罰者軍國之綱紀，政敎之藥石。吐蕃本非彊敵，而薛仁貴、郭待封至棄甲喪師，脫身以免。國家寬政，罪止削除，網漏吞舟，何以過此。雖陛下顧收後効，然朝廷所少，豈此一二人乎？夫賞不勸，謂之止善；罰不懲，謂之縱惡。臣誠疏賤，干非其事，豈欲間陛下君臣生薄厚哉？正以刑賞一虧，百年不復。故國無賞罰，雖堯、舜不能爲。今罰既不行，賞復難信，故議者皆謂比日征行，虛立賞格，而無其實。蓋忘大體之臣，恐賚勳庸，竭府庫，留意錐刀，以爲益國，所謂惜毫釐失千里者也。且黔首雖微，不可以欺，安有寓不信之令，設虛賞之格乎？自蘇定方平遼東，李勣破平壤，賞既不行，勳亦淹廢，歲月紛淆，眞僞相錯。臣以吏不奉法，慢自京師，僞勳所由，主司過也，其則不遠，近在尙書省中。然未聞斬一臺郎、戮一令史，使天下知之。陛下何照遠而不照近哉？神州化首，文昌政本，治亂攸在，臣故冒死而言。夫明鑑所以照形，往事所以知今，臣請借近以爲諭：貞觀中，萬年尉司馬玄景舞文飾智，以邀乾沒，太宗棄之都市；後征高麗，總管張君乂不進擊賊，斬之旗下。臣以爲僞勳之罪，多於玄景；仁貴等敗，重於君乂。使早誅之，則諸將豈復有負哉？慈父多敗子，嚴家無格虜。且人主病不廣大，人臣病不節儉，臣恐陛下病之於不廣大，過在於慈父，斯日月一蝕也。

又今將吏貪暴，所務口馬、財利，臣恐戎狄之平，未可旦夕望也。凡人識不經遠，皆言吐蕃戰，前隊盡，後隊方進，甲堅騎多，而山有氛瘴，官軍遠入，前無所獲，不積穀數百萬，無大舉之資。臣以爲吐蕃之望中國，猶孤星之對太陽，有自然之大小、不疑之明暗，夷狄雖禽獸，亦知愛其性命，豈肯前盡死而後進哉？由殘迫其人，非下所願也。必其戰不顧死，則兵法許敵能鬭，當以智算取之，何憂不克哉！向使將能殺敵，橫尸蔽野，斂其頭顱以爲京觀，則此虜聞官軍鍾鼓，望塵卻走，何暇前隊皆死哉！自仁貴等覆師喪氣，故虜得跳梁山谷。

又師行必藉馬力，不數十萬，不足與虜爭。臣請天下自王公及齊人挂籍之口，人稅百錢；又弛天下馬禁，使民得乘大馬，不爲數限，官籍其凡，勿使得隱。不三年，人間畜馬可五十萬，卽詔州縣以所稅口錢市之，若王師大舉，一朝可用。且虜以騎爲彊，若一切使人乘之，則市取其良，以益中國，使得漸耗虜兵之盛，國家之利也。

高宗善之，授祕書省正字，直中書省，仗內供奉。遷監察御史。帝嘗從容曰：「外以朕爲何如主？」對曰：「周成、康，漢文、景也。」「然則有遺恨乎？」曰：「有之。王義方一世豪英，而死草萊。議者謂陛下不能用賢。」帝曰：「我適用之，聞其死，顧已無及。」元忠曰：「劉藏器行副於才，陛下所知，今七十爲尚書郎。徒歎彼而又棄此。」帝默然慚。

遷殿中侍御史。徐敬業舉兵，詔元忠監李孝逸軍。至臨淮，而偏將雷仁智爲賊敗，孝逸懼其鋒，按兵未敢前。元忠曰：「公以宗室將，天下安危繫焉。海內承平久，聞狂狡竊發，皆傾耳翹心以待其誅。今軍不進，使遠近解情，萬有一朝廷以他將代公，且何辭？」孝逸然之，乃部分進討。時敬業保下阿谿，弟敬猷屯淮陰，咸請「先擊下阿，下阿敗，淮陰自破。今淮陰急，敬業必救，是敵在腹背也」。元忠曰：「不然。賊勁兵盡守下阿，利在一決，苟有負，則大事去矣。敬猷博徒不知戰，且其兵寡易搖，大軍臨之，勢宜克。敬業畏直擣江都，必將邀我中路，吾今乘勝進，又以逸擊勞，破之必矣。譬之逐獸，弱者先禽。今捨必禽之弱，而趨難敵之彊，非計也。」孝逸乃引兵擊淮陰，敬猷脫身遁，遂進擊敬業，平之。還，授司刑正。

遷洛陽令。陷周興獄當死，以平揚、楚功，得流。歲餘，爲御史中丞，復爲來俊臣所構。將就刑，神色不動，前死者宗室子三十餘，尸相枕藉於前，元忠顧曰：「大丈夫行居此矣。」俄敕鳳閣舍人王隱客馳騎免死，傳聲及于市，諸囚歡叫，元忠獨堅坐，左右命起，元忠曰：「未知實否。」既而隱客至，宣詔已，乃徐謝，亦不改容。流費州。復爲中丞。歲餘，陷侯思止獄，仍放嶺南。酷吏誅，人多訟元忠者，乃召復舊官。因侍宴，武后曰：「卿累負謗鑠，何邪？」對曰：「臣猶鹿也，羅織之吏如獵者，苟須臣肉爲之羹耳，彼將殺臣以求進，臣顧何辜？」

聖曆二年，爲鳳閣侍郎、同鳳閣鸞臺平章事，俄檢校幷州長史、天兵軍大總管，以備突厥。遷左肅政臺御史大夫，兼檢校洛州長史，治號威明。張易之家奴暴百姓，橫甚，元忠笞殺之，權豪憚服。俄爲隴右諸軍大使，以討吐蕃；又爲靈武道行軍大總管禦突厥。元忠馭軍持重，雖無赫然功，而亦未嘗敗。

中宗在東宮，爲檢校左庶子。時二張勢傾朝廷，元忠嘗奏曰：「臣承先帝之顧，且受陛下厚恩，不能徇忠，使小人在君側，臣之罪也。」易之等恨怒，因武后不豫，卽共譖元忠與司禮丞高戩謀挾太子爲耐久朋，遂下制獄。詔皇太子、相王及宰相引元忠等辨於廷，不能決。昌宗乃引張說爲證，說初僞許之，至是迫使言狀，不應，后又促之，說曰：「臣不聞也。」易之等遽曰：「說與同逆。說曩嘗謂元忠爲伊、周。夫伊尹放太甲，周公攝王位。此反狀明甚。」說曰：「易之、昌宗安知伊、周，臣乃能知之。伊尹、周公，歷古以爲忠臣，陛下不遣學伊、周，將何效焉？」說又曰：「臣知附易之朝夕可宰相，從元忠則族滅。今不敢面欺，懼元忠

后寤其讒，然重違易之，故貶元忠高要尉。

中宗復位，召爲衞尉卿、同中書門下三品。不閱旬，遷兵部尚書，進侍中。武后崩，帝居喪，軍國事委元忠裁可，拜中書令，封齊國公。神龍二年，爲尚書右僕射，知兵部尚書，當朝用事，羣臣莫敢望。謁告上冢，詔宰相諸司長官祖道上東門，賜錦袍，給千騎四人侍，賜銀千兩。元忠到家，於親戚無所賑施。及還，帝爲幸白馬寺迎勞之。

安樂公主私請廢太子，求爲皇太女，帝以問元忠，元忠曰：「公主而爲皇太女，駙馬都尉當何名？」主恚曰：「山東木彊安知禮？阿母子尚爲天子，我何嫌？」宮中謂武后爲阿母子，故主稱之。元忠固稱不可，自是語塞。

武三思用事，京兆韋月將、渤海高軫上書言其惡，帝榜殺之，後莫敢言。王同皎謀誅三思，不克，反被族。元忠居其間，依違無所建明。初，元忠相武后，有淸正名，至是輔政，天下傾望，冀幹正王室，而稍憚權倖，不能賞善罰惡，譽望大減。陳郡男子袁楚客者以書規之曰：

今皇帝新服厥德，任官惟賢才，左右惟其人，因以布大化，充古誼，以正天下。君侯安得事循默哉？苟利社稷，專之可也。夫安天下者先正其本，本正則天下固，國之興亡繫焉。太子天下本，譬之大樹，無本則枝葉零悴，國無太子，朝野不安。儲君有次及之勢，故師保敎以君人之道，用藴崇其德，所以重天下也。今皇子旣長，未定嫡嗣，是天下無本。天下無本，猶樹而亡根，枝葉何以存乎？願君侯以淸宴之閒言於上，擇賢而立之，此安天下之道。曠而不置，朝廷一失也。

女有內則，男有外傅，豈相濫哉？幕府者，丈夫之職。今公主並開府置吏，以女處男職，所謂長陰抑陽也，而望陰陽不愆、風雨時若，得乎？此朝廷二失也。

今度人旣多，緇衣半道，不本行業，專以重寶附權門，皆有定直。昔之賣官，錢入公府，今之賣度，錢入私家。以茲入道，徒爲游食。此朝廷三失也。

唯名與器，不可以假人。故曰：「天工，人其代之。」夫代天，非材不可也。代非其人，必失天意。失天意而無患禍，未之有也。今倡優之輩，因耳目之好，遂授以官，非輕朝廷、亂正法邪？人君無私，私怒害物，私賞費財，況私人以官乎？此朝廷四失也。

賢者邦家之光，任之致治，棄之生亂。近詔博求多士，雖有好賢之名，無得賢之實。蓋有司選士，非賄卽勢，上失天心，下違人望，非爲官擇吏，乃爲人擇官。葛洪有言：「舉秀才，不知書；察孝廉，濁如泥；高第賢良客如黽。」此朝廷五失也。

閹豎者，給宮掖掃除事，古以奴隸畜之。中古以來，大道乖喪，疏賢哲，親近習，乃委之以事，授之以權。故豎刁亂齊，伊戾敗宋。君側之人，衆所畏懼，所謂鷹頭之蠅、廟垣之鼠者也。後漢時用事尤甚，晚節卒亂天下。今大君中興，獨有閹豎坐升班秩，旣無正闕，率授員外，乃盈千人，綰青紫，耗府藏。前事之驗，後事之師。此朝廷六失也。

古者茅茨棌椽，以儉約遺子孫，所以愛力也。今公主所賞傾庫府，所造皆官供，其疏築臺沼，崇峙觀廡，山無本石，木無近產，造之終歲，功用不絕。夫爲君所以養人，非以害人，今外戚不助養而反害之，是使人主受謗天下。此朝廷七失也。

官以安人，非以害于人也。先王欲人治必選材，欲人安必省事，此誠同天下憂也。人有樂，君共之，君有樂，人慶之，可謂同樂矣。如此，則上下無間，而均一體也。今天下困窮，州牧、縣宰，非以選進，割剝自私，人不聊生，是下有憂而上不卹也。而更員外置官，非助桀歟？夫人情自以員外吏，恐下不已畏也，必峻法懼之；恐財不已奉也，必枉道奪之。欲不亂，可得哉？古語有之，十羊九牧，羊旣不得食，人亦不得息。書曰：「官不必備，惟其人。」此言正員猶難其備，況員之外乎！此朝廷八失也。

政出多門，大亂之漸。近封數夫人，皆先帝宮嬪。以爲備內職，則不當知外；不備內職，則自可處外。而令出入禁掖，使內言必出，外言必入，固將弄君之法，縱而不禁，非所以重宗廟、固國家。孔子曰：「彼婦之口，可以出走；彼婦之謁，可以死敗。」此朝廷九失也。

不以道事其君者，所以危天下也，危天下之臣不可不逐，安天下之臣不可不任。今有引鬼神、執左道以惑主者，託鬼神爲難知，故致其詐，而據非才之地，食非德之祿，此國盜也。傳曰：「國將興，聽於民，將亡，聽於神。」今幾聽於神乎？此朝廷十失也。

君侯不正，誰與正之？

元忠得書益慚。以三思專權，思有以誅之。會節愍太子起兵，與聞其謀。太子已誅三思，引兵走闕下，元忠子太僕少卿昇遇於永安門，太子脅使從戰，已而被殺。議者未辨逆順，元忠誦言曰：「既誅賊謝天下，雖死鼎鑊所甘心。惟皇太子沒爲恨耳。」帝以其嘗有功，且爲高宗、武后素所禮，置不問。宗楚客、紀處訥大怒，固請夷其族，不聽。元忠不自安，上政事及國封，詔以特進、齊國公致仕，朝朔望。楚客等引右衞郎將姚廷筠爲御史中丞，暴奏反狀，繇是貶渠州司馬。楊再思、李嶠皆希順楚客，傅致元忠罪，唯蕭至忠議當申宥之。楚客復遣再思與冉祖雍奏元忠緣逆不宜處內地，監察御史袁守一固請行誅，遂貶務川尉。守一又劾：「天后嘗不豫，狄仁傑請陛下監國，元忠止之，此其逆久萌。」帝謂楊再思曰：「守一非是。事君者一其心，豈有上少疾遽異論哉？朕未見元忠過也。」

元忠至涪陵，卒，年七十餘。景龍四年，贈尚書左僕射、齊國公、本州刺史。睿宗詔陪葬定陵，以實封一百五十戶賜其子晃。開元六年，謚曰貞。

元忠始名眞宰，以諸生見高宗，高宗慰遣，不知謝卽出，儀舉自安，帝目送謂薛元超曰：「是子未習朝廷儀，然名不虛謂，眞宰相也。」避武后母諱，改今名。

韋安石，京兆萬年人。曾祖孝寬，爲周大司空、鄖國公。祖津，隋大業末爲民部侍郎，與元文都等留守洛，拒李密，戰上東門，爲密禽。後王世充殺文都而津獨免，密敗，復歸洛。世充平，高祖素與津善，授諫議大夫，檢校黄門侍郎，陵州刺史，卒。父琬，仕爲成州刺史。

安石舉明經，調乾封尉，雍州長史蘇良嗣器之。永昌元年，遷雍州司兵參軍。良嗣當國，謂安石曰：「大才當大用，徒勞州縣可乎？」薦于武后，擢膳部員外郎，遷并州司馬，有善政，后手制勞問，陟拜德、鄭二州刺史。安石性方重，不苟言笑，其政尚淸嚴，吏民尊畏。久視中，遷文昌右丞，以鸞臺侍郎同鳳閣鸞臺平章事，兼太子左庶子，仍侍讀，尋知納言事。時二張及武三思寵横，安石數折辱之。嘗侍宴殿中，易之引蜀商宋霸子等博塞后前，安石跪奏：「商等賤類，不當戲殿上。」顧左右引出，坐皆失色，后以安石辭正，改容慰勉。鳳閣侍郎陸元方自以爲不及，退告人曰：「韋公眞宰相。」后嘗幸興泰宮，議趨疾道，安石曰：「此道板築所成，非自然之固。千金子且誡垂堂，況萬乘可輕乘危哉？」后爲回輦。長安二年，同鳳閣鸞臺三品，俄又知納言，檢校揚州大都督府長史。神龍元年，罷政事，俄復同三品，遷中書令，兼相王府長史，封鄖國公，賜封三百戶，加特進，爲侍中。中宗與韋后以正月望夜幸其第，賚賜不貲。帝嘗幸安樂公主池，主請御船，安石曰：「御輕舟，乘不測，非帝王事。」乃止。

睿宗立，授太子少保，改封郇國，復爲侍中、中書令，進開府儀同三司。太平公主有異謀，欲引安石，數因其壻唐晙邀之，拒不往。帝一日召安石曰：「朝廷傾心東宮，卿胡不察？」對曰：「太子仁孝，天下所稱，且有大功。陛下今安得亡國語？此必太平公主計也。」帝矍然曰：「卿勿言，朕知之。」主竊聞，乃構飛變，欲訊之，賴郭元振保護，免。遷尙書右僕射兼太子賓客、同三品，俄罷政事，留守東都。

會妻薛怨婿婢，笞殺之，爲御史中丞楊茂謙所劾，下遷蒲州刺史，徙靑州。安石在蒲，太常卿姜皎有所請，拒之。皎弟晦爲中丞，以安石昔相中宗，受遺制，而宗楚客、韋溫擅削相王輔政語，安石無所建正，諷侍御史洪子輿劾擧，子輿以更赦不從。監察御史郭震奏之，有詔與韋嗣立、趙彥昭等皆貶，安石爲沔州別駕。皎又奏安石護作定陵，有所盜沒，詔籍其贓。安石歎曰：「祇須我死乃已。」發憤卒，年六十四。開元十七年，贈蒲州刺史。天寶初，加贈左僕射、郇國公，謚文貞。二子：陟、斌。

陟字殷卿，與弟斌俱秀敏異常童。安石晚有子，愛之。神龍二年，安石爲中書令，陟甫十歲，授温王府東閤祭酒、朝散大夫。風格方整，善文辭，書有楷法，一時知名士皆與游。開元中居喪，以父不得志歿，乃與斌杜門不出八年。親友更往敦曉，乃彊調爲洛陽令。宋璟見陟歎曰：「盛德遺範，盡在是矣。」累除吏部郎中，中書令張九齡引爲舍人，與孫逖、梁涉並司書命，時號得才。

遷禮部侍郎。陟於鑒裁尤長。故事，取人以一日試爲高下。陟許自通所工，先就其能試之，已乃程考，由是無遺材。遷吏部侍郎，選人多僞集，與正調相冒，陟有風采，擿辨無不伏者，黜正數百員，銓綜號爲公平。然任威嚴，或至詈詰，議者訾其峻。又自以門品可坐階三公，居常簡貴，視僚黨謷然；其以道誼合，雖後進布衣與均禮。

李林甫惡其名高，恐逼己，出爲襄陽太守，徙河南採訪使，以判官員錫善訊覆，支使韋元甫工書奏，時號「員推韋狀」，陟皆倚任之。俄襲郇國公，坐事貶守鍾離、義陽，後爲河東太守。以失職，內怏怏，乃毁廉隅，頗餉謝權倖欲自結。天寶十二載，入考華淸宮，楊國忠忌其才，謂拾遺吳豸之曰：「子能發陟罪乎？吾以御史相處。」豸之乃劾陟饋遺事，國忠又使甥壻韋元志左驗，陟惶悸，賂吉溫求救，由是俱得罪，陟貶桂嶺尉，坐不行，徙平樂。會安祿山陷洛陽，弟斌沒賊，國忠欲構陟與賊通，密諭守吏，令脅陟使憂死，州豪傑共說曰：「昔張說被竄，匿陳氏以免。今若詔書下，誰敢庇公？願公乘扁舟遁去，事寧乃出，不亦美乎？」陟慨然曰：「命當爾，其敢逃刑？」因謝遣，堅臥不出。

歲餘，肅宗即位，起爲吳郡太守，使者趣追，未至，會永王兵起，委陟招諭，乃授御史大夫、江東節度使。與高適、來瑱會安州，陟曰：「今中原未平，江淮騷離，若不齋盟質信，以示四方，知吾等協心戮力，則無以成功。」乃推瑱爲地主，爲載書，登壇曰：「淮西節度使瑱、江東節度使陟、淮南節度使適，銜國威命，糾合三垂，翦除兇慝，好惡同之，毋有異志。有渝此盟，墜命亡族，罔克生育。皇天后土，祖宗明神，實鑒斯言。」辭旨慷慨，士皆隕泣。

永王敗，帝趣陟赴鳳翔。初，季廣琛從永王亂，非其本謀，陟表廣琛爲歷陽太守，尉安之。至是，恐廣琛有後變，乃馳往諭詔恩釋其疑，而後趣召。帝雅聞陟名，欲倚以相，及是遷延，疑有顧望意，止除御史大夫。會杜甫論房琯，詞意迂慢，帝令陟與崔光遠、顏眞卿按之，陟奏：「甫言雖狂，不失諫臣體。」帝繇是疏之。富平人將軍王去榮殺其縣令，帝將宥之，陟曰：「昔漢高帝約法，殺人者死。今陛下殺人者生，恐非所宜。」時朝廷尙新，羣臣班殿中，有相弔哭者，帝以陟不任職，用顏眞卿代之，更拜吏部尙書。久之，宗人伐墓柏，坐不相教，貶絳州刺史。還授太常卿。呂諲入輔，薦爲禮部尙書、東京留守。史思明逼伊、洛，李光弼議守河陽，陟率東京官屬入關避之，詔授吏部尙書，令就保永樂，以圖收復。卒，年六十五，贈荆州大都督。

陟早有名，而爲林甫、國忠擯廢。及肅宗擇相，自謂必得，以後至不用。任事者皆新進，望風憚之，多言其驕倨。及入關，又不許至京師。鬱鬱不得志，成疾，且卒，歎曰：「吾道窮於此乎！」性侈縱，喜飾服馬，侍兒閹童列左右常數十，侔於王宮主第。窮治饌羞，擇膏腴地蓺穀麥，以鳥羽擇米，每食視庖中所棄，其直猶不減萬錢，宴公侯家，雖極水陸，曾不下筯。常以五采牋爲書記，使侍妾主之，其裁答受意而已，皆有楷法，陟唯署名，自謂所書「陟」字若五朵雲，時人慕之，號「郇公五雲體」。然家法脩整，敕子允就學，夜分視之，見其勤，且日問安，色必怡；稍怠則立堂下不與語。雖家僮數十，然應門賓客，必允主之。

永泰元年，贈尙書左僕射。太常博士程皓議謚「忠孝」，顏眞卿以爲許國養親不兩立，不當合二行爲謚，主客員外郎歸崇敬亦駁正之。右僕射郭英乂無學術，卒用太常議云。

斌，父爲相時授太子通事舍人。少脩整，好文蓺，容止嚴峭，有大臣體，與陟齊名。

開元中，薛王業以女妻之，遷祕書丞。天寶中，爲中書舍人，兼集賢院學士，改太常少卿。時陟李林甫構韋堅獄，斌以宗累，貶巴陵太守，移臨汝。久之，拜銀青光祿大夫，列五品。時陟守河東，而從兄由爲右金吾衞將軍，紹爲太子少師，四第同時列戟，衣冠罕比者。祿山陷洛陽，斌爲賊得，署以黃門侍郎，憂憤卒。乾元元年，贈祕書監。

斌天性質厚，每朝會，不敢離立笑言。嘗大雪，在廷者皆振裾更立，斌不徙足，雪甚，幾至韈，亦不失恭。

子沇，少隱王屋山，孔述睿稱之，及述睿以諫議大夫召，薦沇爲右拾遺，不拜。未幾，以起居郎召，半歲，輒棄官去，徙家龍門。除司封員外郎，稱疾固辭。元和初，授諫議大夫，勉諭到職，數月，乞骸骨，以太子左庶子致仕，卒。沇雖世貴，而志沖遠，不爲聲利所遷，當時重其風操。

叔夏，安石兄。通禮家學。叔父太子詹事琨嘗曰：「而能繼漢丞相業矣。」擢明經第，歷太常博士。高宗崩，卹禮亡缺，叔夏與中書舍人賈大隱、博士裴守眞譔定其制，擢春官員外郎。武后拜洛，享明堂，凡所沿改，皆叔夏、祝欽明、郭山惲等所裁討。每立一議，衆咨服之。累遷成均司業。后又詔：「五禮儀物，司禮博士有所脩革，須叔夏、欽明等評處，然後以聞。」進位春官侍郎。中宗復位，轉太常少卿，爲建立廟社使，進銀青光祿大夫，累封沛郡公，國子祭酒。卒，贈兗州都督、脩文館學士，謚曰文。子紹。

紹，開元時歷集賢脩撰、光祿卿，遷太常。

唐興，禮文雖具，然制度時時繆缺不倫。至顯慶中，許敬宗建言：「籩豆以多爲貴，宗廟乃踰于天，請大祀十二、中祀十、小祀八。大祀、中祀，簠、簋、㽅、俎皆一，小祀無㽅。」詔可。二十三年，赦令以籩豆之薦，未能備物，宜詔禮官學士共議以聞。紹請「宗廟籩豆皆加十二」。又言「郊奠，爵容止一合，容小則陋，宜增大之」。

兵部侍郎張均、職方郎中韋述議曰：「禮：『天之所生，地之所長，苟可薦者，莫不咸在。』聖人知孝子之情深，而物類無限，故爲之節，使物有品，器有數，貴賤差降，不得相越。周制：王，食用六穀，膳用六牲，飲用六清，羞用百有二十品，珍用八物，醬用百有二十甕，而以四籩、四豆供祭祀。此祀與賓客豐省不得同，舊矣。且嗜好燕私之饌，與時而遷，故聖人一約以禮。雖平生所嗜，非禮則不薦；所惡，是禮則不去。屈建命去祥祭之芰曰：『祭典有之，不羞珍異，不陳庶侈。』此則禮外之食，前古不薦。今欲以甘旨肥濃皆充於祭，苟踰舊制，其何極焉。雖籩豆有加，不能備也。若曰以今之珍，生所嗜愛，求神無方，是簠、簋可去，而盤、盂、杯、案當御矣；韶、護可抵，而笙簧、笙、笛應奏矣。且自漢以來，陵有寢宮，歲時朔望，薦以常饌，固可盡孝子之心。至宗廟法享，不可變古從俗。有司所承，一升爵，五升散。禮，凡宗廟，貴者以爵，賤者以散，此貴小賤大，以示節儉。請如故。」

太子賓客崔沔曰：「古者，有所飲食，必先嚴獻，未火化，則有毛血之薦，未麴蘖，則有玄酒之奠。至後王，作酒醴、用犧牲，故有三牲、八簋、五齊、九獻。然神尚玄，可存而不可測也；祭主敬，可備而不可廢也。蓋薦貴新，味不尚褻，雖曰備物，猶有節制存焉。鉶、俎、籩、豆、簠、簋、尊、罍，周人時饌也，其用通於燕享賓客，周公乃與毛血玄酒共薦。晉中郎盧諶家祭，皆晉日食，則當時之食，不可闕於祀已。唐家清廟時享，禮饌備進，周法也；園寢上食，時膳具陳，漢法也。職貢助祭，致遠物也；有新必薦，順時令也。苑囿躬稼所入，蒐田親發所中，皆因宜以薦，薦而後食。則濃腴鮮美盡在矣。又敕有司著于令，不必加籩豆之數也。大凡祭器，視物所宜。故大羹，古饌也，盛以甑，甑，古器也；和羹，時饌也，盛以鉶，鉶，時器也。有古饌而用時器者，則毛血于盤，玄酒于尊。未有進時饌用古器者，古質而今文，有所不稱也。雖加籩豆十二，未足盡天下之美，而措諸廟，徒以近侈而見訾抵。臣聞墨家者流，出於清廟，是廟貴儉不尚奢也。」

禮部員外郎楊仲昌、戶部郎中陽伯成、左衞兵曹參軍劉秩等，請如舊禮便。宰相白奏，玄宗曰：「朕承祖宗休德，享祀粢盛，實貴豐絜。有如不應於法，亦不敢用。」乃詔太常，擇品味可增者稍加焉。縚又請「室加籩、豆各六，每四時以新果珍羞實之」。制「可」。又詔：「獻爵視藥升所容，以合古。」

二十三年，詔書服紀所未通者，令禮官學士詳議。縚上言：「禮喪服：舅，緦麻三月。從母，小功五月，傳曰：『何以小功，以名加也。』而堂姨、舅母，恩所不及焉。外祖父母，小功五月，傳曰：『何以小功，以尊加也。』舅，緦麻三月，皆情親而屬疏也。外祖正尊；服同從母；姨、舅一等，而有輕重；堂姨、舅親未疏，不相爲服；親舅母不如同爨。其亦古意有所未暢。且外祖小功，此爲正尊，請進至大功；姨、舅儕親，服宜等，請進舅至小功；堂姨舅以疏降親舅從母一等；親舅母古未有服，請從祖免。」

於是韋述議曰：「自高祖至玄孫幷身謂之九族。由近及遠，差其輕重，遂爲五服。傳曰：『外親服皆緦。』鄭玄曰：『外親之服異姓，正服不過緦。』外祖父母小功，以尊加；從母小功，以名加；舅、甥、外孫、中外昆弟，皆緦。以匹言之，外祖則祖也，舅則伯叔也，父母之恩不殊，而獨殺於外者有以也。禽獸知母而不知父，野人則父母等，都邑之士則知尊禰，大夫則知尊祖，諸侯及太祖，天子及始祖。聖人究天道，厚祖禰，繫姓族，親子孫，則母黨之於本族，不同明甚。家無二尊，喪無二斬，人之所奉，不可貳也。爲人後，降其父母喪。女子嫁，殺其家之喪。所存者遠，抑者私也。若外祖及舅加一等，而堂舅及姨著服，則中外其別幾何？且五服有上殺之義，伯叔父母服大功，從父昆弟亦大功，以其出於祖，服不得過於祖也。從祖祖父母、從祖父母、從祖昆弟皆小功，以其出於曾祖，服不得過曾祖也。族祖祖父母、族祖父母、族昆弟皆緦，以其出於高祖，服不得過高祖也。堂姨、舅出外曾祖，若爲之服，則外曾祖父母、外伯叔祖父母亦可制服矣。外祖至大功，則外曾祖小功、外高祖緦。推而廣之，與本族無異。棄親錄疏，不可謂順。且服皆有報，則堂甥、外曾孫、姪女之子皆當服。聖人豈薄其骨肉恩愛哉？蓋本於公者末於私，義有所斷，不得不然。苟可加也，則可減也，如是，禮可隳矣。請如古便。」楊仲昌又言：「舅服小功，魏徵嘗進之矣。今之所請，正同徵論。堂舅、堂姨、舅母，皆升祖免，則外祖父母進至大功，不加報於外孫乎？外孫而報以大功，則本宗之庶孫用何等邪？」

帝手敕曰：「朕謂親姨、舅服小功，則舅母於舅有三年之喪，不得全降於舅，宜服緦。堂姨、舅古未有服，朕思睦厚九族，宜祖免。古有同爨緦，若比堂姨、舅於同爨，不已厚乎？傳曰：『外親服皆緦。』是亦不隔堂姨、舅也。若謂所服不得過本，而復爲外曾祖父母、外伯叔父母制服，亦何傷？皆親親敦本意也。」

侍中裴耀卿、中書令張九齡、禮部尚書李林甫奏言：「外服無降，甥爲舅母服，舅母亦報之。夫之甥既報，則夫之姨、舅又當服，恐所引益疏。臣等愚，皆所不及。」詔曰：「從服六，此其一也。降殺於禮無文，皆自身率親爲之數。姨、舅屬近，以親言之，亦姑伯之匹，可曰所引疏耶？婦人從夫者也，夫於姨舅既服矣，從夫而服，是謂睦親。卿等宜熟計。」耀卿等奏言：「舅母緦，堂姨舅袒免。請準制旨，自我爲古，罷諸儒議。」制曰：「可。」

初，帝詔歲率公卿迎氣東郊，至三時，常以孟月讀時令於正寢。二十六年，詔紹月奏令一篇，朔日於宣政側設榻，東向置案，紹坐讀之，諸司官長悉升殿坐聽。歲餘，罷。

高宗上元三年，將祫享。議者以禮緯三年祫，五年禘；公羊家五年再殷祭。二家舛互，諸儒莫能決。太學博士史玄璨曰：「春秋：僖公三十三年十二月薨。文公之二年八月丁卯，大享。公羊曰：『祫也。』則三年喪畢，新君之二年當祫，明年當禘羣廟。又宣公八年，禘僖公。宣公八年皆有禘，則後禘距前禘五年。此則新君之二年祫、三年禘爾。後五年再殷祭，則六年當祫，八年禘。昭公十年，齊歸薨。十三年，喪畢當祫，爲平丘之會。冬，公如晉，至十四年祫，十五年禘。傳曰『有事於武宮』是也。至十八年祫，二十年禘；二十三年祫，二十五年禘。昭公二十五年『有事於襄宮』是也。則禘後三年而祫，又二年而禘，合於禮。」議遂定。後睿宗喪畢，祫於廟。至開元二十七年，禘祭五，祫祭七。是歲，紹奏：「四月嘗巳禘，孟冬又祫，祀禮叢數，請以夏禘爲大祭之源。」自是相循，五年再祭矣。

縉終太子少師。

抗者，安石從父兄子。弱冠舉明經，累官吏部郎中。景雲初，爲永昌令，輦轂繁要，抗不事威刑而治，前令無及者。遷右御史臺中丞，邑民詣闕留，不聽，乃立碑著其惠。開元三年，自太子左庶子爲益州大都督府長史，授黃門侍郎。河曲胡康待賓叛，詔持節慰撫。抗於武略非所長，稱疾逗留，不及賊而返。俄代王晙爲御史大夫，兼按察京畿。弟拯方爲萬年令，兄弟領本部，時以爲榮。坐薦御史非其人，授安州都督，改蒲州刺史。入爲大理卿，進刑部尚書，分掌吏部選，卒。抗歷職以清儉，不治產，及終無以葬，玄宗聞之，特給槥車。贈太子少傅，謚曰貞。

所表奉天尉梁昇卿、新豐尉王倕、華原尉王燾，皆爲僚屬，後皆爲顯人。昇卿涉學工書，於八分尤工，歷廣州都督，書東封朝覲碑，爲時絕筆。倕累遷河西節度使，天寶中，功聞于邊。它所辟舉，如王維、王縉、崔殷等，皆一時選云。

郭震字元振，魏州貴鄉人，以字顯。長七尺，美須髯，少有大志。十六，與薛稷、趙彥昭同爲太學生，家嘗送資錢四十萬，會有縗服者叩門，自言「五世未葬，願假以治喪」。元振舉與之，無少吝，一不質名氏。稷等嘆駭。

十八舉進士，爲通泉尉。任俠使氣，撥去小節，嘗盜鑄及掠賣部中口千餘，以餉遺賓客，百姓厭苦。武后知所爲，召欲詰，既與語，奇之，索所爲文章，上寶劍篇，后覽嘉歎，詔示學士李嶠等，即授右武衞鎧曹參軍，進奉宸監丞。

會吐蕃乞和，其大將論欽陵請罷四鎮兵，披十姓之地，乃以元振充使，因覘虜情。還，上疏曰：

利或生害，害亦生利。國家所患，唯吐蕃與默啜耳，今皆和附，是將大利於中國也。若圖之不審，害且隨之。欽陵欲裂十姓地，解四鎮兵，此動靜之機，不可輕也。若直遏其意，恐邊患必甚於前，宜以策緩之，使其和望勿絕，而惡不得萌，固當取捨審也。夫患在外者，十姓、四鎮是也；患在內者，甘、涼、瓜、肅是也。關隴屯戍，向三十年，力用困竭，脫甘、涼有一日警，豈堪廣調發耶？

善爲國者，先料內以敵外，不貪外以害內，然後安平可保。欽陵以四鎮近己，畏我侵掠，此吐蕃之要；然青海、吐渾密邇蘭、鄯，易爲我患，亦國家之要。今宜報欽陵曰：「四鎮本扼諸蕃走集，以分其力，使不得併兵東侵。今委之，則蕃力益彊，易以擾動。保後無東意，當以吐渾諸部、青海故地歸於我，則俟斤部落還吐蕃矣。」此足杜欽陵口，而和議未絕。且四鎭久附，其倚國之心，豈與吐蕃等？今未知利害情實而分裂之，恐傷諸國意，非制御之算。

后從之。

又言：「吐蕃倦徭戍久矣，咸願解和；以欽陵欲裂四鎭，專制其國，故未歸款。陛下誠能歲發和親使，而欽陵常不從，則其下必怨，設欲大舉，固不能，斯離間之漸也。」后然其計。後數年，吐蕃君臣相猜攜，卒誅欽陵，而其弟贊婆等來降，因詔元振與河源軍大使夫蒙令卿率騎往迎。授主客郎中。

久之，突厥、吐蕃聯兵寇涼州，后方御洛城門宴，邊遽至，因輟樂，拜元振爲涼州都督，卽遣之。初，州境輪廣纔四百里，虜來必傅城下。元振始於南硤口置和戎城，北磧置白亭軍，制束要路，遂拓境千五百里，自是州無虜憂。又遣甘州刺史李漢通闢屯田，盡水陸之利，稻收豐衍。舊涼州粟斛售數千，至是歲數登，至匹縑易數十斛，支廥十年，牛羊被野。治涼五歲，善撫御，夷夏畏慕，令行禁止，道不舉遺。河西諸郡置生祠，揭碑頌德。

神龍中，遷左驍衞將軍、安西大都護。西突厥酋烏質勒部落盛彊，款塞願和，元振卽牙帳與計事。會大雨雪，元振立不動，至夕凍冽；烏質勒已老，數拜伏，不勝寒，會罷卽死。其子娑葛以元振計殺其父，謀勒兵襲擊，副使解琬知之，勸元振夜遁，元振不聽，堅臥營爲不疑者。明日，素服往弔，道逢娑葛兵，虜不意元振來，遂不敢逼，揚言迎衞。進至其帳，脩弔贈禮，哭甚哀，爲留數十日助喪事，娑葛感義，更遣使獻馬五千、駝二百、牛羊十餘萬。制詔元振爲金山道行軍大總管。

烏質勒之將闕啜忠節與娑葛交怨，屢相侵，而闕啜兵弱不支。元振奏請追闕啜入宿衞，徙部落置瓜、沙間。詔許之。闕啜遂行。至播仙城，遇經略使周以悌，以悌說之曰：「國家厚秩待君，以部落有兵故也。今獨行入朝，一羇旅胡人耳，何以自全？」乃教以重寶賂宰相，無入朝；請發安西兵導吐蕃以擊娑葛；求阿史那獻爲可汗以招十姓；請郭虔瓘使拔汗那蒐其鎧馬以助軍，既得復讎，部落更存。闕啜然之，即勒兵擊于闐坎城，下之。因所獲，遣人間道齎黃金分遺宗楚客、紀處訥，使就其謀。元振知之，上疏曰：

國家往不與吐蕃十姓、四鎮而不擾邊者，蓋其諸豪泥婆羅等屬國自有攜貳，故贊普南征，身殞寇庭，國中大亂，嫡庶競立，將相爭權，自相翦屠，士畜疲癘，財力困窮，顧人事、天時兩不諧契，所以屈志於漢，非實忘十姓、四鎮也。如其有力，後且必爭。今忠節忽國家大計，欲爲吐蕃鄉導主人，四鎮危機恐從此啓。吐蕃得志，忠節亦當在賊掌股，若爲復得事我哉？往吐蕃於國無有恩力，猶欲爭十姓、四鎮；今若效力樹恩，則請分于闐、疏勒者，欲何理抑之？且其國諸蠻及婆羅門方自嫌阻，藉令求我助討者，亦何以拒之？是以古之賢人，不願夷狄妄惠，非不欲其力，懼後求無厭，益生中國事也。臣愚以爲用吐蕃之力，不見其便。

又請阿史那獻者，豈非以可汗子孫能招綏十姓乎？且斛瑟羅及懷道與獻父元慶、叔僕羅、兄俀子，俱可汗子孫也。往四鎭以他匐十姓之亂，請元慶爲可汗，卒亦不能招來，而元慶沒賊，四鎭淪陷。忠節亦嘗請以斛瑟羅及懷道爲可汗矣，十姓未附而碎葉幾危。又吐蕃亦嘗以俀子、僕羅幷拔布爲可汗矣，亦不能得十姓而皆自亡滅，此非它，其子孫無惠下之才，恩義素絕故也。豈止不能招懷，且復爲四鎭患，則册可汗子孫其效固試矣。獻又遠於其父兄，人心何繇卽附，若兵力足取十姓，不必要須可汗子孫也。

又請以郭虔瓘蒐兵稅馬於拔汗那。往虔瓘已嘗與忠節擅入其國，臣時在疏勒，不聞得一甲一馬，而拔汗那挾忿侵擾，南導吐蕃，將俀子，以擾四鎭。且虔瓘往至拔汗那國，四面無助，若履虛邑，猶引俀子爲敵。況今北有娑葛，知虔瓘之西，必引以相援，拔汗那倚堅城而抗于內，突厥邀伺于外，虔瓘等豈能復如往年得安易之幸哉？

疏奏不省。

楚客等因建遣攝御史中丞馮嘉賓持節安撫闕啜，以御史呂守素處置四鎭，以牛師奬爲安西副都護，代元振領甘、涼兵，召吐蕃併力擊娑葛。娑葛之使娑臘知楚客謀，馳報之。娑葛怒，即發兵出安西、撥換、焉耆、疏勒各五千騎。於是闕啜在計舒河與嘉賓會，娑葛兵奄至，禽闕啜，殺嘉賓，又殺呂守素於僻城、牛師奬於火燒城，遂陷安西，四鎮路絕。元振屯疏勒水上，未敢動。楚客復表周以悌代元振，且以阿史那獻爲十姓可汗，置軍焉耆以取娑葛。娑葛遺元振書，且言：「無仇于唐，而楚客等受闕啜金，欲加兵擊滅我，故懼死而鬬。且請斬楚客。」元振奏其狀。楚客大怒，誣元振有異圖，召將罪之。元振使子鴻間道奏乞留定西土，不敢歸京師。以悌乃得罪，流白州，而赦娑葛。

睿宗立，召爲太僕卿。將行，安西酋長有剺面哭送者，旌節下玉門關，去涼州猶八百里，城中爭具壺漿歡迎，都督嗟歎以聞。景雲二年，進同中書門下三品，遷吏部尚書，封館陶縣男。先天元年，爲朔方軍大總管，築豐安、定遠城，兵得保頓。明年，以兵部尚書復同中書門下三品。

玄宗誅太平公主也，睿宗御承天門，諸宰相走伏外省，獨元振總兵扈帝，事定，宿中書者十四昔乃休。進封代國公，實封四百戶，賜一子官，物千段。俄又兼御史大夫，復爲朔方大總管，以備突厥。未行，會玄宗講武驪山，既三令，帝親鼓之，元振遽奏禮止，帝怒軍容不整，引坐纛下，將斬之。劉幽求、張說扣馬諫曰：「元振有大功，雖得罪，當宥。」乃赦死，流新州。開元元年，帝思舊功，起爲饒州司馬，快快不得志，道病卒，年五十八。十年，贈太子少保。

元振雖少雄邁，及貴，居處乃儉約，手不置書，人莫見其喜慍。建宅宣陽里，未嘗一至諸院廄。自朝還，對親欣欣，退就室，儼如也。距國初仕至宰相而親具者，唯元振云。

贊曰：魏、韋皆感概而奮，似矣。及在昏上側臣間，臨機會，不一引手椹姦邪之謀，誠可鄙哉。至孽后蠱主以烝謵撼宗社，亦不肯從也。古所謂具臣者。諒乎，元振功顯節完，一跌未復，世恨其蚤歿云。

唐書卷一百二十三

列傳第四十八

李嶠　蕭至忠　盧藏用　韋巨源　趙彥昭　和逢堯

李嶠字巨山，趙州贊皇人。早孤，事母孝。爲兒時，夢人遺雙筆，自是有文辭，十五通五經，薛元超稱之。二十擢進士第，始調安定尉。舉制策甲科，遷長安。時畿尉名文章者，駱賓王、劉光業，嶠最少，與等夷。

授監察御史。高宗擊邕、巖二州叛獠，詔監其軍，嶠入洞喻降之，由是罷兵。稍遷給事中。會來俊臣構狄仁傑、李嗣眞、裴宣禮等獄，將抵死，敕嶠與大理少卿張德裕、侍御史劉憲覆驗，德裕等內知其冤，不敢異。嶠曰：「知其枉不申，是謂見義不爲者。」卒與二人列其枉，忤武后旨，出爲潤州司馬。久乃召爲鳳閣舍人，文册大號令，多主爲之。

初置右御史臺，察州縣吏善惡、風俗得失，嶠上疏曰：「禁網上疏，法象宜簡，簡則法易行而不煩雜，疏則所羅廣而不苛碎。伏見垂拱時，諸道巡察使科條四十有四，至別敕令又三十。而使以三月出，盡十一月奏事，每道所察吏，多者二千，少亦千計，要在品覈才行而褒貶之。今期會迫促，奔逐不暇，欲望詳究所能，不亦艱哉。此非隳於職，才有限，力不逮耳。臣願量其功程以爲節制，使器周於用，力濟於時，然後得失可以精覈矣。」又言：「今所察按，準漢六條而推廣之，則無不包矣，烏在多張事目也？且朝廷萬機非無事，而機事之動，常在四方，故出使者冠蓋相望。今已置使，則外州之事悉得專之，傳驛減矣。請率十州置一御史，以期歲爲之限，容其身到屬縣，過閭里，督察姦訛，采風俗，然後可課其成功。且御史出入天禁，勵己自脩，比他吏相百也。按劾回庯，糾擿隱欺，比他吏相十也。陛下誠用臣言，妙擇能者委之，莫不盡力効死矣。」武后善之，下制析天下爲二十道，擇堪使者。爲衆議沮止。

俄知天官侍郎事，進麟臺少監、同鳳閣鸞臺平章事。遷鸞臺侍郎。會張錫輔政，嶠，其出也，罷爲成均祭酒。俄檢校文昌左丞，留守東都。長安三年，以本官復爲平章事，知納言。遷內史，嶠辭劇，復爲成均祭酒、平章事。

武后將建大像於白司馬坂，嶠諫：「造像雖俾浮屠輸錢，然非州縣承辦不能濟，是名雖不稅而實稅之。臣計天下編戶，貧弱者衆，有賣舍、帖田供王役者。今造像錢積十七萬緡，若頒之窮人，家給千錢，則紓十七萬戶飢寒之苦，德無窮矣。」不納。

張易之敗，坐附會貶豫州刺史，未行，改通州。數月，以吏部侍郎召，俄遷尙書。神龍二年，代韋安石爲中書令。

嶠在吏部時，陰欲藉時望復宰相，乃奏置員外官數千。既吏衆猥，府庫虛耗，乃上書歸咎于時，因蓋向非，曰：

元首之尊，居有重門擊柝之衞，出有清警戒道之禁，所以備非常，息異望，誠不可易舉動，慢防閑也。陛下厭崇邃，輕尊嚴，微服潛游，閱廛過市，行路私議，朝廷驚懼，如禍產意外，縱不自惜，奈宗廟蒼生何？

又分職建官，不可以濫。傳曰：「官不必備，惟其人。」自帝室中興，以不愼爵賞爲惠，冒級躐階，朝陞夕改，正闕不給，加以員外。內則府庫爲殫，外則黎庶蒙害，非求賢助治之道也。願愛惜班榮，息匪服之議。今文武六十以上，而天造含容，皆矜恤之。老病者已解還授，員外者旣遣復留，恐非所以消敝救時也。請敕有司料其可用進，不可用退。又遠方夷人不堪治事，國家向務撫納而官之，非立功酋長，類糜俸祿。願商度非要者，一切放還。

又易稱：「何以守位曰仁，何以聚人曰財。」今百姓乏窶，不安居處，不可以守位。倉儲蕩耗，財力傾殫，不足以聚人。山東病水潦，江左困輸轉。國匱於上，人窮於下。如令邊埸少竦，恐逋亡遂多，盜賊羣行，何財召募？何衆閑遏乎？又崇作寺觀，功費浩廣。今山東歲饑，糟糠不厭。而投艱阨之會，收庸、調之半，用吁嗟之物，以榮土木，恐怨結三靈，謗蒙四海。

又比緣征戍，巧詐百情，破役隱身，規脫租賦。今道人私度者幾數十萬，其中高戶多丁，黠商大賈，詭作臺符，羼名僞度。且國計軍防，並仰丁口，今丁皆出家，兵悉入道，征行租賦，何以備之？

又重賂貴近，補府若史，移沒籍產，以州縣甲等更爲下戶。當道城鎭，至無捉驛者，役逮小弱，卽破其家。願許十道使訪察括取，使姦猾不得而隱。

又太常樂戶已多，復求訪散樂，獨持大鼓者已二萬員，願量留之，餘勒還籍，以杜妄費。

中宗以嶠身宰相，乃自陳失政，丐罷官，無所嫁非，手詔詰讓。嶠惶恐，復視事。三年，加脩文館大學士，封趙國公，以特進同中書門下三品。睿宗立，罷政事，下除懷州刺史，致仕。初，中宗崩，嶠嘗密請相王諸子不宜留京師。及玄宗嗣位，獲其表宮中，或請誅之。張說曰：「嶠誠懵逆順，然爲當時謀，吠非其主，不可追罪。」天子亦顧數更赦，遂免，貶滁州別駕，聽隨子虔州刺史暢之官。改廬州別駕，卒，年七十。

嶠富才思，有所屬綴，人多傳諷。武后時，汜水獲瑞石，嶠爲御史，上皇符一篇，爲世譏薄。然其仕前與王勃、楊盈川接，中與崔融、蘇味道齊名，晚諸人沒，而爲文章宿老，一時學者取法焉。

蕭至忠，沂州丞人。祖德言，爲祕書少監。至忠少與友期諸路，會雨雪，人引避，至忠曰：「寧有與人期可以失信？」卒友至乃去，衆歎服。仕爲伊闕、洛陽尉。遷監察御史，劾奏鳳閣侍郎蘇味道贓貪，超拜吏部員外郎。至忠長擊斷，譽聞當時。中宗神龍初，爲御史中丞。始，至忠爲御史，而李承嘉爲大夫，嘗讓諸御史曰：「彈事有不咨大夫，可乎？」衆不敢對，至忠獨曰：「故事，臺無長官。御史，天子耳目也，其所請奏當專達，若大夫許而後論，即劾大夫者，又誰白哉？」承嘉慚。至是，承嘉爲戶部尚書，至忠劾祝欽明、竇希玠與承嘉等罪，百寮震悚。遷吏部侍郎，猶兼中丞。

節愍太子以兵誅武三思而敗，宗楚客等諗侍御史冉祖雍上變，言相王與太子謀。帝欲按之，至忠泣曰：「往者，天后欲以相王爲太子，而王不食累日，獨請迎陛下，其讓德天下莫不聞。陛下貴爲天子，不能容一弟，受人羅織耶？竊爲陛下不取。」帝納其言，止。尋授中書侍郎、同中書門下平章事。上疏陳時政曰：

求治之道，首于用賢。苟非其才則官曠，官曠則事廢，事廢則人殘，歷代所以陵遲者此也。今授職用人，多因貴要爲粉飾，上下相蒙，苟得爲是。夫官爵，公器也；恩倖，私惠也。王者正可金帛富之，粱肉食之，以存私澤也。若公器而私用之，則公義不行而勞人解體，私謁開而正言塞。日朘月削，卒見凋弊。

今列位已廣，冗員復倍。陛下降不訾之澤，近戚有無厓之請，臺閣之內，朱紫充滿，官秩益輕，恩賞彌數。才者不用，用者不才，故人不効力，官匪其人，欲求治固難矣。

又宰相要官子弟，多居美爵，並罕才藝，而更相誘託。詩云：「私人之子，百寮是試。或以其酒，不以其漿，鞙鞙佩璲，不以其長。」此言王政不平而衆官廢職，私家子列試榮班，徒長其佩爾。臣願陛下愛惜爵賞，官無虛授，進大雅以樞近，退小人於閑左，使政令惟一，私不害公，則天下幸甚。且貞觀故事，宰相子弟多居外職：非直抑彊宗，亦以擇賢才爾。請自宰相及諸司長官子弟，並授外官，共寧百姓，表裏相統。

帝不納。俄爲侍中、中書令。時楚客懷姦植黨，而韋巨源、楊再思、李嶠務自安，無所弼正，至忠介其間，獨不詭隨，時望翕然歸重。帝亦曰：「宰相中，至忠最憐我。」韋后嘗爲其弟洵與至忠殤女冥婚。至忠又以女妻后舅崔從禮子無詖。兩家合禮，帝主蕭，后主崔，時謂「天子嫁女，皇后娶婦」。

唐隆元年，以后黨應坐，而太平公主爲言，出爲晉州刺史，治有名。默啜遣大臣來朝，見至忠風采，逡巡畏俯，謂人曰：「是宜相天子，何乃居外乎？」太平寖用事，至忠乃自附納，且丐還，主以至忠子任千牛死韋氏難，意怨望易動，能助己，請于帝。拜刑部尚書，復爲中書令，封酇國公，乃參主逆謀。先天二年，主敗，至忠遁入南山。數日，捕誅之，籍其家。

至忠始在朝，有風望，容止閑敏，見推爲名臣。外方直，糾擿不法，而內無守，觀時輕重而去就之。始爲御史，桓彥範等頗引重。五王失政，更因武三思得中丞，附安樂公主爲宰相。及韋氏敗，遽發韋洵壟，持其女柩歸。後依太平，復當國。嘗出主第，遇宋璟，璟戲曰：「非所望於蕭傅。」至忠曰：「善乎宋生之言。」然不能自返也。娣嫁蔣欽緒，欽緒每戒之，至忠不聽。歎曰：「九世卿族，一舉而滅之，可哀也已！」不喜接賓客，以簡儉自高，故生平奉賜，無所遺施，及籍沒，珍寶不可計。然玄宗賢其爲人，後得源乾曜，亟用之，謂高力士曰：「若知吾進乾曜遽乎？吾以其貌言似蕭至忠。」力士曰：「彼不嘗負陛下乎？」帝曰：「至忠誠國器，但晚謬爾，其始不謂之賢哉？」

弟元嘉，工部侍郎；廣微，工部員外郎。

盧藏用字子潛，幽州范陽人。父璥，魏州長史，號才吏。藏用能屬文，舉進士，不得調。與兄徵明偕隱終南、少室二山，學練氣，爲辟穀，登衡、廬，彷洋岷、峨。與陳子昂、趙貞固友善。

長安中，召授左拾遺。武后作興泰宮於萬安山，上疏諫曰：「陛下離宮別觀固多矣，又窮人力以事土木，臣恐議者以陛下爲不愛人而奉己也。且頃歲穀雖頗登，而百姓未有儲。陛下巡幸，訖靡休息，斤斧之役，歲月不空，不因此時施德布化，而又廣宮苑，臣恐下未易堪。今左右近臣，以諛意爲忠，犯忤爲患，至令陛下不知百姓失業，百姓亦不知左右傷陛下之仁也。忠臣不避誅震以納君於仁，明主不惡切詆以趨名于後。陛下誠能發明制，以勞人爲辭，則天下必以爲愛力而苦己也。不然，下臣此章，得與執事者共議。」不從。

姚元崇持節靈武道，奏爲管記。還應縣令舉，甲科，爲濟陽令。神龍中，累擢中書舍人，數糾駁僞官。歷吏部、黃門侍郎、脩文館學士。坐親累，降工部侍郎。進尙書右丞。附太平公主，主誅，玄宗欲捕斬藏用，顧未執政，意解，乃流新州。或告謀反，推無狀，流驩州。

會交趾叛，藏用有捍禦勞，改昭州司戶參軍，遷黔州長史，判都督事，卒于始興。

藏用善蓍龜九宮術，工草隸、大小篆、八分，善琴、弈，思精遠，士貴其多能。嘗以俗徇陰陽拘畏，乖至理，泥變通，有國者所不宜專。謂：「天道從人者也。古爲政者，刑獄不濫則人壽，賦斂省則人富，法令有常則邦寧，賞罰中則兵彊。禮者士所歸，賞者士所死，禮賞不倦，則士爭先。否者，雖揆時行罰，涓日出號，無成功矣。故任賢使能，不時日而利；明法審令，不卜筮而吉；養勞貴功，不禱祠而福。」乃爲析滯論以暢其方，世謂「知言」。子昂、貞固前死，藏用撫其孤有恩，人稱能終始交。始隱山中時，有意當世，人目爲「隨駕隱士」。晚乃徇權利，務爲驕縱，素節盡矣。司馬承禎嘗召至闕下，將還山，藏用指終南曰：「此中大有嘉處。」承禎徐曰：「以僕視之，仕宦之捷徑耳。」藏用慚。無子。

弟若虛，多才博物。隴西辛怡諫爲職方，有獲異鼠者，豹首虎臆，大如拳。怡諫謂之鼮鼠而賦之。若虛曰：「非也，此許慎所謂鼨鼠，豹文而形小。」一坐驚服。終起居郎，集賢院學士。

韋巨源與安石同系，後周京兆尹總曾孫。祖貞伯，襲鄖國公，入隋，改舒國。巨源有吏幹，武后時累遷夏官侍郎、同鳳閣鸞臺平章事。其治委碎無大體，句校省中遺隱，下符斂克不少蠲，雖收其利，然下所怨苦。坐李昭德累，貶鄜州刺史〔一〕。累拜地官尚書。

神龍初，以吏部尚書同中書門下三品。時要官缺，執政以次用其親，巨源秉筆，當除十人，楊再思得其一，試問餘授，皆諸宰相近屬。再思喟然曰：「吾等誠負天下。」巨源曰：「時當爾耳。」是時雖賢有德，終莫得進，士大夫莫不解體。會安石爲中書令，避親罷政事。

尋遷侍中，舒國公。韋后與敍昆弟，附屬籍。武三思封戶在貝州，屬大水，刺史宋璟議免其租，巨源以爲蠶桑可輸，繇是河朔人多流徙者。景龍二年，韋后自言衣笥有五色雲，巨源倡其僞，勸中宗宣布天下，帝從其言，因是大赦。巨源見帝昏惑，乃與宗楚客、鄭愔、趙延禧等推處祥妖，陰導韋氏行武后故事。俄遷尚書左僕射，仍知政事。帝方南郊，巨源請后爲亞獻，而自爲終獻。及臨淄王平諸韋，家人請避之，巨源曰：「吾大臣，無容見難不赴。」出都街，亂兵殺之，年八十。

睿宗立，贈特進、荆州大都督。博士李處直請謚爲「昭」，戶部員外郎李邕以巨源附武三思爲相，託韋后親屬，謚「昭」爲非。處直執不改，邕列陳其惡，不見用，然世皆直邕。韋氏自安石及武后時宰相待價、巨源皆近親，其族至大官者，又數十人。

趙彥昭字奐然，甘州張掖人。父武孟，少游獵，以所獲饋其母，母泣曰：「汝不好書而敖蕩，吾安望哉？」不爲食。武孟感激，遂力學，淹該書記。自長安丞爲右臺侍御史，著河西人物志十篇。

彥昭少豪邁，風骨秀爽。及進士第，調爲南部尉。與郭元振、薛稷、蕭至忠善。自新豐丞爲左臺監察御史。景龍中，累遷中書侍郎、同中書門下平章事。金城公主嫁吐蕃，始以紀處訥爲使，處訥辭，乃授彥昭。彥昭顧己處外，恐權寵奪移，不悅。司農卿趙履温曰：「公天宰，而爲一介使，不亦鄙乎！」彥昭問計安出，履温乃爲請安樂公主留之，遂以將軍楊矩代。睿宗立，出爲宋州刺史，坐累貶歸州。俄授涼州都督，爲政嚴，下皆股慄。入爲吏部侍郎，持節按邊。遷御史大夫。蕭至忠等誅，郭元振、張說言彥昭與祕謀，改刑部尚書、封耿國公，實封百戶。

彥昭本以權幸進，中宗時，有巫趙挾鬼道出入禁掖，彥昭以姑事之。嘗衣婦服，乘車與妻偕謁，其得宰相，巫力也。於是殿中侍御史郭震劾暴舊惡。會姚崇執政，惡其爲人，貶江州別駕，卒。

和逢堯，岐州岐山人。武后時，負鼎詣闕下上書，自言願助天子和飪百度。有司讓曰：「昔桀不道，伊尹負鼎于湯；今天子聖明，百司以和，尙何所調？」逢堯不能答，流莊州。十餘年，乃擧進士高第，累擢監察御史。

突厥默啜請尙公主，逢堯以御史中丞攝鴻臚卿，報可。默啜遣貴近頡利來曰：「詔送金鏤具鞍，乃塗金，非天子意。使者不可信，雖得公主，猶非實，請罷和親。」欲馳去，左右色動，逢堯呼曰：「我大國使，不受我辭，可輒去。」乃牽持其人謂曰：「漢法重女婿而送鞍具，欲安且久，不以金爲貴。可汗乃貪金而不貴信邪？」默啜聞曰：「漢使至吾國衆矣，斯食鐵石人，不可易。」因備禮以見。逢堯說之曰：「天子昔爲單于都護，思與可汗通舊好，可汗當嚮風慕義，襲冠冕，取重諸蕃。」默啜信之，爲斂髮紫衣，南面再拜稱臣，遣子入朝。逢堯以使有指，擢戶部侍郎。坐善太平公主，斥朗州司馬，終栯州刺史。逢堯詼詭，當大事敢儌福，故卒以附麗廢，然唐興奉使者稱逢堯。

贊曰：異哉，玄宗之器蕭至忠也，不亦惑乎！至忠本非賢，而寄賢以奸利，失之則邀利以喪賢，姻豔后，挾寵主，取宰相，謀間王室，身誅家破，遺臭無窮。而帝以乾曜似之，遽使當國，是帝舉不知至忠之不可用，又不知乾曜之所可用也。或稱帝不以罪掩才，益可怪嘆。嗚呼！力士誠腐夫庸人，不能發擿天子之迷，若曰「至忠賢於初，固不繆於末；旣繆於末，果不賢於初。惟陛下圖之」，如是，帝且悟往失而精來鑒已。其後相李林甫、將安祿山，皆基于不明，身播岷阪，信自取之歟。

校勘記

〔一〕貶鄜州刺史　「鄜」，各本及通鑑卷二〇五作「麟」，本書卷四則天紀、卷六一宰相表、舊書卷六則天紀、卷九二韋巨源傳俱作「鄜」。按本書卷三七及舊書卷三八地理志、元和志卷四，唐玄宗時始析勝州置麟州。「麟」當爲「鄜」之形訛，今改。

唐書卷一百二十四

列傳第四十九

姚崇 奕 合 勗 宋璟 渾

姚崇字元之，陝州硤石人。父懿，字善懿，貞觀中，爲嶲州都督，贈幽州大都督，謚文獻。

崇少倜儻，尚氣節，長乃好學。仕爲孝敬挽郎，舉下筆成章，授濮州司倉參軍。五遷夏官郎中，契丹擾河北，兵檄叢進，崇奏決若流，武后賢之，卽拜侍郎。后嘗語左右：「往周興、來俊臣等數治詔獄，朝臣相逮引，一切承反。朕意其枉，更畀近臣臨問，皆得其手牒不冤，朕無所疑，卽可其奏。自俊臣等誅，遂無反者，然則向論死得無冤邪？」崇曰：「自垂拱後，被告者類自誣。當是時，以告言爲功，故天下號曰『羅織』，甚於漢之鉤黨。雖陛下使近臣覆訊，彼尚不自保，敢一搖手以悖酷吏意哉！且被問不承，則重罹其慘，如張虔勗、李安靜等皆是也。今賴天之靈，發寤陛下，凶豎殲夷，朝廷乂安，臣以一門百口保內外官無復反者。陛下以告牒置弗推，後若反有端，臣請坐知而不告。」后悅曰：「前宰相務順可，陷我爲淫刑主，聞公之言，乃得朕心。」賜銀千兩。

聖曆三年，進同鳳閣鸞臺平章事。遷鳳閣侍郎，俄兼相王府長史，以母老納政歸侍，乃詔以相王府長史侍疾，月餘，復兼夏官尙書、同鳳閣鸞臺三品。崇建言：「臣事相王，而夏官本兵，臣非惜死，恐不益王。」乃詔改春官。張易之私有請於崇，崇不納，易之譖於后，降司僕卿，猶同鳳閣鸞臺三品。出爲靈武道大總管。

張柬之等謀誅二張，崇適自屯所還，遂參計議。以功封梁縣侯，實封二百戶。后遷上陽宮，中宗率百官起居，王公更相慶，崇獨流涕。柬之等曰：「今豈涕泣時邪？恐公禍由此始。」崇曰：「比與討逆，不足以語功，然事天后久，違舊主而泣，人臣終節也，由此獲罪甘心焉。」俄爲亳州刺史。後五王被害，而崇獨免。歷宋、常、越、許四州。睿宗立，拜兵部尙書、同中書門下三品，進中書令。

玄宗在東宮，太平公主干政，宋王成器等分典閑廄、禁兵。崇與宋璟建請主就東都，出諸王爲刺史，以壹人心。帝以謂主，主怒。太子懼，上疏以崇等甚間王室，請加罪，貶爲申州刺史。移徐、潞二州，遷揚州長史。政條簡肅，人爲紀德于碑。徙同州刺史。

先天二年，玄宗講武新豐。故事，天子行幸，牧守在三百里者，得詣行在。時帝亦密召崇，崇至，帝方獵渭濱，卽召見，帝曰：「公知獵乎？」對曰：「少所習也。臣年二十，居廣成澤，以呼鷹逐獸爲樂。張憬藏謂臣當位王佐，無自棄，故折節讀書，遂待罪將相。然少爲獵師，老而猶能。」帝悅，與俱馳逐，緩速如旨，帝歡甚。旣罷，乃咨天下事，衮衮不知倦。帝曰：「卿宜遂相朕。」崇知帝大度，銳于治，乃先設事以堅帝意，卽陽不謝，帝怪之。崇因跪奏：「臣願以十事聞，陛下度不可行，臣敢辭。」帝曰：「試爲朕言之。」崇曰：「垂拱以來，以峻法繩下；臣願政先仁恕，可乎？朝廷覆師青海，未有牽復之悔；臣願不倖邊功，可乎？比來壬佞冒觸憲網，皆得以寵自解；臣願法行自近，可乎？后氏臨朝，喉舌之任出閹人之口；臣願宦豎不與政，可乎？戚里貢獻以自媚于上，公卿方鎭寖亦爲之；臣願租賦外一絕之，可乎？外戚貴主更相用事，班序荒雜；臣請戚屬不任臺省，可乎？先朝褻狎大臣，虧君臣之嚴；臣願陛下接之以禮，可乎？燕欽融、韋月將以忠被罪，自是諍臣沮折；臣願羣臣皆得批逆鱗，犯忌諱，可乎？武后造福先寺，上皇造金仙、玉眞二觀，費鉅百萬；臣請絕道佛營造，可乎？漢以祿、莽、閻、梁亂天下，國家爲甚；臣願推此鑒戒爲萬代法，可乎？」帝曰：「朕能行之。」崇乃頓首謝。翌日，拜兵部尚書、同中書門下三品。封梁國公。遷紫微令。固辭實封，乃停舊食，賜新封百戶。

中宗時，近戚奏度僧尼，温戶彊丁因避賦役。至是，崇建言：「佛不在外，悟之于心。行事利益，使蒼生安穩，是謂佛理。烏用姦人以汩眞敎？」帝善之，詔天下汰僧僞濫，髮而農者餘萬二千人。

崇嘗於帝前序次郎吏，帝左右顧，不主其語。崇懼，再三言之，卒不答，崇趨出。內侍高力士曰：「陛下新即位，宜與大臣裁可否。今崇亟言，陛下不應，非虛懷納誨者。」帝曰：「我任崇以政，大事吾當與決，至用郎吏，崇顧不能而重煩我邪？」崇聞乃安。由是進賢退不肖而天下治。

開元四年，山東大蝗，民祭且拜，坐視食苗不敢捕。崇奏：「詩云：『秉彼蟊賊，付畀炎火。』漢光武詔曰：『勉順時政，勸督農桑。去彼螟蜮，以及蟊賊。』此除蝗誼也。且蝗畏人易驅，又田皆有主，使自救其地，必不憚勤。請夜設火，坎其旁，且焚且瘞，蝗乃可盡。古有討除不勝者，特人不用命耳。」乃出御史爲捕蝗使，分道殺蝗。汴州刺史倪若水上言：「除天災者當以德，昔劉聰除蝗不克而害愈甚。」拒御史不應命。崇移書誚之曰：「聰僞主，德不勝祅，今祅不勝德。古者良守，蝗避其境，謂脩德可免，彼將無德致然乎？今坐視食苗，忍而不救，因以無年，刺史其謂何？」若水懼，乃縱捕，得蝗十四萬石。時議者喧譁，帝疑，復以問崇，對曰：「庸儒泥文不知變。事固有違經而合道，反道而適權者。昔魏世山東蝗，小忍不除，至人相食；後秦有蝗，草木皆盡，牛馬至相噉毛。今飛蝗所在充滿，加復蕃息。且河南、河北家無宿藏，一不穫則流離，安危繫之。且討蝗縱不能盡，不愈於養以遺患乎？」帝然之。黃門監盧懷慎曰：「凡天災安可以人力制也！且殺蟲多，必戾和氣。願公思之。」崇曰：「昔楚王吞蛭而厥疾瘳，叔敖斷虵福乃降。今蝗幸可驅，若縱之，穀且盡，如百姓何？殺蟲救人，禍歸於崇，不以諉公也！」蝗害訖息。

於是，帝方躬萬機，朝夕詢逮，它宰相畏帝威決，皆謙憚，唯獨崇佐裁決，故得專任。崇第賖僻，因近舍客廬。會懷慎卒，崇病痁移告，凡大政事，帝必令源乾曜就咨焉。乾曜所奏善，帝則曰：「是必崇畫之。」有不合，則曰：「胡不問崇？」乾曜謝其未也，乃已。帝欲崇自近，詔徙寓四方館，日遣問食飲起居，高醫、尙食踵道。崇以館局華大，不敢居。帝使語崇曰：「恨不處禁中，此何避？」久之，紫微史趙誨受夷人賕，當死。崇素親倚，署奏營減，帝不悅。時曲赦京師，惟誨不原。崇惶懼，上還宰政，引宋璟自代，乃以開府儀同三司罷政事。

帝將幸東都，而太廟屋自壞，帝問宰相，宋璟、蘇頲同對曰：「三年之喪未終，不可以行幸。壞壓之變，天所以示教戒，陛下宜停東巡，脩德以答至譴。」帝以問崇，對曰：「臣聞隋取苻堅故殿以營廟，而唐因之。且山有朽壤乃崩，況木積年而木自當蠹乎。但壞與行會，不

供奉。

也。」帝曰：「卿言正契朕意。」賜絹二百匹，詔所司如崇言，天子遂東。因詔五日一參，入閤

擬既具，請車駕如行期。舊廟難復完，盍奉神主舍太極殿？更作新廟，申誠奉，大孝之德

緣行而壞。且陛下以關中無年，輸餉告勞，因以幸東都，所以爲人不爲己也。百司已戒，供

八年，授太子少保，以疾不拜。明年卒，年七十二。贈揚州大都督，謚曰文獻〔一〕。十

七年，追贈太子太保。

崇析貲產，令諸子各有定分。治令曰：

比見達官之裔多貧困，至銖尺是競，無論曲直，均受嗤詆。田宅水磑既共有之，至

相推倚以頓廢。陸賈、石苞，古達者也，亦先有定分以絕後爭。

昔楊震、趙咨、盧植、張奐咸以薄葬，知眞識去身，貴速朽耳。夫厚葬之家流于俗，

以奢靡爲孝，令死者暴尸暴骸，可不痛哉！死者無知，自同糞土，豈煩奢葬；使其有

知，神不在柩，何用破貲徇侈乎？吾亡，斂以常服，四時衣各一稱。性不喜冠衣，毋以

入墓。紫衣玉帶，足便於體。

今之佛經，羅什所譯，姚興與之對翻，而興命不延，國亦隨滅。梁武帝身爲寺奴，

齊胡太后以六宮入道，皆亡國殄家。近孝和皇帝發使贖生，太平公主、武三思等度人

造寺，身嬰夷戮，爲天下笑。五帝之時，父不喪子，兄不哭弟，致仁壽，無凶短也。下逮三王，國祚延久，其臣則彭祖、老聃皆得長齡，此時無佛，豈抄經鑄像力邪？緣死喪造經像，以爲追福。夫死者生之常，古所不免，彼經與像何所施爲？兒曹愼不得爲此！

崇尤長吏道，處決無淹思。三爲宰相，常兼兵部，故屯戍斥候、士馬儲械，無不諳記。玄宗初立，賓禮大臣故老，雅尊遇崇，每見便殿，必爲之興，去輒臨軒以送，它相莫如也。時承權戚干政之後，綱紀大壞，先天末，宰相至十七人，臺省要職不可數。崇常先有司罷冗職，脩制度，擇百官各當其材，請無廣釋道，無數移吏。繇是天子責成于下，而權歸于上矣。

然資權譎。如爲同州，張說以素憾，諷趙彥昭劾崇。及當國，說懼，潛詣岐王申款。崇它日朝，衆趨出，崇曳踵爲有疾狀，帝召問之，對曰：「臣損足。」曰：「無甚痛乎？」曰：「臣心有憂，痛不在足。」問以故，曰：「岐王陛下愛弟，張說輔臣，而密乘車出入王家，恐爲所誤，故憂之。」於是出說相州。魏知古，崇所引，及同列，稍輕之，出攝吏部尚書，知東都選，知古憾焉。時崇二子在洛，通賓客餽遺，憑舊請託。知古歸，悉以聞。他日，帝召崇曰：「卿子才乎，皆安在？」崇揣知帝意，曰：「臣二子分司東都，其爲人多欲而寡愼，是必嘗以事干魏知古。」帝始以崇私其子，或爲隱，微以言動之。及聞，乃大喜，問：「安從得之？」對曰：

「知古，臣所薦也，臣子必謂其見德而請之。」帝於是愛崇不私而薄知古，欲斥之。崇曰：「臣子無狀，橈陛下法，而逐知古，外必謂陛下私臣。」乃止，然卒罷爲工部尚書。

崇始名元崇，以與突厥叱剌同名，武后時以字行；至開元世，避帝號，更以今名。三子：彝、异、弈，皆至卿、刺史。

弈少脩謹。始，崇欲使不越官次而習知吏道，故自右千牛進至太子舍人，皆平遷。開元中，有事五陵，有司以鷹犬從，弈曰：「非禮也。」奏罷之。請治劇，爲睢陽太守，召授太僕卿。後爲尚書右丞。

子閎，居右相牛仙客幕府。仙客病甚，閎彊使薦弈及盧奐爲宰相，仙客妻以聞，閎坐死，弈貶永陽太守，卒。

曾孫合、勗。合，元和中進士及第，調武功尉，善詩，世號姚武功者。遷監察御史，累轉給事中。奉先、馮翊二縣民訴牛羊使奪其田，詔美原主簿朱儔覆按，猥以田歸使，合劾發其私，以地還民。歷陝虢觀察使，終祕書監。

勗字斯勤。長慶初擢進士第，數爲使府表辟，進監察御史，佐鹽鐵使務。累遷諫議大夫，更湖、常二州刺史。爲宰相李德裕厚善。及德裕爲令狐綯等譖逐，擿索支黨，無敢通勞問；既居海上，家無資，病無湯劑，勗數饋餉候問，不傳時爲厚薄。終夔王傅。自作壽藏於萬安山南原崇塋之旁，署兆曰「寂居穴」，墳曰「復眞堂」，中劉土爲牀曰「化臺」，而刻石告後世。

宋璟，邢州南和人。七世祖弁爲元魏吏部尙書。璟耿介有大節，好學，工文辭，舉進士中第。調上黨尉，爲監察御史，遷鳳閣舍人。居官鯁正，武后高其才。張易之誣御史大夫魏元忠有不臣語，引張說爲驗，將廷辯，說惶遽，璟謂說曰：「名義至重，不可陷正人以求苟免。緣此受謫，芬香多矣。若不測者，吾且叩閤救，將與子偕死。」說感其言，以實對，元忠免死。

璟後遷左臺御史中丞，會飛書告張昌宗引相工觀吉凶者，璟請窮治，后曰：「易之等已自言於朕。」璟曰：「謀反無容以首原，請下吏明國法。易之等貴寵，臣言之且有禍，然激於義，雖死不悔。」后不懌，姚璹遽傳詔令出，璟曰：「今親奉德音，不煩宰相擅宣王命。」后意解，許收易之等就獄。俄詔原之，敕二張詣璟謝，璟不見，曰：「公事公言之，若私見，法無私也。」顧左右歎曰：「吾悔不先碎豎子首而令亂國經。」嘗宴朝堂，二張列卿三品，璟階六品，居下坐。易之諂事璟，虛位揖曰：「公第一人，何下坐？」璟曰：「才劣品卑，卿謂第一何邪？」是時朝廷以易之等內寵，不名其官，呼易之「五郎」，昌宗「六郎」。鄭善果謂璟曰：「公奈何謂五郎爲卿？」璟曰：「以官正當爲卿。君非其家奴，何郎之云？」會有喪，告滿入朝，公卿以次謁，通禮意。易之等後至，促步前，璟舉笏却揖唯唯。故積怨，常欲中傷，后知之，得免。然以數忤旨，詔按獄揚州，璟奏：「按州縣纔監察御史職耳。」又詔按幽州都督屈突仲翔，辭曰：「御史中丞非大事不出使。仲翔罪止贓，今使臣往，此必有危臣者。」既而詔副李嶠使隴、蜀，璟復言：「隴右無變，臣以中丞副李嶠，非朝廷故事。」終辭。易之初冀璟出則劾奏誅之，計不行，乃伺璟家婚禮，將遣客刺殺之。有告璟者，璟乘庳車舍他所，刺不得發。俄二張死，乃免。

神龍初，爲吏部侍郎。中宗嘉其直，令兼諫議大夫、內供奉，仗下與言得失。遷黄門侍郎。武三思怙烝寵，數有請于璟。璟厲答曰：「今復子明辟，王宜以侯就第，安得尙干朝政，獨不見産、祿事乎？」後韋月將告三思亂宮掖，三思諷有司論大逆不道，帝詔殊死，璟請付獄按罪，帝怒，岸巾出側門，謂璟曰：「朕謂已誅矣，尙何請？」璟曰：「人言后私三思，陛下不問即斬之，臣恐有竊議者，請按而後刑。」帝愈怒。璟曰：「請先誅臣，不然，終不奉詔。」帝乃流月將嶺南。會還京師，詔璟權檢校并州長史，未行，又檢校貝州刺史。時河北水，歲大饑，三思使斂封租，璟拒不與，故爲所擠。歷杭、相二州，政清毅，吏下無敢犯者。遷洛州長史。

睿宗立，以吏部尚書、同中書門下三品。玄宗在東宮，兼右庶子。先是崔湜、鄭愔典選，爲戚近干奪，至迎用二歲闕，猶不能給，更置比多選，流品淆并，璟與侍郎李乂、盧從愿澄革之，銓總平允。

太平公主不利東宮，嘗駐輦光範門，伺執政以諷。璟曰：「太子有大功，宗廟社稷主也，安得異議？」乃與姚崇白奏出公主、諸王於外，帝不能用。貶楚州刺史，歷兗冀魏三州、河北按察使，進幽州都督，以國子祭酒留守東都，遷雍州長史。

玄宗開元初，以雍州爲京兆府，復爲尹。進御史大夫，坐小累爲睦州刺史，徙廣州都督。廣人以竹茅茨屋，多火。璟敎之陶瓦築堵，列邸肆，越俗始知棟宇利而無患災。召拜刑部尚書。四年，遷吏部兼侍中。

帝幸東都，次崤谷，馳道隘，稽擁車騎，帝命黜河南尹李朝隱、知頓使王怡等官。璟曰：「陛下富春秋，今始巡守，以道不治而罪二臣，繇此相飭，後有受其敝者。」帝遽命捨之。璟謝曰：「陛下向以怒責之，以臣言免之，是過歸於上而恩在下。姑聽待罪於朝，然後詔還其職，進退得矣。」帝善之。累封廣平郡公。廣人爲璟立遺愛頌，璟上言：「頌所以傳德載功也。臣之治不足紀，廣人以臣當國，故爲溢辭，徒成諂諛者。欲釐正之，請自臣始。」有詔許停。

帝嘗命璟與蘇頲制皇子名與公主號，遂差次所封，且詔別擇一美稱及佳邑封上。璟奏言：「七子均養，詩人所稱。今若同等別封，或母寵子愛，恐傷鳲鳩之平。昔袁盎引却愼夫人席，文帝納之，夫人亦不爲嫌，以其得長久計也。臣不敢別封。」帝歎重其賢。

皇后父王仁皎卒，將葬，用昭成皇后家竇孝諶故事，墳高五丈一尺。璟等請如著令，帝已然可，明日，復詔如孝諶者。璟還詔曰：「儉，德之恭；侈，惡之大也。僭禮厚葬，前世所誡，故古墓而不墳。人子於哀迷則未皇以禮自制，故聖人制齊、斬、緦、免，衣衾棺槨，各有度數。雖有賢者，斷其私懷。衆皆務奢，獨能以儉，所謂至德要道者。中宮若謂孝諶踰制，初無非者，一切之令固不足以法。貞觀時嫁長樂公主，魏徵謂不可加長公主，太宗欣納，而文德皇后降使厚謝。韋庶人追王其父，擅作酆陵，而禍不旋踵。國家知人情無窮，故爲制度，不因人以搖動，不變法以愛憎。比來人間競務靡葬，今以后父重戚，不憂乏用，高冢大寢，不畏無人，百事官給，一朝可就，而區區屢聞者，欲成朝廷之政、中宮之美爾。儻中宮情不可奪，請準令一品陪陵墳四丈，差合所宜。」帝曰：「朕常欲正身紀綱天下，於后容有私邪？然人所難言，公等乃能之。」卽可其奏。又遣使賚綵絹四百匹。

會日食，帝素服俟變，錄囚多所貸遣，賑卹災患，罷不急之務。璟曰：「陛下降德音，卹人隱，末宥輕繫，惟流、死不免，此古所以慎赦也。恐議者直以月蝕脩刑，日蝕脩德，或言分野之變，冀有揣合。臣以謂君子道長，小人道銷。止女謁，放讒夫，此所謂脩德也。囹圄不擾，兵甲不瀆，官不苛治，軍不輕進，此所謂脩刑也。陛下常以爲念，雖有虧食，將轉而爲福，又何患乎？且君子恥言浮於行，願動天以誠，無事空文。」帝嘉納。後以開府儀同三司罷政事。

京兆人權梁山謀逆，敕河南尹王怡馳傳往按。牢械充滿，久未決，乃命璟爲京留守，覆其獄。初，梁山詭稱婚集，多假貸，吏欲并坐貸人。璟曰：「婚禮借索大同，而狂謀率然，非所防億。使知而不假，是與爲反。貸者弗知，何罪之云？」平縱數百人。

十二年，東巡泰山，璟復爲留守。帝將發，謂曰：「卿，國元老，別方歷時，宜有嘉謀以遺朕。」璟因一二極言。手制答曰：「所進當書之坐右，出入觀省，以誡終身。」賜賚優渥，進兼吏部尚書。十七年，爲尚書右丞相，而張說爲左丞相，源乾曜爲太子少傅，同日拜。有詔太官設饌，太常奏樂，會百官尚書省東堂。帝賦三傑詩，自寫以賜。二十年，請致仕，許之，仍賜全祿。退居洛。乘輿東幸，璟謁道左。詔榮王勞問，別遣使賜藥餌。二十五年卒，年七十五，贈太尉，謚文貞。

璟風度凝遠，人莫涯其量。始，自廣州入朝，帝遣內侍楊思勗驛迓之，未嘗交一言。思勗自以將軍貴幸，訴之帝，帝益嗟重。璟爲宰相，務清政刑，使官人皆任職。聖曆後，突厥默啜負其彊，數窺邊，侵九姓拔曳固，負勝輕出，爲其狙擊斬之，入蕃使郝靈佺傳其首京師。靈佺自謂還必厚見賞。璟顧天子方少，恐後干寵蹈利者夸威武，爲國生事，故抑之，踰年，纔授右武衞郎將，靈佺恚憤不食死。張嘉貞後爲相，閱堂案，見其危言切議，未嘗不失聲歎息。六子：昇、尙、渾、恕、華、衡。

昇，太僕少卿。尙，漢東太守。渾，與李林甫善，歷諫議大夫、平原太守、御史中丞、東京採訪使。在平原，暴斂求進，至重取民一年庸、租。使東畿，薛稷甥女鄭寡而美，渾使河南尉楊朝宗聘而己納之，薦朝宗爲赤尉。恕，以都官郎中爲劍南採訪判官，數貪縱不法，陰養刺客。天寶中，渾、恕、尙並以贓敗，渾流高要，恕流海康，尙貶臨海長史。華、衡亦皆坐貪得罪。廣德中，渾起爲太子諭德，物議穢薄之，留死江嶺。昆弟皆荒飲俳嬉，而衡最險悖，廣平之風衰焉。

贊曰：姚崇以十事要說天子而後輔政，顧不偉哉，而舊史不傳。觀開元初皆已施行，信不誣已。宋璟剛正又過於崇，玄宗素所尊憚，常屈意聽納。故唐史臣稱崇善應變以成天下之務，璟善守文以持天下之正。二人道不同，同歸于治，此天所以佐唐使中興也。嗚呼！崇勸天子不求邊功，璟不肯賞邊臣，而天寶之亂，卒悼其害，可謂先見矣。然唐三百年，輔弼者不爲少，獨前稱房、杜，後稱姚、宋，何哉？君臣之遇合，蓋難矣夫！

校勘記

〔一〕謚曰文獻　「文獻」，舊書卷九六姚崇傳、唐會要卷八〇及文苑英華卷八四一徐復鄭珣瑜謚議同。文苑英華卷八八四姚崇神道碑作「文貞」。

唐書卷一百二十五

列傳第五十

蘇瓌 頲 詵 震 幹 張說 均 垍

蘇瓌字昌容，雍州武功人，隋尚書僕射威之曾孫。擢進士第，補恆州參軍。居母喪，哀毀加人，左庶子張大安表舉孝悌，擢豫王府錄事參軍，歷朗、歙二州刺史。時來俊臣貶州參軍，人懼復用，多致書請瓌，瓌叱其使曰：「吾忝州牧，高下自有體，能過待小人乎？」遂不發書。俊臣未至追還，恨之。由是連外徙，不得入。久之，轉揚州大都督府長史。州據都會，多名珍怪產，前長史張潛、于辯機貲取鉅萬，瓌單身樸被自將。徙同州刺史。

歲旱，兵當番上者不能赴。瓌奏：「宿衞不可闕，宜月賜增半糧，俾相給足，則不闕番。又宜却進獻，罷營造不急者。」不見省。時十道使括天下亡戶，初不立籍，人畏搜括，即流入比縣旁州，更相廋蔽。瓌請罷十道使，專責州縣，豫立簿注，天下同日閱正，盡一月止，使柅姦匿，歲一括實，檢制租調，以免勞弊。武后鑄浮屠，立廟塔，役無虛歲。瓌以爲「糜損浩廣，雖不出國用，要自民產日殫。百姓不足，君孰與足？天下僧尼濫僞相半，請倂寺，著僧常員數，缺則補。」后善其言。

神龍初，入爲尚書右丞，封懷縣男。瓌明曉法令，多識臺省舊章，一朝格式，皆所删正。再遷戶部尚書，拜侍中，留守京師。

中宗復政，鄭普思以妖幻位祕書員外監，支黨徧岐、隴間，相煽訹爲亂。瓌捕繫普思窮訊，普思妻以左道得幸韋后，出入禁中，有詔勿治。瓌廷爭不可，帝猶依違。司直范獻忠，瓌使按普思者，進曰：「瓌爲大臣，不能前誅逆豎而報天子，罪大矣，臣請先斬瓌。」於是，僕射魏元忠頓首曰：「瓌長者，用刑不枉，普思法當死。」帝不得已，流普思於儋州，餘黨論死。累拜尚書右僕射、同中書門下三品，進封許國公。

帝南郊，國子祭酒祝欽明建白皇后爲亞獻，安樂公主爲終獻。瓌以爲非禮，帝前折愧之。帝昏懦，不能從。時大臣初拜官，獻食天子，名曰「燒尾」，瓌獨不進。及侍宴，宗晉卿嘲之，帝默然。瓌自解於帝曰：「宰相燮和陰陽，代天治物。今粒食踊貴，百姓不足，衞兵至三日不食，臣誠不稱職，不敢燒尾。」帝崩，遺詔皇太后臨朝，相王以太尉輔政。后召宰相韋安石、韋巨源、蕭至忠、宗楚客、紀處訥、韋温、李嶠、韋嗣立、唐休璟、趙彥昭洎瓌議禁中。楚客猥曰：「太后臨朝，相王有不通問之嫌，不宜輔政。」瓌正色曰：「遺制乃先帝意，安得輒改？」楚客等怒，卒削相王輔政事，瓌稱疾不朝。是月，韋氏敗，睿宗即位，進左僕射。景雲元年，老病，罷爲太子少傅。卒，年七十二，贈司空、荆州大都督，謚曰文貞。皇太子別次發哀。遺令薄葬，布車一乘。

瓌治州考課常最，爲宰相，陳當世病利甚多。韋温始爲汴州司倉參軍，以財被杖，及用事，憚瓌正，卒不敢傷。開元二年，賜其家實封百戶，長子頲固辭，乃擢中子乂左補闕。六年，詔與劉幽求配享睿宗廟廷。文宗大和中，錄舊德，官其四代孫翔。

瓌諸子，頲、詵顯。

頲字廷碩，弱敏悟，一覽至千言，輒覆誦。第進士，調烏程尉。武后封嵩高，舉賢良方正異等，除左司禦率府胄曹參軍。吏部侍郎馬載曰：「古稱一日千里，蘇生是已。」再遷監察御史。長安中，詔覆來俊臣等冤獄，頲驗發其誣，多從洗宥。遷給事中、脩文館學士，拜中書舍人。時瓌同中書門下三品，父子同在禁筦，朝廷榮之。

玄宗平內難，書詔填委，獨頲在太極後閤，口所占授，功狀百緒，輕重無所差。書史白曰：「丏公徐之，不然，手腕脫矣。」中書令李嶠曰：「舍人思若涌泉，吾所不及。」遷太常少卿，仍知制誥。遭父喪，起爲工部侍郎，辭不拜，終制乃就職。帝問宰相：「有自工部侍郎得中書侍郎乎？」對曰：「陛下任賢惟所命，何資之計？」乃詔以頲爲中書侍郎。帝勞曰：「方美官缺，每欲用卿，然宰相議遂無及者，朕爲卿恨。陸象先歿，紫微侍郎未嘗補，朕思其人無易卿者。」頲頓首謝。明日加知制誥，給政事食，給食自頲始。時李乂對掌書命，帝曰：「前世李嶠、蘇味道文擅當時，號『蘇李』。今朕得頲及乂，何愧前人哉！」俄襲封許國公。

吐蕃盜邊，諸將數敗，虜益張，秣騎內侵。帝怒，欲自將兵討之。頲諫曰：「古稱荒服，取荒忽之義，非常奉職貢也。故來則拒，去則勿逐，以禽獸畜之，羈縻御之。譬若獵然，羽毛不入服用，體肉不登郊廟，則王者不射也。況萬乘之重，與犬羊蚊虻語負勝哉？遠夷左衽，不足以辱天子，亦可見矣。雖然，兵法先聲後實，陛下姑班親征之詔，而敕虓將謀夫投會濟師，則吐蕃不日崩破，亦無待躬致天討也。臣謂岐、隴凋弊積年，若千乘萬騎，供億不涯，誠恐徭役內興，寇掠外虞，斯人不堪，一也。戎虜之性，驟往倏來，敗不恥奔，勝不讓成。若大軍一臨邊，怖震鳥散，彼出多方，我受其誤，二也。太上皇聞陛下身對寇埸，不能無憂，烝烝之思，何以自安？三也。漢蒯成侯諫高帝曰：『上嘗自勞，豈謂無人使哉？』高帝以爲愛我。今將相大臣，豈無爲陛下宣力者，何親行之遽邪？」不省。

復上言：「王者之師，有征無戰，藩貢或闕，王命征之，於是乎治兵其郊，獲辭而止，非謂按甲自臨，敵人畏之莫敢戰也。古天子無親將，惟黃帝五十二戰，當未平之時。自阪泉功成，則脩身閒居，無爲無事。陛下撥定禍亂，方當深視高居，制禮作樂，禪梁父，登空桐，何至厭天居，袵金革，爲一日之敵？今吐蕃遣渠領干犯國令，軍吏一不勝，而陛下屈至尊爲之敵，雖朝鼎夕砧，猶未可以夸四夷，安足勞聖躬哉？虜之入，唯盜羊馬，發窖褫衣，未嘗殺略邊人，其罪易原也。臣恐虜情狠顧，牽連北狄，聞六師之行，入幽、并，犯靈、夏，南動京師，太上皇一致憂勞，是陛下以天下之安，不能寧其親也。臣固曰，居中制勝，策之上者。若夫擇良將，募重而約嚴，違律必誅，殺敵必賞，多出金以購酋長，虜亡無日矣。願稍遷延，以須西音。」亦會薛訥大破吐蕃，俘獲不貲，由是帝止不行。

時詔立靖陵碑，命頲爲之詞，辭曰：「前世帝后不志碑，事弗稽古，謂之不法。審當可者，祖宗諸陵，一須營立，後嗣謂何？」帝不納其言。

開元四年，進同紫微黃門平章事，脩國史，與宋璟同當國。璟剛正，多所裁決，頲能推其長。在帝前敷奏，璟有未及，或少屈，頲輒助成之，有不會意，頲更申璟所執，故帝未嘗不從，二人相得歡甚。璟嘗曰：「吾與蘇氏父子同爲宰相，僕射長厚，自是國器；若獻可替否，事至即斷，盡公不顧私，則今丞相爲過之。」

八年，罷爲禮部尚書。俄檢校益州大都督長史，按察節度劍南諸州。時蜀彫攰，人流亡，詔頲收劍南山澤鹽鐵自贍。頲尚簡靜，重興力役，即募戍人，輸雇直，開井置鑪，量入計出，分所贏市穀，以廣見糧。時前司馬皇甫恂使蜀，檄取庫錢市錦半臂、琵琶捍撥、玲瓏鞭，頲不肯予，因上言：「遣使銜命，先取不急，非陛下以山澤贍軍費意。」或謂頲：「公在遠，叵得忤上意。」頲曰：「不然。明主不以私愛奪至公，吾可以遠近廢忠臣節邪？」嶲州蠻苴院與吐蕃連謀入寇，獲諜者，吏請討之，頲不聽，移書還其諜曰：「毋得爾。」苴院羞悔，不敢侵邊。

從封泰山，詔頲朝覲壇，世咨其文。還，分主十銓事。卒，年五十八。帝猶視朝，起居舍人韋述上疏曰：「貞觀、永徽時，大臣薨，輒置朝舉哀，成終始恩，上有旌賢錄舊之德，下有生榮死哀之美。昔晉知悼子卒，平公宴樂，杜蕢一言而悟，春秋載之。故禮部尚書頲累葉輔弼，奉事軒陛二十餘年，今奄忽不還，邦人痛嗟。惟帷蓋之舊，股肱之戚，宜即廢朝，明君臣之誼。」帝曰：「固朕意也。」即日帳次哭洛城南門，不朝。詔贈右丞相，謚曰文憲。葬日，帝游咸宜宮，將獵，聞之，曰：「頲且葬，我忍自娛哉！」半道而還。

頲性廉儉，奉稟悉推散諸弟親族，儲無長貲。自景龍後，與張說以文章顯，稱望略等，故時號「燕許大手筆」。帝愛其文，曰：「卿所爲詔令，別錄副本，署臣某撰，朕當留中。」後遂爲故事。其後李德裕著論曰「近世詔誥，惟頲叙事外自爲文章」云。

詵字廷言，舉賢良方正高第，補汾陰尉，遷祕書詳正學士，累轉給事中，時頲爲紫微侍郎，固辭。帝曰：「古有內舉不避親者乎？」對曰：「晉祁奚是也。」帝曰：「若然，朕自用詵，卿言非公也。」頃之，出徐州刺史，治有迹。卒，贈吏部侍郎。

詵子震，以蔭補千牛。十餘歲，彊學有成人風。頲曰：「吾家有子。」累遷殿中侍御史、長安令。安祿山陷京師，震與尹崔光遠殺閑遠門吏，棄家出奔。會肅宗興師靈武，震晝夜馳及行在，帝嘉之，拜御史中丞，遷文部侍郎。廣平王爲元帥，崇擇賓佐，以震爲糧料使。二京平，封岐陽縣公，改河南尹。九節度兵敗相州，震與留守崔圓奔襄、鄧，貶濟王府長史。起爲絳州刺史，進戶部侍郎，判度支，爲泰陵、建陵鹵簿使，以勞封岐國公，拜太常卿。代宗將幸東都，復以震爲河南尹，未行，卒，贈禮部尙書。

幹，瓌從父兄也。父勗，字愼行，武德中，爲秦王諮議、典籤、文學館學士，尙南康公主，拜駙馬都尉。遷魏王泰府司馬，博學有美名，泰重之。勸開館引文學士，著書名家。歷吏部侍郎、太子左庶子，卒。

幹擢明經，授徐王府記室參軍，王好畋，每諫止之。垂拱中，遷魏州刺史。河朔饑，前刺史苛暴，百姓流徙，幹檢吏督姦，勸課農桑，由是流冗盡復，以治稱。拜右羽林軍將軍，遷冬官尚書。來俊臣素忌之，誣幹與琅邪王沖通書，繫獄，發憤卒。

張說字道濟，或字說之，其先自范陽徙河南，更爲洛陽人。永昌中，武后策賢良方正，詔吏部尚書李景諶糊名較覆，說所對第一，后署乙等，授太子校書郎，遷左補闕。

后嘗問：「諸儒言氏族皆本炎、黃之裔，則上古乃無百姓乎？若爲朕言之。」說曰：「古未有姓，若夷狄然。自炎帝之姜、黃帝之姬，始因所生地而爲之姓。其後天子建德，因生以賜姓，黃帝二十五子，而得姓者十四。德同者姓同，德異者姓殊。其後或以官，或以國，或以王父之字，始爲賜族，久乃爲姓。降唐、虞，抵戰國，姓族漸廣。周衰，列國既滅，其民各以舊國爲之氏，下及兩漢，人皆有姓。故姓之以國者，韓、陳、許、鄭、魯、衞、趙、魏爲多。」后曰：「善。」

久視中，后逭暑三陽宮，汔秋未還。說上疏曰：

宮距洛城百六十里，有伊水之隔，崿坂之峻，過夏涉秋，水潦方積，道壞山險，不通轉運，河廣無梁，咫尺千里，扈從兵馬，日費資饟。太倉、武庫，並在都邑，紅粟、利器，蘊若山丘，奈何去宗廟之上都，安山谷之僻處？是猶倒持劍戟，示人鐏柄，臣竊爲陛下不取。夫禍變之生，在人所忽，故曰：「安樂必戒，無行所悔。」不可一也。告成褊小，萬方輻湊，填郛溢郭，併錙無所。排斥居人，蓬宿草次，風雨暴至，不知庇託，孤惸老病，流轉衢巷。陛下作人父母，將若之何？不可二也。池亭奇巧，蕩誘上心。削巒起觀，竭流漲海，俯貫地脉，仰出雲路，易山川之氣，奪農桑之土。延木石，運斧斤，山谷連聲，春夏不輟。勸陛下作此者，豈正人邪？詩云：「人亦勞止，迄可小康。」不可三也。御苑東西二十里，外無墻垣扃禁，內有榛叢谿谷，猛獸所伏，暴慝所憑。陛下往往輕行，警蹕不肅，歷蒙密，乘險巘，卒有逸獸狂夫，驚犯左右，豈不殆哉？易曰：「思患豫防。」願爲萬姓持重。不可四也。

今北有胡寇覷邊，南有夷獠騷徼，關西小旱，耕稼是憂，安東近平，輸漕方始。臣願及時旋軫，深居上京，息人以展農，修德以來遠，罷不急之役，省無用之費。澄心澹懷，惟億萬年，蒼蒼羣生，莫不幸甚。臣度芻議，十不從一，何者？沮盤游之娛，閒林沚之玩，規遠圖，替近適，要後利，棄前歡，未沃明主之心，已捩貴臣之意。然不愛死者，懼言責不職耳。

后不省。

擢鳳閣舍人。張易之誣陷魏元忠也，援說爲助。說廷對「元忠無不順言」，忤后旨，流欽州。中宗立，召爲兵部員外郎，累遷工部、兵部二侍郎，以母喪免。既期，詔起爲黃門侍郎，固請終制，祈陳哀到。時禮俗衰薄，士以奪服爲榮，而說獨以禮終，天下高之。除喪，復爲兵部，兼脩文館學士。

睿宗即位，擢中書侍郎兼雍州長史。譙王重福死，東都支黨數百人，獄久不決，詔說往按，一昔而罪人得，乃誅張靈均、鄭愔，餘詿誤悉原。帝嘉其不枉直，不漏惡，慰勞之。玄宗爲太子，說與褚无量侍讀，尤見親禮。踰年，進同中書門下平章事，監脩國史。

景雲二年，帝謂侍臣曰：「術家言五日內有急兵入宮，爲我備之。」左右莫對。說進曰：「此讒人謀動東宮耳，陛下若以太子監國，則名分定，姦膽破，蜚禍塞矣。」帝悟，下制如說言。明年，皇太子卽皇帝位，太平公主引蕭至忠、崔湜等爲宰相，以說不附己，授尚書左丞，罷政事，爲東都留守。說知太平等懷逆，乃因使以佩刀獻玄宗，請先決策，帝納之。至忠等已誅，召爲中書令，封燕國公，實封二百戶。

始，武后末年，爲潑寒胡戲，中宗嘗乘樓從觀。至是，因四夷來朝，復爲之。說上疏曰：

「韓宣適魯，見周禮而歎；孔子會齊，數倡優之罪。列國如此，況天朝乎？今四夷請和，使者入謁，當接以禮樂，示以兵威，雖曰戎夷，不可輕也。焉知無駒支之辯，由余之賢哉？且乞寒潑胡，未聞典故，裸體跳足，汨泥揮水，盛德何觀焉？恐非干羽柔遠、樽俎折衝之道。」納之，自是遂絕。

素與姚元崇不平，罷爲相州刺史、河北道按察使。坐累徙岳州，停實封。說既失執政意，內自懼。雅與蘇瓌善，時瓌子頲爲相，因作五君詠獻頲，其一紀瓌也，候瓌忌日致之。頲覽詩嗚咽，未幾，見帝陳說忠謇有勳，不宜棄外，遂遷荊州長史。

俄以右羽林將軍檢校幽州都督，入朝以戎服見。帝大喜，授檢校幷州長史，兼天兵軍大使，脩國史，敕齎藁即軍中論譔。朔方軍大使王晙誅河曲降虜阿布思也，九姓同羅、拔野固等皆疑懼。說持節從輕騎二十，直詣其部，宿帳下，召見酋豪慰安之。副使李憲以虜難信，不宜涉不測。說報曰：「吾肉非黃羊，不畏其食；血非野馬，不畏其刺。士當見危致命，亦吾効死秋也。」由是九姓遂安。晙後討蘭池叛胡康待賓，詔說相聞經略。時党項羌亦連兵攻銀城，說將步騎萬人出合河關掩擊，破之，追北駱駝堰。羌、胡自相猜，夜鬬，待賓遁入鐵建山，餘衆奔潰。說招納党項，使復故處。副使史獻請盡誅之，說不從，奏置麟州以安羌衆。

召拜兵部尙書、同中書門下三品，讓宋璟、陸象先，不許。明年，詔爲朔方節度大使，親行五城，督士馬。時慶州方渠降胡康願子反，自爲可汗，掠牧馬，西涉河出塞。說進討，至木槃山禽之，俘獲三千。乃議徙河曲六州殘胡五萬於唐、鄧、仙、豫間，空河南朔方地。以功賜實封三百戶。故時，邊鎮兵贏六十萬，說以時平無所事，請罷二十萬還農。天子以爲疑，說曰：「邊兵雖廣，諸將自衞、營私爾，所以制敵，不在衆也。以陛下之明，四夷畏威，不慮減兵而招寇，臣請以闔門百口爲保。」帝乃可。時衞兵貧弱，番休者亡命略盡，說建請一切募勇彊士，優其科條，簡色役。不旬日，得勝兵十三萬，分補諸衞，以彊京師，後所謂「彍騎」者也。

帝自東都將還京，因幸并州。說見帝曰：「太原王業所基，陛下巡幸，振耀威武，以申永思。繇河東入京師，有漢武脽上祠，此禮廢闕，歷代莫舉，願爲三農祈穀，誠四海之福。」帝納其言，過祠后土乃還。進中書令。

說又倡封禪議，受詔與諸儒草儀，多所裁正。帝召說與禮官學士置酒集仙殿，曰：「朕今與賢者樂于此，當遂爲集賢殿。」乃下制改麗正書院爲集賢殿書院，而授說院學士，知院事。東封還，爲尙書右丞相兼中書令。詔說撰封禪壇頌，刻之泰山，以夸成功。初，源乾曜不欲封禪，說固請，乃不相平。及升山，執事官當從者，說皆引所厚超階入五品，從兵唯加勳而不賜，衆怨其專。

宇文融先獻策，括天下游戶及籍外田，署十道勸農使，分行郡縣。說畏其擾，數沮格之。至是，融請吏部置十銓，與蘇頲等分治選事，有所論請，說頗抑之，於是銓綜失敘。融恨恚，乃與崔隱甫、李林甫共劾奏說「引術士王慶則夜祠禱解，而奏表其閭；引僧道岸窺詞時事，冒署右職；所親吏張觀、范堯臣依據說勢，市權招賂，擅給太原九姓羊錢千萬」。其言醜慘。帝怒，詔乾曜、隱甫、刑部尚書韋抗卽尚書省鞫之，發金吾兵圍其第。說兄左庶子光詣朝堂刑耳列冤，帝遣高力士往視，見說蓬首垢面，席藁，家人以瓦器饋脫粟鹽蔬，爲自罰憂懼者。力士還奏，且言：「說往納忠，於國有功。」帝憮然，乃停說中書令，誅慶則等，坐者猶十餘人。說既罷政事，在集賢院專脩國史。又乞停右丞相，不許。然每軍國大務，帝輒訪焉。隱甫等恐說復用，巧文詆毀，素忿說者又著疾邪篇，帝聞，因令致仕。

始爲相時，帝欲事吐蕃，說密請講和以休息鄣塞，帝曰：「朕待王君㚟計之。」說出告源乾曜曰：「君㚟好兵以求利，彼入，吾言不用矣。」後君㚟破吐蕃於青海西，說策其且敗，因上嶲州鬭羊於帝，以申諷諭，曰：「使羊能言，必將曰『鬭而不解，立有死者』。所賴至仁無殘，量力取歡焉。」帝識其意，納之，賜綵千匹。後瓜州失守，君㚟死。

十七年，復爲右丞相，遷左丞相。上日，敕所司供帳設樂，內出醪饌，帝爲賦詩。俄授開府儀同三司。十八年卒，年六十四，爲停正會，贈太師，謚曰文貞，羣臣駁異未決，帝爲製碑，謚如太常，繇是定。

說敦氣節，立然許，喜推藉後進，於君臣朋友大義甚篤。帝在東宮，所與祕謀密計甚衆，後卒爲宗臣。朝廷大述作多出其手，帝好文辭，有所爲必使視草。善用人之長，多引天下知名士，以佐佑王化，粉澤典章，成一王法。天子尊尚經術，開館置學士，脩太宗之政，皆說倡之。爲文屬思精壯，長於碑誌，世所不逮。既謫岳州，而詩益悽婉，人謂得江山助云。常典集賢圖書之任，間雖致仕一歲，亦脩史於家。

始，帝欲授說大學士，辭曰：「學士本無大稱，中宗崇寵大臣，乃有之，臣不敢以爲稱。」固辭乃免。後宴集賢院，故事，官重者先飲，說曰：「吾聞儒以道相高，不以官閥爲先後。大帝時脩史十九人，長孫无忌以元舅，每宴不肯先舉爵。長安中，與脩珠英，當時學士亦不以品秩爲限。」於是引觴同飲，時伏其有體。中書舍人陸堅以學士或非其人，而供儗太厚，無益國家者，議白罷之。說聞曰：「古帝王功成，則有奢滿之失，或興池觀，或尙聲色。今陛下崇儒向道，躬自講論，詳延豪俊，則麗正乃天子禮樂之司，所費細而所益者大。陸生之言，蓋未達邪。」帝知，遂薄堅。

說嘗自爲其父碑，帝爲書其額曰：「嗚呼，積善之墓。」說歿後，帝使就家錄其文，行於世。開元後，宰相不以姓著者，曰燕公云。大曆中，詔配享玄宗廟廷。子均、垍、埱。

均亦能文。自太子通事舍人累遷主爵郎中、中書舍人。開元十七年，説授左丞相，校京官考，注均考曰：「父教子忠，古之善訓；王言帝載，尤難以任。庸以嫌疑，而撓紀綱？考上下。」當時亦不以爲私。後襲燕國公，累遷兵部侍郎，以累貶饒、蘇二州刺史。久之，復爲兵部侍郎。

自以己才當輔相，爲李林甫所抑，林甫卒，倚陳希烈，冀得其處。既而楊國忠用事，希烈罷，而均爲刑部尚書。坐垍，貶建安太守。還，授大理卿，居常觖望不平。祿山盜國，爲僞中書令。肅宗反正，兄弟皆論死。房琯聞之，驚曰：「張氏滅矣。」乃見苗晉卿，營解之。帝亦顧説有舊，詔免死，流合浦。建中初，贈太子少傅。

子濛，事德宗，爲中書舍人。

垍尚寧親公主。時説居中秉政，均爲舍人，諸父光爲銀青光祿大夫，榮盛冠時。玄宗眷垍厚，即禁中置內宅，侍爲文章，珍賜不可數。均供奉翰林，而垍以所賜夸均，均曰：「此婦翁遺壻，非天子賜學士也。」垍嘗爲帝贊禮，舉止都雅，帝悦之。因幸內宅，顧垍曰：「希烈辭宰相，孰可代者？」垍錯愕，未得對。帝曰：「無易吾壻。」垍頓首謝。會貴妃聞，以語國忠，國忠惡之，及希烈罷，薦韋見素代之，垍始怨上。

天寶十三載，祿山入朝，以破奚、契丹功，求平章事，國忠曰：「祿山有軍功，然不識字，與之，恐四夷輕漢。」乃止。及還范陽，詔高力士餞滻坡，力士歸曰：「祿山內鬱鬱，若知欲相而不行者。」帝以語國忠，國忠曰：「所告者必張垍。」帝怒，盡逐其兄弟，以均守建安，而垍爲盧溪郡司馬，埱自給事中爲宜春郡司馬。歲中，還，垍爲太常卿。

帝西狩至咸陽，唯韋見素、楊國忠、魏方進從。帝謂力士曰：「若計朝臣當孰至者？」力士曰：「張垍兄弟世以恩戚貴，其當卽來。房琯有宰相望，而陛下久不用，又爲祿山所器，此不來矣。」帝曰：「未可知也。」後琯至，召見流涕。帝撫勞，且問：「均、垍安在？」琯曰：「臣之西，亦嘗過其家，將與偕來。均曰：『馬不善馳，後當繼行。』然臣觀之，恐不能從陛下矣。」帝嗟悵，顧力士曰：「吾豈欲誣人哉？均等自謂才器亡雙，恨不大用，吾向欲始終全之，今非若所料也。」垍遂與希烈皆相祿山，垍死賊中。

贊曰：說於玄宗最有德，及太平用事，納忠惓惓，又圖封禪，發明典章，開元文物彬彬，說力居多。中爲姦人排抵，幾不免，自古功名始終亦幾希，何獨說哉！至子以利遽敗其家。若瓌、頲再世稱賢宰相，盛矣！

唐書卷一百二十六

列傳第五十一

魏知古 盧懷愼奐 李元紘 杜暹鴻漸 張九齡拯 仲方

韓休洪 滉 皐 洄

魏知古，深州陸澤人。方直有雅才，擢進士第。以著作郎脩國史，累遷衞尉少卿，檢校相王府司馬。神龍初，爲吏部侍郎，以母喪解。服除，爲晉州刺史。睿宗立，以故屬拜黄門侍郎，兼脩國史。

會造金仙、玉眞觀，雖盛夏，工程嚴促，知古諫曰：「臣聞『古之君人，必時視人之所勸，人勸於力則功築罕，人勸於財則貢賦少，人勸於食則百事廢』。故曰『不作無益害有益』。又曰『罔咈百姓以從己之欲』。禮：『季夏之月，樹木方盛，無有斬伐，不可以興土功。』此皆興化立治、爲政養人之本也。今爲公主造觀，將以樹功祈福，而地皆百姓所宅，卒然迫逼，令其轉徙，扶老攜幼，剔椽發瓦，呼嗟道路。乖人事，違天時，起無用之作，崇不急之務，羣心震搖，衆口藉藉。陛下爲人父母，欲何以安之？且國有簡册，君舉必記，言動之微，可不愼歟！願下明詔，順人欲，除功役，收之桑榆，其失不遠。」不納。復諫曰：「自陛下戡翦凶逆，保定大器，蒼生顒顒，以謂朝有新政。今風教頹替日益甚，府藏空屈，人力勞敝，營作無厓，吏員寖增，諸司試補、員外、檢校官已贏二千，太府之帛爲殫，太倉之米不支。臣前請停金仙、玉眞，訖亦未止。今前水後旱，五穀不立，繇兹向春，必甚饑饉，陛下欲何方以賑之？又突厥於中國爲患自久，其人非可以禮義誠信約也。雖遣使請婚，恐豺狼之心，弱則順伏，彊則驕逆，月滿騎肥，乘中國飢虛，講親際會，窺犯亭鄣，復何以防之？」帝嘉其直，以左散騎常侍同中書門下三品。玄宗在春宮，又兼左庶子。

先天元年，爲侍中。從獵渭川，獻詩以諷，手制褒答，并賜物五十段。明年，封梁國公。竇懷貞等詭謀亂國，知古密發其姦，懷貞誅，賜封二百戶，物五百段。玄宗恨前賞薄，手敕更加百戶，旌其著節。是冬，詔知東都吏部選事，以稱職聞，優詔賜衣一副。自是恩意尤渥，由黃門監改紫微令。與姚元崇不協，除工部尙書，罷政事。開元三年卒，年六十九。宋璟聞而歎曰：「叔向古遺直，子產古遺愛，兼之者其魏公乎！」贈幽州都督，謚曰忠。

所薦洹水令呂太一、蒲州司功參軍齊澣、右內率騎曹參軍柳澤、密尉宋遙、左補闕袁暉、右補闕封希顏、伊闕尉陳希烈，後皆有聞於時。

文宗大和二年，求其曾孫處訥，授湘陽尉，與魏徵、裴冕後擢任之。

盧懷慎，滑州人，蓋范陽著姓。祖悊，仕爲靈昌令，遂爲縣人。懷慎在童丱已不凡，父友監察御史韓思彥歎曰：「此兒器不可量！」及長，第進士，歷監察御史。神龍中，遷侍御史。中宗謁武后上陽宮，后詔帝十日一朝。懷慎諫曰：「昔漢高帝受命，五日一朝太公於櫟陽宮，以起布衣登皇極，子有天下，尊歸於父，故行此耳。今陛下守文繼統，何所取法？況應天去提象纔二里所，騎不得成列，車不得方軌，於此屢出，愚人萬有一犯屬車之塵，雖罪之何及。臣愚謂宜遵內朝以奉温凊，無煩出入。」不省。

遷右御史臺中丞。上疏陳時政曰：

臣聞「善人爲邦百年，可以勝殘去殺」。孔子稱：「苟用我者，期月而已，三年有成。」故書：「三載考績，三考黜陟幽明。」昔子產相鄭，更法令，布刑書，一年人怨，思殺之，三年人德而歌之。子產，賢者也，其爲政尚累年而後成，況常材乎？比州牧、上佐、兩畿令或一二歲，或三五月卽遷，曾不論以課最，使未遷者傾耳以聽，企踵以望，冒進亡廉，亦何暇爲陛下宣風恤人哉？禮義不能興，戶口益以流，倉庫愈匱，百姓日斂，職爲此耳。人知吏之不久，不率其教；吏知遷之不遙，不究其力。媮處爵位，以養資望，雖明主有勤勞天下之志，然僥幸路啓，上下相蒙，寧盡至公乎？此國病也。賈誼所謂蹠盭，乃小小者耳。此而不革，雖和、緩將不能爲。漢宣帝綜覈名實，興治致化，黃霸良二千石也，加秩賜金，就旌其能，終不肯遷。故古之爲吏，至長子孫。臣請都督、刺史、上佐、畿令任未四考，不得遷。若治有尤異，或加賜車裘祿秩，降使臨問，璽書慰勉，須公卿闕，則擢之以勵能者。其不職或貪暴，免歸田里，以明賞罰之信。

昔唐、虞稽古，建官惟百。夏、商官倍，亦克用乂。此省官也。故曰「官不必備，惟其才」，「無曠庶官，天工人其代之」。此擇人也。今京諸司員外官數十倍，近古未有。謂不必備，則爲有餘，求其代工，乃多不釐務，而奉稟之費，歲巨億萬，徒竭府藏，豈致治意哉？今民力斂極，河、渭廣漕，不給京師，公私耗損，邊隅未靜。儻炎暵成沴，租稅減入，疆場有警，賑救無年，何以濟之？「毋輕人事，惟艱；毋安厥位，惟危。」此愼微也。原員外之官，皆一時良幹，擢以才不申其用，尊以名不任其力，自昔用人，豈其然歟？臣請才堪牧宰上佐，並以遷授，使宣力四方，責以治狀。有老病若不任職者，一廢省之，使賢不肖確然殊貫，此切務也。

夫冒于寵賂，侮于鰥寡，爲政之蠹也。竊見內外官有賕餉狼藉，劓剝蒸人，雖坐流黜，俄而遷復，還爲牧宰，任以江、淮、嶺、磧，粗示懲貶，內懷自棄，徇貨掊貲，訖無悛心。明主之於萬物，平分而無偏施，以罪吏牧遐方，是謂惠姦而遺遠。遠州陬邑，何負聖化，而獨受其惡政乎？邊徼之地，夷夏雜處，憑險恃遠，易擾而難安；官非其才，則黎庶流亡，起爲盜賊。由此言之，不可用凡才，況猾吏乎？臣請以贓論廢者，削迹不數十年，不賜收齒。書曰「旌別淑慝」，卽其誼也。

疏奏，不報。

遷黃門侍郎、漁陽縣伯。與魏知古分領東都選。開元元年，進同紫微黃門平章事。三年，改黃門監。薛王舅王仙童暴百姓，憲司按得其罪，業爲申列，有詔紫微、黃門覆實。懷愼與姚崇執奏「仙童罪狀明甚，若御史可疑，則它人何可信？」由是獄決。懷愼自以才不及崇，故事皆推而不專，時譏爲「伴食宰相」。又兼吏部尙書，以疾乞骸骨，許之。卒，贈荆州大都督，謚曰文成。遺言薦宋璟、李傑、李朝隱、盧從愿，帝悼歎之。

懷愼淸儉不營產，服器無金玉文綺之飾，雖貴而妻子猶寒飢，所得祿賜，於故人親戚無所計惜，隨散輒盡。赴東都掌選，奉身之具，止一布囊。旣屬疾，宋璟、盧從愿候之，見敝簀單藉，門不施箔。會風雨至，舉席自障。日晏設食，蒸豆兩器、菜數杯而已。臨別，執二人手曰：「上求治切，然享國久，稍倦於勤，將有憸人乘間而進矣。公弟志之！」及治喪，家亡留儲。帝時將幸東都，四門博士張星上言：「懷慎忠清，以直道始終，不加優錫，無以勸善。」乃下制賜其家物百段，米粟二百斛。帝後還京，因校獵鄠、杜間，望懷慎家，環堵庳陋，家人若有所營者，馳使問焉，還白懷慎大祥，帝卽以縑帛賜之，爲罷獵。經其墓，碑表未立，停蹕臨視，泫然流涕，詔官爲立碑，令中書侍郎蘇頲爲之文，帝自書。

子奐、弈。

奐早修整，爲吏有淸白稱。歷御史中丞，出爲陝州刺史。開元二十四年，帝西還，次陝，嘉其美政，題贊於聽事曰：「專城之重，分陝之雄，亦旣利物，內存匪躬，斯爲國寶，不墜家風。」尋召爲兵部侍郎。天寶初，爲南海太守。南海兼水陸都會，物產瓌怪，前守劉巨鱗、彭杲皆以贓敗，故以奐代之。汙吏斂手，中人之市舶者亦不敢干其法，遠俗爲安。時謂自開元後四十年，治廣有淸節者，宋璟、李朝隱、奐三人而已。終尙書右丞。弈見忠義傳。

李元紘字大綱，其先滑州人，後世占京兆萬年，本姓丙氏。

曾祖粲，仕隋爲屯衞大將軍，煬帝使督京師之西二十四郡盜賊，善撫循，能得士心。高祖與之厚，及兵入關，以衆歸，授宗正卿、應國公，賜姓李。後爲左監門大將軍，以其老，聽乘馬按視宮禁。年八十餘卒，謚曰胡。祖寬，高宗時爲太常卿、隴西公。父道廣，武后時爲汴州刺史，有善政。突厥、契丹寇河北，議發河南兵擊之，百姓震擾，道廣悉心撫定，人無離散。遷殿中監、同鳳閣鸞臺平章事，封金城侯。卒，贈秦州都督，謚曰成。

元紘早修謹，仕爲雍州司戶參軍。時太平公主勢震天下，百司順望風指，嘗與民競碾磑，元紘還之民。長史竇懷貞大驚，趣改之，元紘大署判後曰：「南山可移，判不可搖也。」改好時令，遷潤州司馬，以辦治得名。開元初，爲萬年令，賦役稱平，擢京兆少尹。詔決三輔渠，時王、主、權家皆旁渠立磑，瀦堨爭利，元紘敕吏盡毀之，分溉渠下田，民賴其恩。三遷吏部侍郎。會戶部楊瑒、白知愼坐支調失宜，貶刺史，帝求可代者，公卿多薦元紘。帝欲擢爲尙書，宰相以資薄，乃爲戶部侍郎。條陳利害及政得失，帝才之，謂可丞輔，賜衣一稱、絹二百匹。明年，遂拜中書侍郎、同中書門下平章事，封淸水縣男。

元紘當國，務峻涯檢，抑奔競，夸進者憚之。五月五日，宴武成殿，賜羣臣襲衣，特以紫服、金魚錫元紘及蕭嵩，羣臣無與比。是時，廢京司職田，議者欲置屯田。元紘曰：「軍國不同，中外異制，若人閑無役，地棄不墾，以閑手耕棄地，省饋運，實軍糧，於是有屯田，其爲益尙矣。今百官所廢職田不一縣，弗可聚也；百姓私田皆力自耕，不可取也。若置屯，即當公私相易，調發丁夫。調役則業廢於家，免庸則賦闕於國，內地爲屯，古未有也。恐得不補失，徒爲煩費。」遂止。初，左庶子吳兢爲史官，譔唐書及春秋，未成，以喪解，後上書請畢其功，詔許就集賢院成書；張說致仕，詔在家修史。元紘因言：「國史記人君善惡、王政損益，襃貶所繫，前聖尤重。今國大典，分散不一，且太宗別置史館禁中，所以祕嚴之也。請勒說以書就館，參會譔錄。」詔可。

後與杜暹不協，數辨爭帝前，帝不懌，皆罷之，以元紘爲曹州刺史，徙蒲州，引疾去。後以戶部尙書致仕，復起爲太子詹事。卒，贈太子少傅，謚曰文忠。

元紘再世宰相，有清節，其當國累年，未嘗改治第宅，僮馬敝弱，得封物賙給親族。宋璟嘗歎曰：「李公引宋遙之美，黜劉晃之貪，爲國相，家無留儲，雖季文子之德，何以加之！」

杜暹，濮州濮陽人。父承志，武后時爲監察御史。懷州刺史李文暕爲人所告，詔承志推驗，無實。文暕，宗室近屬也，卒得罪，承志貶爲方義令，遷天官員外郎。見羅織獄興，移疾去，卒于家。

自高祖至暹，五世同居。暹尤恭謹，事繼母孝。擢明經第，補婺州參軍，秩滿歸，吏以紙萬番贐之，暹爲受百番，衆歎曰：「昔清吏受一大錢，何異哉？」爲鄭尉，復以清節顯。華州司馬楊孚，公挺人也，每咨重暹。會孚遷大理正，暹適以累當坐，孚曰：「使若人得罪，衆安勸乎？」以狀言執政，繇是擢爲大理評事。

開元四年，以監察御史覆屯磧西。會安西副都護郭虔瓘與西突厥可汗阿史那獻、鎮守使劉遐慶更相訟，詔暹卽按。入突騎施帳，究索左驗。虜以金遺暹，暹固辭，左右曰：「公使絕域，不可失戎心。」乃受焉，陰埋幕下。已出境，乃移文畀取之。突厥大驚，度磧追，不及，去。遷給事中，以母喪解。會安西都護張孝嵩遷太原尹，或言暹往使安西，虜伏其清，今猶慕思，乃奪服拜黃門侍郎兼安西副大都護。明年，于闐王尉遲眺約突厥諸國叛，暹覺其謀，發兵討斬之，支黨悉誅，更立君長，于闐遂安。以功加光祿大夫。守邊四年，撫戎練士，能自勤勵，爲夷夏所樂。

十四年，召同中書門下平章事，遣中使往迎。謁見，賜絹二百、馬一匹、第一區。與李元紘輕重不得，罷爲荆州都督長史，歷魏州刺史、太原尹。帝幸北都，進戶部尙書，許扈蹕。還，復東幸，以暹爲京留守。暹率當番衞士繕三宮城，浚池，督役不少懈。帝聞嘉之，數賜書褒勞，進禮部尙書，封魏縣侯。

二十八年卒，贈尙書右丞相，遣使護喪，禁中出絹三百匹賜之，太常謚曰貞肅。右司員外郎劉同昇等以暹行忠孝，謚有未盡，博士裴總謂暹往以墨衰受命安西，雖勤勞于國，不得盡孝。其子列訴，帝更敕有司考定，卒謚貞孝。

暹友愛，撫異母弟昱甚厚。其爲人少學術，故當朝議論，時時失淺薄。然能以公淸勤約自將，亹亹爲之，自弱冠誓不通親友獻遺，以終身。既卒，尙書省及故吏致賻，其子孝友一不受，以行暹素志云。

暹族子鴻漸。

鴻漸字之巽。父鵬舉，與盧藏用隱白鹿山，以母疾，與崔沔同授醫蘭陵蕭亮，遂窮其術。歷右拾遺。玄宗東行河，因游畋，上賦以風。終安州刺史。

鴻漸第進士，解褐延王府參軍，安思順表爲朔方判官。祿山亂，皇太子按軍平涼，未知所適，議出蕭關趣豐安。鴻漸與六城水運使魏少游、節度判官崔漪、支度判官盧簡金、關內鹽池判官李涵謀曰：「胡羯亂常，二京覆沒，太子治兵平涼，然散地難恃也。今朔方制勝之會，若奉迎太子，西詔河、隴，北結回紇，回紇固與國，收其勁騎，與大兵合，鼓而南，雪社稷之恥，不亦易乎！」卽具上兵馬招輯之勢，且錄軍資、器械、儲廥凡最，使涵詣平涼見太子，太子大悦。會裴冕至自河西，亦勸之朔方。而鴻漸與濟至白草頓迎謁，説曰：「朔方天下勁兵，靈州用武地。今回紇請和，吐蕃結附，天下列城堅守，以待王命。縱爲賊據，日夜望官軍，以圖收復。殿下治兵長驅，逆胡不足滅也。」太子喜曰：「靈武我之關中，卿乃吾蕭何也。」

既至靈武，鴻漸即與冕等勸即皇帝位，以係中外望。六請，見聽。鴻漸明習朝章，採舊儀，設壇壝城南，先一日草其儀上之。太子曰：「聖皇在遠，寇逆方結，宜罷壇場，它如奏。」太子即位，是爲肅宗，授鴻漸兵部郎中，知中書舍人事。俄爲武部侍郎，遷河西節度使。兩京平，又節度荆南。乾元二年，襄州大將康楚元等反，刺史王政脱身走，楚元僞稱南楚霸王，因襲荆州。鴻漸棄城遁，人皆南奔，爭舟溺死者甚衆。澧、朗、復、郢等州聞鴻漸出，皆竄伏山谷。俄而商州刺史韋倫平其亂。

久之，乃召鴻漸爲尚書右丞、太常卿，充禮儀使。泰、建二陵制度皆鴻漸綜正，以優，封衞國公。又建言：「周官：『凶荒殺禮。』今承大亂，民人夷殘，其婚葬鹵簿，非於國有大功及二等以上親皆不許給。」詔可。

代宗廣德二年，以兵部侍郎同中書門下平章事。尋進中書侍郎。崔旰殺郭英乂據成都，邛州牙將柏貞節、瀘州牙將楊子琳、劍州牙將李昌巙以兵討旰，蜀、劍大亂。命鴻漸以宰相兼成都尹、山南西道劍南東川副元帥、劍南西川節度副大使往鎭撫之。鴻漸性畏怯，無它遠略，而晚節溺浮圖道，畏殺戮。及逾劍門，懲艾張獻誠敗，且憚旰雄武，先許以不死。既見，禮遇之，不敢加譙責，反委以政，日與從事杜亞、楊炎縱酒高會，因薦旰爲成都尹，而授貞節邛州刺史，子琳瀘州刺史，各罷兵。乃請入朝，許之。及見帝，盛言旰威略可任，宜爲留後。獻寶器五牀、羅錦十五牀、麝臍五石。復輔政。議者疾其長亂。進門下侍郎。大曆三年，兼東都留守、河南淮西山南東道副元帥，辭疾不行。又讓山南、劍南副元帥，聽之。四年，疾甚，辭宰相，罷三日卒，年六十一，贈太尉，謚曰文憲。

鴻漸自蜀還，食千僧，以爲有報，搢紳效之。病甚，令僧剔頂髮，遺命依浮圖葬，不爲封樹。

張九齡字子壽，韶州曲江人。七歲知屬文，十三以書干廣州刺史王方慶，方慶歎曰：「是必致遠。」會張說謫嶺南，一見厚遇之。居父喪，哀毀，庭中木連理。擢進士，始調校書郎，以道侔伊呂科策高第，爲左拾遺。時玄宗即位，未郊見，九齡建言：

天，百神之君，王者所由受命也。自古繼統之主，必有郊配，蓋敬天命，報所受也。

不以德澤未洽，年穀未登，而闕其禮。昔者周公郊祀后稷以配天，謂成王幼沖，周公居攝，猶用其禮，明不可廢也。漢丞相匡衡曰：「帝王之事，莫重乎郊祀。」董仲舒亦言：「不郊而祭山川，失祭之序，逆於禮，故春秋非之。」臣謂衡、仲舒古之知禮，皆以郊之祭所宜先也。陛下紹休聖緒，于今五載，而未行大報，考之于經，義或未通。今百穀嘉生，鳥獸咸若，夷狄內附，兵革用弭，乃怠於事天，恐不可以訓。願以迎日之至，升紫壇，陳采席，定天位，則聖典無遺矣。

又言：

乖政之氣，發爲水旱。天道雖遠，其應甚邇。昔東海枉殺孝婦，天旱久之。一吏不明，匹婦非命，則天昭其冤。況六合元元之衆，縣命於縣令，宅生於刺史，陛下所與共治，尤親於人者乎！若非其任，水旱之繇，豈唯一婦而已。今刺史，京輔雄望之郡，猶少擇之，江、淮、隴、蜀、三河大府之外，稍非其人。繇京官出者，或身有累，或政無狀，用牧守之任，爲斥逐之地。或因附會以忝高位，及勢衰，謂之不稱京職，出以爲州。武夫、流外，積資而得，不計於才。刺史乃爾，縣令尙可言哉？甿庶，國家之本，務本之職，乃爲好進者所輕，承弊之民，遭不肖所擾，聖化從此銷鬱，繇不選親人以成其敝也。古者刺史入爲三公，郎官出宰百里。今朝廷士入而不出，其於計私，甚自得也。京師衣冠所聚，身名所出，從容附會，不勤而成，是大利在於內，而不在於外也。智能之士，欲利之心，安肯復出爲刺史、縣令哉？國家賴智能以治，而常無親人者，陛下不革以法故也。臣愚謂欲治之本，莫若重守令，守令既重，則能者可行。宜遂科定其資：凡不歷都督、刺史，雖有高第，不得任侍郎、列卿；不歷縣令，雖有善政，不得任臺郎、給、舍；都督、守、令雖遠者，使無十年任外。如不爲此而救其失，恐天下猶未治也。

又古之選士，惟取稱職，是以士修素行，而不爲徼幸，姦僞自止，流品不雜。今天下不必治於上古，而事務日倍於前，誠以不正其本而設巧於末也。所謂末者，吏部條章，舉贏千百。刀筆之人，溺於文墨；巧史猾徒，緣姦而奮。臣以謂始造簿書，備遺忘耳，今反求精於案牘，而忽於人才，是所謂遺劍中流，契舟以記者也。凡稱吏部能者，則曰自尉與主簿，繇主簿與丞，此執文而知官次者也，乃不論其賢不肖，豈不謬哉！夫吏部尚書、侍郎，以賢而授者也，豈不能知人？如知之難，拔十得五，斯可矣。今膠以格條，據資配職，爲官擇人，初無此意，故時人有平配之誚，官曹無得賢之實。

臣謂選部之法，敝於不變。今若刺史、縣令精覈其人，則管內歲當選者，使考才行，可入流品，然後送臺，又加擇焉，以所用衆寡爲州縣殿最，則州縣慎所舉，可官之才多，吏部因其成，無庸人之繁矣。今歲選乃萬計，京師米物爲耗，豈多士哉？蓋冒濫抵此爾。方以一詩一判，定其是非，適使賢人遺逸，此明代之闕政也。天下雖廣，朝廷雖衆，必使毁譽相亂，聽受不明，事則已矣。如知其賢能，各有品第，每一官缺，不以次用之，豈不可乎？如諸司要官，以下等叨進，是議無高卑，唯得與不爾。故清議不立，而名節不修，善士守志而後時，中人進求而易操也。朝廷能以令名進人，士亦以修名獲利，利之出，衆之趨也。不如此，則小者得於苟求，一變而至阿私；大者許以分義，再變而成朋黨矣。故於用人不可不第其高下，高下有次，則不可以妄干，天下之士必刻意脩飾，而刑政自清，此興衰之大端也。

俄遷左補闕。九齡有才鑒，吏部試拔萃與舉者，常與右拾遺趙冬曦考次，號稱詳平。改司勳員外郎。時張説爲宰相，親重之，與通譜系，常曰：「後出詞人之冠也。」遷中書舍人內供奉，封曲江男，進中書舍人。會帝封泰山，説多引兩省錄事主書及所親攝官升山，超階至五品。九齡當草詔，謂説曰：「官爵者，天下公器，先德望，後勞舊。今登封告成，千載之絕典，而清流隔於殊恩，胥史乃濫章韍，恐制出，四方失望。方進草，尚可以改，公宜審計。」説曰：「事已決矣，悠悠之言不足慮。」既而果得謗。御史中丞宇文融方事田法，有所關奏，説輒建議違之。融積不平，九齡爲言，説不聽。俄爲融等痛詆，幾不免，九齡亦改太常少卿，出爲冀州刺史。以母不肯去鄉里，故表換洪州都督。徙桂州，兼嶺南按察選補使。

始，說知集賢院，嘗薦九齡可備顧問。說卒，天子思其言，召爲祕書少監、集賢院學士，知院事。會賜渤海詔，而書命無足爲者，乃召九齡爲之，被詔輒成。遷工部侍郎，知制誥。數乞歸養，詔不許。以其弟九皋、九章爲嶺南刺史，歲時聽給驛省家。遷中書侍郎，以母喪解，毀不勝哀，有紫芝產坐側，白鳩、白雀巢家樹。是歲，奪哀拜中書侍郎、同中書門下平章事。固辭，不許。明年，遷中書令。始議河南開水屯，兼河南稻田使。上言廢循資格，復置十道採訪使。

李林甫無學術，見九齡文雅，爲帝知，內忌之。會范陽節度使張守珪以斬可突干功，帝欲以爲侍中。九齡曰：「宰相代天治物，有其人然後授，不可以賞功。國家之敗，由官邪也。」帝曰：「假其名若何？」對曰：「名器不可假也。有如平東北二虜，陛下何以加之？」遂止。又將以涼州都督牛仙客爲尙書，九齡執曰：「不可。尙書，古納言，唐家多用舊相，不然，歷內外貴任，妙有德望者爲之。仙客，河、湟一使典耳，使班常伯，天下其謂何？」又欲賜實封，九齡曰：「漢法非有功不封，唐遵漢法，太宗之制也。邊將積穀帛，繕器械，適所職耳。陛下必賞之，金帛可也，獨不宜裂地以封。」帝怒曰：「豈以仙客寒士嫌之邪？卿固素有門閥哉？」九齡頓首曰：「臣荒陬孤生，陛下過聽，以文學用臣。仙客擢胥史，目不知書。韓信，淮陰一壯夫，羞絳、灌等列。陛下必用仙客，臣實恥之。」帝不悅。翌日，林甫進曰：

「仙客，宰相材也，乃不堪尚書邪？九齡文吏，拘古義，失大體。」帝由是決用仙客不疑。九齡既戾帝旨，固內懼，恐遂爲林甫所危，因帝賜白羽扇，乃獻賦自況，其末曰：「苟効用之得所，雖殺身而何忌？」又曰：「縱秋氣之移奪，終感恩於篋中。」帝雖優答，然卒以尚書右丞相罷政事，而用仙客。自是朝廷士大夫持祿養恩矣。嘗薦長安尉周子諒爲監察御史，子諒劾奏仙客，其語援讖書。帝怒，杖子諒于朝堂，流瀼州，死於道。九齡坐舉非其人，貶荊州長史。雖以直道黜，不戚戚嬰望，惟文史自娛，朝廷許其勝流。久之，封始興縣伯，請還展墓，病卒，年六十八，贈荊州大都督，謚曰文獻。

九齡體弱，有醞藉。故事，公卿皆搢笏于帶，而後乘馬。九齡獨常使人持之，因設笏囊，自九齡始。後帝每用人，必曰：「風度能若九齡乎？」初，千秋節，公、王並獻寶鑑，九齡上「事鑒」十章，號千秋金鑑錄，以伸諷諭。與嚴挺之、袁仁敬、梁昇卿、盧怡善，世稱其交能終始者。及爲相，諤諤有大臣節。當是時，帝在位久，稍怠於政，故九齡議論必極言得失，所推引皆正人。武惠妃謀陷太子瑛，九齡執不可。妃密遣宦奴牛貴兒告之曰：「廢必有興，公爲援，宰相可長處。」九齡叱曰：「房幄安有外言哉！」遽奏之，帝爲動色，故卒九齡相而太子無患。安祿山初以范陽偏校入奏，氣驕蹇，九齡謂裴光庭曰：「亂幽州者，此胡雛也。」及討奚、契丹敗，張守珪執如京師，九齡署其狀曰：「穰苴出師而誅莊賈，孫武習戰猶戮宮嬪，守珪法行于軍，祿山不容免死。」帝不許，赦之。九齡曰：「祿山狼子野心，有逆相，宜卽事誅之，以絕後患。」帝曰：「卿無以王衍知石勒而害忠良。」卒不用。帝後在蜀，思其忠，爲泣下，且遣使祭於韶州，厚幣卹其家。開元後，天下稱曰曲江公而不名云。建中元年，德宗賢其風烈，復贈司徒。

子拯，居父喪，有節行，後爲伊闕令。會祿山盜河、洛，陷焉，而終不受僞官。賊平，擢太子贊善大夫。

九齡弟九皐，亦有名，終嶺南節度使。其曾孫仲方。

仲方，生歧秀，父友高郢見，異之，曰：「是兒必爲國器，使吾得位，將振起之。」貞元中，擢進士、宏辭，爲集賢校理，以母喪免。會郢拜御史大夫，表爲御史。進累倉部員外郎。會呂温等以劾奏宰相李吉甫不實，坐斥去，仲方以温黨，補金州刺史。宦人奪民田，仲方三疏申理，卒與民直。入爲度支郎中。吉甫卒，太常謚恭懿，博士尉遲汾請謚敬憲，仲方挾前怨未已，因上議曰：「古之謚，考大節，略細行，善善惡惡，一言而足。按吉甫雖多才多藝，而側媚取容，疊致台衮，寡信易謀，事無成功。且兵凶器，不可從我始，至以伐罪，則邀必成功。今內有賊輔臣之盜，外有懷毒蠆之臣，師徒暴野，農不得在畝，婦不得在桑，耗賦殫畜，尸僵血流，胔骼成岳，毒痛之痛，訴天無辜，階禍之發，實始吉甫。」又言：「吉甫平易柔寬，名不配行。請俟蔡平，然後議之。」憲宗方用兵，疾其言醜訐，貶爲遂州司馬。稍進河南少尹、鄭州刺史。

敬宗立，李程輔政，引爲諫議大夫。帝時詔王播造競渡舟三十艘，度用半歲運費。仲方見延英，論諍堅苦，帝爲減三之二。又詔幸華淸宮，仲方曰：「萬乘之行，必具葆衞，易則失威重。」不從，猶見慰勞。鄠令崔發以辱黃門繫獄，逢赦不見宥。仲方曰：「恩被天下，流昆蟲，而不行御前乎？」發繇是不死。大和初，出爲福建觀察使。召還，進至左散騎常侍。李德裕秉政，以太子賓客分司東都。德裕罷，復拜常侍。

李訓之變，大臣或誅或繫。翌日，羣臣謁宣政，牙闔不啓。羣臣錯立朝堂，無史卒贊候，久乃半扉啓，使者傳召仲方曰：「有詔，可京兆尹。」然後門闢，喚仗。于時族夷將相，顱足旁午，仲方皆密使識其尸。俄許收葬，故胔骸不相亂。已而禁軍橫，多撓政，仲方勢笮，不能有所繩劾。宰相鄭覃更以薛元賞代之，出爲華州刺史。召入，授祕書監。人頗言覃助德裕，擯仲方不用，覃乃擬丞、郎以聞。文宗曰：「侍郎，朝廷華選。彼牧守無狀，不可得。」但封曲江縣伯。卒，七十二，贈禮部尚書，謚曰成。仲方確正有風節，既駁吉甫謚，世不直其言，卒不至顯。既歿，人多傷之。

始，高祖仕隋時，太宗方幼而病，爲刻玉像於熒陽佛祠以祈年，久而刓晦，仲方在鄭，敕吏治護，鏤石以聞，傳于時。

韓休，京兆長安人。父大智，洛州司功參軍，其兄大敏，仕武后爲鳳閣舍人。梁州都督李行褒爲部人告變，詔大敏鞫治。或曰：「行褒諸李近屬，后意欲去之，無列其冤，恐累公。」大敏曰：「豈顧身枉人以死乎？」至則驗出之。后怒，遣御史覆按，卒殺行褒，而大敏賜死于家。

休工文辭，舉賢良。玄宗在東宮，令條對國政，與校書郎趙冬曦並中乙科，擢左補闕，判主爵員外郎。進至禮部侍郎，知制誥。出爲虢州刺史。虢於東、西京爲近州，乘輿所至，常税廄芻，休請均賦它郡。中書令張說曰：「免虢而與它州，此守臣爲私惠耳。」休復執論，吏白恐忤宰相意，休曰：「刺史幸知民之敝而不救，豈爲政哉？雖得罪，所甘心焉。」訖如休請。以母喪解，服除，爲工部侍郎，知制誥。遷尚書右丞。侍中裴光庭卒，帝敕蕭嵩舉所以代者，嵩稱休志行，遂拜黄門侍郎、同中書門下平章事。

休直方不務進趨，既爲相，天下翕然宜之。萬年尉李美玉有罪，帝將放嶺南。休曰：

「尉小官，犯非大惡。今朝廷有大姦，請得先治。金吾大將軍程伯獻恃恩而貪，室宅輿馬僭法度，臣請先伯獻，後美玉。」帝不許，休固爭曰：「罪細且不容，巨猾乃置不問，陛下不出伯獻，臣不敢奉詔。」帝不能奪。大率堅正類此。初，嵩以休柔易，故薦之。休臨事或折正嵩，嵩不能平。宋璟聞之曰：「不意休能爾，仁者之勇也。」嵩寬博多可，休峭鯁，時政所得失，言之未嘗不盡。帝嘗獵苑中，或大張樂，稍過差，必視左右曰：「韓休知否？」已而疏輒至。嘗引鑑，默不樂。左右曰：「自韓休入朝，陛下無一日歡，何自戚戚，不逐去之？」帝曰：「吾雖瘠，天下肥矣。且蕭嵩每啓事，必順旨，我退而思天下，不安寢。韓休敷陳治道，多訐直，我退而思天下，寢必安。吾用休，社稷計耳。」後以工部尚書罷。遷太子少師，封宜陽縣子。卒，年六十八，贈揚州大都督，謚曰文忠。寶應元年，贈太子太師。

子浩、洽、洪、汯、滉、渾、洄，皆有學尚。

浩，萬年主簿，坐籍王鉷家貲有隱入，爲尹鮮于仲通所劾，流循州。洪爲司庫員外郎，與汯皆以累貶。洪後爲華州長史。渾，大理司直。安祿山盜京師，皆陷賊，賊逼以官，浩與洪、汯、滉、渾出奔，將走行在，浩、洪、渾及洪四子復爲賊禽殺之。洪善與人交，有節義，藉甚於時，見者爲流涕。肅宗以大臣子能死難，詔贈浩吏部郎中，洪太常卿，渾太常少卿。

浤，上元中終諫議大夫。洽，終殿中侍御史。

滉字太沖，以蔭補左威衞騎曹參軍。至德初，避地山南，採訪使李承昭表為通川郡長史，改彭王府諮議參軍。初，浤知制誥，當草王璵詔，無借言，銜之。及當國，滉兄弟皆斥宂官。璵罷，乃擢殿中侍御史，三遷吏部員外郎。性彊直，明吏事，莅南曹五年，簿最詳緻。再遷給事中，知兵部選。時盜殺富平令韋當，賊隸北軍，魚朝恩私其凶，奏原死，滉執處，卒伏辜。遷右丞，知吏部選，以戶部侍郎判度支。

自至德軍興，所在賦稅無藝，帑司給輸乾隱。滉檢制吏下及四方輸將，犯者痛按以法。會歲數稔，兵革少息，故儲積穀帛稍豐實。然覆治案牘，深文鉤剔，人亦咨怨。大曆十二年秋，大雨害稼什八，京兆尹黎幹言狀，滉恐有所蠲貸，固表不實。代宗命御史行視，實損田三萬餘頃。始，渭南令劉藻附滉，言部田無害，御史趙計按驗如藻言，帝又遣御史朱敖覆實，害田三千頃。帝怒曰：「縣令，所以養民，而田損不問，豈卹隱意邪？」貶南浦員外尉，計亦斥為豐州司戶員外參軍。方是時，潦敗河中鹽池，滉奏池產瑞鹽。帝疑，遣諫議大夫蔣鎮廉狀，鎮畏滉，還乃賀帝，且請置祠，詔號寶應靈慶池。

德宗立，惡滉掊刻，徙太常卿。議者不厭，乃出為晉州刺史。未幾，遷浙江東、西觀察使，尋檢校禮部尚書爲鎭海軍節度使。綏輯百姓，均租、調，不踰年，境內稱治。帝在奉天，淮、汴震騷，滉訓士卒，分兵戍河南。既狩梁州，又獻縑十萬匹，請以鎭兵三萬助討賊，有詔嘉勞，進檢校尚書右僕射，封南陽郡公。李希烈陷汴州，滉遣裨將王栖耀、李長榮、柏良器以勁卒萬人進討，次睢陽，而賊已攻寧陵，栖耀等破走之，漕路無梗，完靖東南，滉功多。

時里胥有罪，輒殺無貸，人怪之。滉曰：「袁晁本一鞭背史，禽賊有負，聚其類以反，此輩皆鄉縣豪黠，不如殺之，用年少者，惜身保家不爲惡。」又以賊非牛酒不嘯結，乃禁屠牛，以絕其謀。婺州屬縣有犯令者，誅及鄰伍，坐死數十百人。又遣官分察境內，罪涉疑似必誅，一判輒數十人，下皆愁怖。

聞京都未平，乃閉關梁，禁牛馬出境，築石頭五城，自京口至玉山。毀上元道、佛祠四十區，修塢壁，起建業，抵京峴，樓雉相望。以爲朝廷有永嘉南走事，置館第數十於石頭城，穿井皆百尺。命偏將丘涔督役，日數千人，涔虐用其衆，朝令夕辦，先世丘壟皆發夷。造樓艦三千柁，以舟師由海門大閱，至申浦乃還。追李長榮等歸，以親吏盧復爲宣州刺史，增營壘，教習長兵，毀鍾鑄軍器。陳少游在揚州，以甲士三千臨江大閱；滉亦總兵臨金山，與少游會，以金繒相餉酬。然滉握彊兵，遷延不赴難，而調發糧帛以濟朝廷者繈屬，當時實賴之。李晟方屯渭北，滉運米饋之，船置十弩以相警捍，賊不能剽。始，漕船臨江，滉顧僚吏曰：「天子蒙塵，臣下之恥也。」乃自舉一囊，將佐爭負之。貞元元年，加檢校左僕射、同中書門下平章事、江淮轉運使，封鄭國公。以繕治石頭城，人頗言有窺望意，雖帝亦惑之。會李泌間關辯數，帝意乃解。二年，更封晉。是歲入朝。滉既宿齒先達，頗簡倨，接新進用事，不能滿其意，衆怨之。獻羨錢五百餘萬緡，詔加度支諸道轉運、鹽鐵等使。

右丞元琇判度支也，以關輔旱，請運江南租米西給京師。帝委滉專督之，而琇畏其剛愎難共事，請自江至揚子，滉主之；揚子以北，自主之。滉由是銜琇。會琇以京師錢重貨輕，發江東鹽監院錢四十萬緡入關。滉紿奏「運錢至京師，率費萬致千，不可從。」帝責謂琇，琇曰：「千錢其重與斗米均，費三百可致。」帝以諭滉，滉執不可。至是，誣劾琇饋米與淄青李納、河中李懷光。帝怒，不復究驗，貶琇雷州司戶參軍。左丞董晉白宰相劉滋、齊映曰：「昨關輔用兵，方蝗旱，琇不增一賦，而軍興皆濟，可謂勞臣。今被譴無名，刑濫人懼，假令權臣逞志，公胡不請三司鞫之？」滋、映不能用。給事中袁高抗疏申執，滉指爲黨與，寢不報。

劉玄佐不朝，帝密詔滉諷之。及過汴，玄佐素憚滉，修屬吏禮。滉辭不敢當，因結爲兄弟，入拜其母，置酒設女樂。酒行，滉曰：「宜早見天子，不可使夫人白首與新婦子孫塡宮掖也。」玄佐泣悟。滉以錢二十萬緡爲玄佐辦裝，又以綾二十萬犒軍。玄佐入朝，滉薦可任邊事。時兩河罷兵，滉上言：「吐蕃盜河、湟久，近歲寖弱，而西迫大食，北扞回鶻，東抗南詔，分軍外戰，兵在河、隴者不過五六萬，若朝廷命將，以十萬衆城涼、鄯、洮、渭，各置兵二萬爲守禦，臣請以本道財賦餽軍，給三年費，然後營田積粟，且耕且戰，則河、隴之地可翹足而復。」帝善其言，因訪玄佐，玄佐請行。會滉病甚，張延賞奏減州縣冗官，收祿俸，募戰士西討。玄佐慮延賞斬削資儲，辭犬戎未釁，不可輕進，因稱疾。帝遣中人勞問，臥受命。延賞知不可用，乃止。滉尋卒，年六十五，贈太傅，謚曰忠肅。

滉雖宰相子，性節儉，衣裘茵衽，十年一易。甚暑不執扇，居處陋薄，取庇風雨。門當列戟，以父時第門不忍壞，乃不請。堂先無挾廡，弟洄稍增補之，滉見即徹去，曰：「先君容焉，吾等奉之，常恐失墜。若摧圮，繕之則已，安敢改作以傷儉德？」居重位，淸絜疾惡，不爲家人資產。自始仕至將相，乘五馬，無不終櫪下。好鼓琴，書得張旭筆法，畫與宗人幹相埒。嘗自言：「不能定筆，不可論書畫。」以非急務，故自晦，不傳於人。善治易、春秋，著通例及天文事序議各一篇。初判度支，李晟以裨將白軍事，滉待之加禮，使其子拜之，厚遺器幣鞍馬。後晟終立大功。滉幼時已有美名，所與游皆天下豪俊。晚節益苛慘，故論者疑其飾情希進，既得志，則彊肆，蓋自其性云。子羣、皋。

羣終國子司業。

皋字仲聞，資質重厚，有大臣器。由雲陽尉策賢良方正異等，拜右拾遺。累遷考功員外郎。父喪，德宗遣使弔問，俾論譔涗行事，號泣承命，立草數千言以進，帝嘉之。服除，宰相擬考功郎中，帝爲加知制誥。遷中書舍人、御史中丞、兵部侍郎，號稱職。俄拜京兆尹，奏署鄭鋒爲倉曹參軍。鋒苛斂吏，乃說皋悉索府中雜錢，折糴粟麥三十萬石獻於帝，皋悅之，奏爲興平令。貞元十四年，大旱，民請蠲租賦，皋府帑已空，內憂恐，奏不敢實。會中人出入，百姓遮道訴之，事聞，貶撫州員外司馬。未幾，改杭州刺史，入拜尚書右丞。王叔文用事，皋嫉之，謂人曰：「吾不能事新貴。」從弟晕以告叔文，叔文怒，出爲鄂岳蘄沔觀察使。叔文敗，卽拜節度，徙鎭海，入爲戶部尚書，歷東都留守、忠武軍節度使。大抵以簡儉治，所至有績。召拜吏部尚書，兼太子少傅。莊憲太后崩，充大明宮留守。穆宗以舊傅恩，加檢校尚書右僕射，俄爲眞。又進左僕射。長慶四年，復爲東都留守，卒於道，年七十九，贈太子太保，謚曰貞。

皋貌類父，既孤，不復視鑑。生知音律，常曰：「長年後不願聽樂，以門內事多逆知之。」聞鼓琴，至止息，歎曰：「美哉！嵇康之爲是曲，其當晉、魏之際乎。其音主商，商爲秋，秋者天將搖落肅殺，其歲之晏乎。晉乘金運，商又金聲，此所以知魏方季而晉將代也。緩其商絃，與宮同音，臣奪君之義，知司馬氏之將篡也。王陵、毌丘儉、文欽、諸葛誕繼爲揚州都督，咸有興復之謀，皆爲司馬懿父子所殺。康以揚州故廣陵地，陵等皆魏大臣，故名其曲曰廣陵散，言魏散亡自廣陵始。『止息』者，晉雖暴興，終止息於此。其哀憤、躁蹙、憯痛、迫脅之音，盡於是矣。永嘉之亂，其兆乎！康避晉、魏之禍，託以鬼神，以俟後世知音云。」

洄字幼深，蔭補弘文生，滿歲，參調吏部侍郎，達奚珣以地望抑之。除章懷太子陵令，無愠容。安祿山亂，家七人遇害，洄避難江南，蔬食不聽樂。乾元中，授睦州別駕，劉晏表爲屯田員外郎，知揚子留後。召拜諫議大夫，與補闕李翰數上章言得失，擢知制誥。坐與元載善，貶邵州司戶參軍。德宗即位，起爲淮南黜陟使，復爲諫議大夫。

晏被罪，天下錢穀歸尚書省，而省司廢久，無綱紀，莫總其任，乃擢洄戶部侍郎，判度支。洄上言：「江、淮七監，歲鑄錢四萬五千緡輸京師，工用運轉，每緡度二千，是本倍於子。今商州紅崖冶產銅，而洛源監久廢，請鑿山取銅，即治舊監，置十鑪鑄之，歲得錢七萬二千緡，度費每緡九百，則得可浮本矣。江、淮七監，請皆罷。」又言：「天下銅鐵冶，乃山澤利，當歸王者，請悉隸鹽鐵使。」從之。復罷省胥史冗食二千人，積米長安、萬年二縣各數十萬石，視年豐耗而發斂焉，故人不艱食。洄與楊炎善，炎得罪，不自安。無何，皐上疏理炎罪，帝意洄教之，貶蜀州刺史。興元元年，入爲兵部侍郎，轉京兆尹。貞元十年，終國子祭酒，贈戶部尚書。

贊曰：人之立事，無不銳始而工於初，至其半則稍怠，卒而漫澶不振也。觀玄宗開元時，厲精求治，元老魁舊，動所尊憚，故姚元崇、宋璟言聽計行，力不難而功已成。及太平久，左右大臣皆帝自識擢，狎而易之，志滿意驕，而張九齡爭愈切，言益不聽。夫志滿則忽其所謀，意驕則樂軟熟、憎鯁切，較力雖多，課所效不及姚、宋遠矣。終之胡雛亂華，身播邊陬，非曰天運，亦人事有致而然。若知古等皆宰相選，使當天寶時，庸能有救哉！

唐書卷一百二十七

列傳第五十二

張嘉貞 延賞 弘靖 文規 次宗 嘉祐　源乾曜 光裕 洧　裴耀卿 佶

張嘉貞字嘉貞，本范陽舊姓，高祖子吒，仕隋終河東郡丞，遂家蒲州，爲猗氏人。以五經舉，補平鄉尉，坐事免。長安中，御史張循憲使河東，事有未決，病之，問吏曰：「若頗知有佳客乎？」吏以嘉貞對。循憲召見，咨以事。嘉貞條析理分，莫不洗然。循憲大驚，試命草奏，皆意所未及；它日，武后以爲能，循憲對皆嘉貞所爲，因請以官讓。后曰：「朕寧無一官自進賢邪？」召嘉貞見內殿，以簾自鄣。嘉貞儀止秀偉，奏對偘偘，后異之。因請曰：「臣草茅之人，未覩朝廷儀；陛下過聽，引對禁近。今天威咫尺，若隔雲霧，恐君臣之道有未盡也。」后曰：「善。」詔上簾，引拜監察御史，擢循憲司勳郎中，酬其得人。

累遷兵部員外郎。時功狀盈几，郎吏不能決，嘉貞爲詳處，不閱旬，廷無稽牒。進中書舍人。歷梁秦二州都督、并州長史，政以嚴辦，吏下畏之。奏事京師，玄宗善其政，數慰勞。嘉貞自陳：「少孤，與弟嘉祐相恃以長，今爲鄯州別駕，願內徙，使少相近，冀盡力報，死無恨。」帝爲徙嘉祐忻州刺史。

突厥九姓新內屬，雜處太原北，嘉貞請置天兵軍綏護其衆，即以爲天兵使。明年入朝，或告其反，按無狀，帝令坐告者。嘉貞辭曰：「國之重兵利器皆在邊，今告者一不當即罪之，臣恐塞言路，且爲未來之患。昔天子聽政於上，瞍賦，矇誦，百工諫，庶人謗，今將坐之，則後無繇聞天下事。」遂得減死。天子以爲忠，且許以相。嘉貞因曰：「昔馬周起徒步，謁人主，血氣方壯，太宗用之，能盡其才，甫五十而沒。向使用少晚，則無及已。陛下不以臣不肖，必用之，要及其時，後衰無能爲也。且百年壽孰爲至者？臣常恐先朝露死溝壑，誠得效萬一，無負陛下足矣！」帝曰：「弟往，行召卿。」

及宋璟等罷，帝欲果用嘉貞，而忘其名。夜詔中書侍郎韋抗曰：「朕嘗記其風操，而今爲北方大將，張姓而複名，卿爲我思之。」抗曰：「非張齊丘乎？今爲朔方節度使。」帝即使作詔以爲相。夜且半，因閱大臣表疏，舉一則嘉貞所獻，遂得其名，即以爲中書侍郎、同中書門下平章事。遷中書令。居位三年，善傅奏，敏於裁遣。然彊躁，論者恨其不裕。

帝數幸東都，洛陽主簿王鈞者，爲嘉貞繕第，會以贓聞，有詔杖之朝堂。嘉貞畏嶬染，促有司速斃以滅言。祕書監姜皎得罪，嘉貞希權幸意，請加詔杖，已而皎死。會廣州都督裴伷先抵罪，帝問法如何，嘉貞復援皎比，張說曰：「不然，刑不上大夫，以近君也。士可殺不可辱。向皎得罪，官三品，且有功，若罪應死，即殺，獨不宜廷辱，以卒伍待也。況勳貴在八議乎？事往不可咎，伷先豈容復濫哉？」帝然之。嘉貞退，不悅曰：「言太切。」說曰：「宰相，時來則爲，非可長保。若貴臣盡杖，正恐吾輩及之，渠不爲天下士君子地乎？」

初，嘉貞在兵部，而說已爲侍郎。及皆相，說位其下，議論無所讓，故說不平。未幾，嘉祐拜金吾將軍，兄弟要近，人頗憚娼。帝幸太原，嘉祐以贓聞，說訹嘉貞素服待罪，不謁，遂出爲幽州刺史，說代其處。嘉貞銜悔，謂人曰：「中書令幸二員，何相迫邪？」踰年，爲戶部尚書、益州長史，判都督事，詔宴中書省，與宰相會。嘉貞銜說不已，於坐慢罵說，源乾曜、王晙共平解，乃得去。

明年，王守一死，坐與厚善，貶台州刺史。俄拜工部尚書，爲定州刺史，知北平軍事，封河東侯。及行，帝賦詩，詔百官祖道上東門。久之，以疾丐還東都，詔醫馳驛護視。卒，年六十四，贈益州大都督，謚曰恭肅。

嘉貞性簡疏，與人不疑，內曠如也，或時以此失。有嗜進者，汲引之，能以恩終始。所薦中書舍人苗延嗣、呂太一，考功員外郎員嘉靜，殿中侍御史崔訓，皆位清要，日與議政事。

故當時語曰：「令君四俊，苗、呂、崔、員。」其始爲中書舍人，崔湜輕之，後與議事，正出其上。湜驚曰：「此終其坐。」後十年而爲中書令。嘉貞雖貴，不立田園。有勸之者，答曰：「吾嘗相國矣，未死，豈有飢寒憂？若以譴去，雖富田產，猶不能有也。近世士大夫務廣田宅，爲不肖子酒色費，我無是也。」

引萬年主簿韓朝宗爲御史，卒後十餘歲，朝宗以京兆尹見帝曰：「陛下待宰相，進退皆以禮，身雖沒，子孫咸在廷。張嘉貞晚一息寶符，獨未官。」帝惘然，召拜左司禦率府兵曹參軍，賜名曰延賞。

延賞雖蚤孤，而博涉經史，通吏治，苗晉卿尤器許，以女妻之。肅宗在鳳翔，擢監察御史，辟署關內節度使王思禮府。思禮守北都，表爲副，入遷刑部郎中。始，元載被用，以晉卿力，故厚遇延賞，薦爲給事中、御史中丞。

大曆初，除河南尹、諸道營田副使。河、洛當兵衝，邑里墟榛，延賞政簡約，輕傜賦，疏河渠，築宮廟。數年，流庸歸附，都闕完雄，有詔褒美。時罷河南、山南等副元帥，兵屯東都，詔延賞知留守，以兵屬。居五年，治行第一，召還。

會李少良劾元載陰罪，載斥其狂，下御史臺治訊，而延賞適拜大夫，不滿所私，出爲淮南節度使。歲旱，民它遷，吏禁之。延賞曰：「食者，人恃以活。拘此而斃，不如適彼而生。苟存吾人，何限爲？」乃具舟遣之，敕吏爲修室廬，已逋債，而歸者更增於舊。瓜步舟艫津湊，而遙繫江南，延賞請度屬揚州，自是行無稽壅。

會母喪免，服除，累拜荆南、劍南西川節度使。建中中，西山兵馬使張朏襲成都爲亂，延賞奔鹿頭戍。朏酣亂不設備，延賞諜知之，遣將叱干遂捕斬朏，復成都。自楊國忠討南蠻，三蜀疲罄。及乘輿臨狩，糜用百出。後更郭英乂、崔寧、楊子琳亂，益矜僭，公私蕭然。延賞事爲之制，薄入謹出，府庫遂實。德宗在奉天，貢獻踵道。及次梁，倚劍蜀爲根本。卽拜中書侍郎、同中書門下平章事。

帝還，詔入秉政。初，吐蕃寇劍南，李晟總神策軍戍之，及還，以成都倡自隨，延賞遣吏奪取，故晟銜之；至是，鎭鳳翔，帝所倚重，表陳宿憾，帝不得已，罷延賞爲尚書左僕射，然雅意決用之，以晟嘗爲韓滉識擢，命滉移書道意。及俱入朝，滉從容邀晟平憾，且使薦延賞於帝，於是復拜平章事。既而宴禁中，帝出瑞錦一端分繫之，以示和解。晟因爲子請婚，延賞不許。晟曰：「吾武夫雖有舊惡，盃酒間可解。儒者難犯，外睦而內含怒，今不許婚，釁未忘也。」

先時，吐蕃尙結贊請和，晟奏戎狄無信，不可許。滉亦請調軍食峙邊，無聽和。帝疑將晟帥邀功生事，議未決。會滉卒，延賞揣帝意，遂罷晟兵，奏以給事中鄭雲逵代之。帝曰：「晟有社稷功，俾自擇代者。」乃用邢君牙，而拜晟太尉兼中書令，奉朝請。是夏，吐蕃背約，劫渾瑊，將校多沒，如晟等策。故事，臨軒册拜三公，中書令讀册，侍中贊禮，或闕，則宰相攝事。晟當拜，而延賞薄其禮，用尚書崔漢衡、劉滋代攝。

時議遣劉玄佐復河、湟，延賞因建言：「今官繁費廣，州縣殘困，宜併省其員，悉收稟料糧課輸京師，賞戰士。」帝許之。即詔：「上州留上佐、錄事參軍、司戶、司兵、司士各一員，餘參軍留半；中州減司士；上縣令、尉具；中縣省尉；京兆、河南府司錄、判官，赤縣丞、簿、尉，各省半；餘府準上州。」詔下，內外始怨。玄佐辭西討，延賞更用李抱眞。抱眞怨延賞奪晟兵，不肯行。由是功臣解體。

是年，除吏千五百員，當省者千餘。道路訾謗，浸淫聞於上。延賞懼，請詔州縣：「或考先滿、或攝掌遇停限而官見乏者，聽在所擇省員有幹譽者權補，以才不以資。」而大臣馬燧、白志貞、韋倫表言省官太甚，不可行。會延賞疾困，不能事，宰相李泌一切奏復。卒，年六十一，贈太保，謚曰成肅。

延賞更四鎭，所至民頌其愛。及當國，飾情復怨，不稱所望，亦早不幸，未及有所建明。然帝待遇厚，稱其奏議有宰相體，專屬以吏事，而以軍食委李泌，刑法委柳渾，時以爲任職。

子弘靖。

弘靖字元理，雅厚信直，以蔭爲河南參軍。杜亞辟佐其府。亞疑牙將令狐運劫餉絹，弘靖直其枉，亞怒，斥出府。裴延齡爲德陽公主治第，欲徙弘靖先廟，上疏自言，德宗異之，擢監察御史。累遷戶部侍郎、陝州觀察使，徙河中節度使。元和中，拜刑部尙書、同中書門下平章事。

吳少陽死，其子元濟擅總留務，憲宗欲誅之。弘靖請先遣使者弔贈，待不恭，乃加兵，詔可。進中書侍郎，封高平縣侯。

武元衡遇害，賊未得，王承宗邸廝卒張晏被告，詔付御史臺劾驗，有狀。弘靖疑御史傅致晏罪，言之帝，不聽，遂誅晏，并討承宗。弘靖曰：「戎事並興，鮮有濟。不如悉力淮西，已平，乃治河朔。」議再迕，乃歸政，以檢校吏部尙書、同平章事，爲河東節度使。未及鎭，詔伐承宗。弘靖自以諫不聽，思自効，乃大閱兵，請身討賊。詔許出軍，無親往。既王師無功，帝憶曩言，下詔褒美。弘靖亦遣使間道喩承宗，承宗款附。召拜吏部尙書，徙節宣武。宣武承韓弘虐政，代以寬簡，民便安之。

長慶初，劉總擧所部內屬，請弘靖爲代，進檢校司空，仍同中書門下平章事，充盧龍節度使。始入幽州，老幼夾道觀。河朔舊將與士卒均寒暑，無障蓋安輿，弘靖素貴，肩輿而行，人駭異。俗謂祿山、思明爲「二聖」，弘靖懲始亂，欲變其俗，乃發墓毀棺，衆滋不悅。旬一決事，賓客將吏罕聞其言。委成於參佐韋雍、張宗厚，又不通大體，朘刻軍賜，專以法抳治之。官屬輕侻酣肆，夜歸，燭火滿街，前後呵止，其詬責士皆曰「反虜」，嘗曰：「天下無事，而輩挽兩石弓，不如識一丁字。」軍中以氣自任，銜之。總之朝，詔以錢百萬緡賚將士，弘靖取二十萬市府雜費，有怨言。會雍欲鞭小將，薊人未嘗更笞辱，不伏，弘靖繫之。是夕軍亂，囚弘靖薊門館，掠其家貲婢妾，執雍等殺之。判官張澈始就職，得不殺，與弘靖同被囚。會詔使至，澈謂弘靖曰：「公無負此土人，今天子使至，可因見衆辯，幸得脫歸。」卽推門求出。衆畏其謀，欲遷別館。澈大駡曰：「汝何敢反！前日吳元濟斬東市，李師道斬軍中，同惡者，父母妻子肉飽狗鼠鴟鴉。」衆怒，擊殺之。數日，吏卒稍自悔，詣館謝弘靖，願革心事之。三請，不對。衆曰：「公不赦我矣，軍中可一日無帥乎？」遂取朱克融主留後。詔貶弘靖太子賓客，分司東都。再貶吉州刺史。明年，出幽州，改撫州刺史，稍遷太子少師。卒，年六十五，贈太子太保。

弘靖少有令問，杜鴻漸、杜佑皆器許。歷臺閣顯級，人以爲有輔相才。及居位，簡默自處，無所規拂。幽薊初效順，不能因俗制變，故范陽復亂。家聚書畫，侔祕府。先第在東都思順里，盛麗甲當時，歷五世無所增葺，時號「三相張家」云。子：文規、次宗。

裴度秉政，引文規爲右補闕。度出襄陽，貶温令，度奏置幕府。累轉吏部員外郎。右丞韋温劾文規父昔被囚，逗留不赴難，不宜任省署。出爲安州刺史，終桂管觀察使。子彥遠，博學有文辭，乾符中至大理卿。

次宗，開成初爲起居舍人。文宗始詔左右史立螭頭下記宰相奏對，既退，帝召見審正是非。故開成時事爲最詳。以稱職，兼集賢院直學士。文規左遷，改國子博士、史館修撰。李德裕再當國，引爲考功員外郎，知制誥。出澧、明二州刺史，卒。

孫茂樞，字休府，及進士第。天祐中，累遷祠部郎中，知制誥。坐柳璨事，貶博昌尉。

嘉祐，嘉貞弟，有幹略。方嘉貞爲相時，任右金吾衞將軍，昆弟每上朝，軒蓋騶導盈閭巷，時號所居坊曰「鳴珂里」。後貶浦陽府折衝。開元末，爲相州刺史。舊刺史多死官，衆疑畏。嘉祐以周總管尉遲迥死國難，忠臣也，立祠房解祓衆心。三歲，入爲左金吾將軍。後吳兢爲刺史，又加神冕服，遂無患。

源乾曜，相州臨漳人。祖師民，隋刑部侍郎。父直心，高宗時太常伯，流死嶺南。

乾曜第進士。神龍中，以殿中侍御史黜陟江東，奏課最，頻遷諫議大夫。景雲後，公卿百官上巳、九日廢射禮，乾曜以爲：「聖王教天下，必制禮以正人情。君子三年不爲禮，禮必壞；三年不爲樂，樂必崩。古之擇士，先觀射禮，非取一時樂也。夫射者，别邪正，觀德行，中祭祀，辟寇戎，古先哲王莫不遞襲。比年以來，射禮不講，所司恡費，而舊典爲虧。臣愚謂所計者財，所虧者禮，故孔子不愛羊而存禮也。大射謂春秋不可廢。」

開元初，邠王府吏犯法，玄宗敕左右爲王求才長史，太常卿姜皎薦乾曜，自梁州都督召見，神氣爽澈，占對有序，帝悅之，擢少府少監，兼邠王府長史。累進尚書左丞。四年，拜黃門侍郎、同紫微黃門平章事。踰月，與姚崇俱罷。

會帝東幸，以京兆尹留守京師。治尚寬簡，人安之。居三年，政如始至。仗内白鷹因縱失之，詔京兆督捕，獲於野，絓榛死。吏懼得罪，乾曜曰：「上仁明，不以畜玩置罪，苟其獲戾，尹專之。」遂入自劾失旨。帝一不問，衆伏其知體而善引咎。

八年，復爲黃門侍郎、同中書門下三品，進位侍中。建言：「大臣子併求京職，俊乂率任外官，非平施之道。臣三息俱任京師，請出二息補外，以示自近始。」詔可。乃以子河南參軍弼爲絳州司功，太祝絜爲鄭尉。詔曰：「乾曜身率庶寮以讓，既請外其子，又復下遷。傳不云乎：『范宣子讓，其下皆讓。』『晉國之人，於是大和。』道之或行，仁豈遠哉。其令文武官父子昆弟三人在京司者，分任于外。」繇是公卿子弟皆出補。

帝嘗自較其考，與張說偕賜。時議者言：「國執政所以同休戚，不崇異無以責功。」帝乃詔中書、門下共食實戶三百，堂封自此始。

東封還，爲尚書左丞相，兼侍中。久之，罷侍中，遷太子少師。避祖名，更授少傅，安陽郡公。帝幸東都，以老疾不任陪扈。卒，贈幽州大都督。

乾曜性謹重，其始仕已四十餘，歷官皆以淸愼恪敏得名。爲相十年，與張嘉貞、張說、李元紘、杜暹同秉政，居中未嘗廷議可否事，晚節唯唯聯署，務爲寬平惇大，故鮮咎悔。姜晈爲嘉貞所排，雖得罪，訖不申救，君子譏焉。

族孫光裕，亦有名，居官號淸愿，撫諸弟友義。爲中書舍人，與楊滔、劉令植同刪著開元新格。歷尙書左丞，會選諸司長官爲刺史，光裕任鄭州，爲世良吏。卒官。

子洧，以雍睦保家，士友推之。天寶中，爲給事中、襄州刺史。安祿山犯河、洛，爲江陵大都督長史以禦賊，卒，贈禮部尚書，謚曰懿。

裴耀卿字煥之，寧州刺史守眞次子也。數歲能屬文，擢童子舉，稍遷祕書省正字、相王府典籤，與掾丘悅、文學韋利器更直，備顧問，府中號「學直」。王卽帝位，授國子主簿，累遷長安令。舊有配戶和市法，人厭苦，耀卿一切責豪門坐賈，豫給以直，絕僦欺之敝。及去，人思之。

為濟州刺史，濟當走集，地廣而戶寡。會天子東巡，耀卿置三梁十驛，科斂均省，為東州知頓最。封禪還，次宋州，宴從官，帝歡甚，謂張說曰：「前日出使巡天下，觀風俗，察吏善惡，不得實。今朕有事岱宗，而懷州刺史王丘餼牽外無它獻，我知其不市恩也；魏州刺史崔沔遣使供帳，不施錦繡，示我以儉，此可以觀政也；濟州刺史裴耀卿上書數百言，至曰『人或重擾，則不足以告成』，朕置書座右以自戒，此其愛人也。」

俄徙宣州。前此大水，河防壞，諸州不敢擅興役。耀卿曰：「非至公也。」乃躬護作役，未訖，有詔徙官。耀卿懼功不成，弗卽宣，而撫巡飭厲愈急。隄成，發詔而去。濟人為立碑頌德。歷冀州，入拜戶部侍郎。

開元二十年，副信安王禕討契丹，又持帛二十萬賜立功奚官，耀卿曰：「幣涉寇境，不可以不備。」乃令先與期，而分道賜之，一日畢。突厥、室韋果邀險來襲，耀卿已還。

遷京兆尹。明年秋，雨害稼，京師飢。帝將幸東都，召問所以救人者。耀卿曰：「陛下既東巡，百司畢從，則太倉、三輔可遺重臣分道賑給，自東都益廣漕運，以實關輔，關輔既實，則乘輿西還，事蔑不濟。且國家大本在京師，但秦地狹，水旱易匱。往貞觀、永徽時，祿稟者少，歲漕粟二十萬略足；今用度寖廣，運數倍且不支，故數東幸，以就敖粟。爲國大計，臣願廣陝運道，使京師常有三年食，雖水旱不足憂。今天下輸丁約四百萬，使丁出百錢爲陝、洛運費，又益半爲營窖用，分納司農、河南、陝州。又令租米悉輸東都。從都至陝，河益湍沮，若廣漕路，變陸爲水，所支尚贏萬計。且江南租船候水始進〔一〕，吳工不便河漕，處處停留，易生隱盜。請置倉河口，以納東租，然後官自顧載，分入河、洛。度三門東西各築敖倉，自東至者，東倉受之；三門迫險，則旁河鑿山，以開車道，運十數里，西倉受之。度宜徐運抵太原倉，趨河入渭，更無留阻，可減費鉅萬。」天子然其計，拜黃門侍郎、同中書門下平章事，充轉運使。

於是置河陰、集津、三門倉，引天下租繇盟津泝河而西。三年積七百萬石，省運費三十萬緡。或曰：「以此緡納於上，足以明功。」答曰：「是謂以國財求寵，其可乎？」敕吏爲和市費。遷侍中。

二十四年，以尚書左丞相罷，封趙城侯。夷州刺史楊濬以贓抵死，有詔杖六十，流古州。

耀卿上言："刺史、縣令異諸吏，爲人父母，風化所瞻。今使裸躬受笞，事太逼辱。法至死，則天下共之。然一朝下吏，屈挫牽頓，民且哀憐，是忘免死之恩，而有傷心之痛，恐非崇守長、勸風俗意。又雜犯抵死無杖刑，必三覆後決，今非時不覆，或夭其命，非所以寬宥之也。凡大暑決囚多死，秋冬乃有全者。請今貸死決杖，會盛夏生長時並停，則有再生之實。"

是時，特進蓋嘉運破突騎施還，詔爲河西、隴右節度使，因令經略吐蕃。嘉運以新立功，日酣遨未赴屯。耀卿言於帝曰："嘉運精勁勇烈誠有餘，然臣見其夸言驕色，竊憂之，恐不足與立事。今盛秋防邊，日月已薄，當與軍中士卒相見。若不素講，雖決在一時，恐非制勝萬全之義。且兵未及訓，不能知法；士未懷惠，不可共心。使幸而有功，非師出以律之善。又萬人之命倚於將，示不得已，故鑿凶門而出。今酣呶朝夕，肸蠁自安，非愛人憂國者，不可不察。苟不易帥，宜嚴詔申約，以督其行。"帝乃促嘉運詣部，卒無功還。

天寶初，進尙書左僕射，俄改右僕射，而李林甫代之。上日，林甫至本省，具朝服劍佩，博士導，郎官唱案。禮畢，就耀卿聽事，乃常服，以贊者主事導唱。林甫驚曰："班爵與公同，而禮數異，何也？"耀卿曰："比苦眩，不堪重衣。又郎、博士紛泊，非病士所宜。"林甫默然慚。居一歲，卒，年六十三，贈太子太傅，謚曰文獻。子綜，吏部郎中。綜子佶。

佶字弘正，幼能文。第進士，補校書郎，判等高，授藍田尉。德宗詔發畿縣民城奉天，嚴郢爲京兆，政刻急，本曹尉韋重規妻乳且疾，不敢免。佶請代役，要如程，當時稱其義。帝幸梁，佶奔見行在，授補闕。李懷光以河中叛，佶建議請討，帝深器之。詔用盧杞爲饒州刺史，與諫官執不可。歷遷諫議大夫。黔中觀察使韋士文爲夷獠所逐，詔佶代之，部夷安服。

歷同州刺史、中書舍人，遷尚書右丞。時李巽以兵部尚書領鹽鐵，將遷使局就本曹，經構已半，會佶至，以爲不可。巽雖怙恩而彊，猶撤之，時重其有守。改吏部侍郎，以疾爲國子祭酒、工部尚書。卒，贈吏部尚書，謚曰貞。

佶清勁明鋭，所與友皆第一流，鄭餘慶尤厚善。既歿，餘慶爲行服，士林美之。

贊曰：開元之盛，所置輔佐，皆得賢才，不者若張、源等，猶惓惓事職，其建明有足稱道。朝多君子，信太平基歟！張氏三世宰相，然器有所窮，嘉貞窮於俗，延賞窮於忮，弘靖窮於權，惜哉！

校勘記

〔一〕江南　各本原作「河南」。據本書卷五三及舊書卷四九食貨志、通典卷一〇、唐會要卷八七及冊府卷四九八改。

唐書卷一百二十八

列傳第五十三

蘇珦晉　尹思貞　畢構栩　李傑　鄭惟忠　王志愔

許景先　潘好禮　倪若水　席豫　齊澣抗

蘇珦，雍州藍田人。中明經第，調鄠尉。時李義琰爲雍州長史，鄠多訟，日至長史府，珦裁決明辦，自是無訴者。義琰異之，顧聽事曰：「此公坐也，恨吾齒晚，不及見。」

垂拱初，爲監察御史。武后殺韓、魯諸王，付珦密鞫按訊，珦推之無狀。或言珦助韓、魯者，后詰之，挺議無所橈，后不悅曰：「卿，大雅士，此獄不足諉卿。」即詔監軍河西。五遷右司郎中。御史王弘義附來俊臣爲酷，世畏疾，莫敢觸其鋒。會督伐材於虢，笞督過程，人多死，珦按奏，弘義坐免。遷給事中，進左肅政臺御史大夫。后營大像白司馬坂，縻用億計，珦上疏切諫，見納。

中宗將斬韋月將，珦執據時令不可以大戮，忤三思意，改右臺，俄出爲岐州刺史。復爲右臺大夫。會節愍太子敗，詔株索支黨。時睿宗居藩，爲獄辭牽逮，珦密啓保辯，亦會宰相開陳，帝感悟，多所含貸。擢戶部尚書，封河內郡公。以檢校太子詹事致仕。卒，年八十一，贈兗州都督，謚曰文。

子晉，數歲知爲文，作八卦論，吏部侍郎房穎叔、祕書少監王紹宗歎曰：「後來之王粲也。」舉進士及大禮科，皆上第。先天中，爲中書舍人。玄宗監國，所下制命，多晉及賈曾稾定。屢獻讜言，天子嘉允。出爲泗州刺史，以珦老，請解職奉養。珦卒，歷戶部侍郎，襲爵，遷吏部。時宋璟兼尚書事，晉與齊澣更典二都選，旣糊名校判，而晉獨事賞拔，當時譽之。及裴光庭知尚書，有過官被却者，就籍以朱點頭而已。晉因榜選院曰「門下點頭者更擬」，光庭以爲侮己，出晉汝州刺史。遷魏州，終太子左庶子。

始，晉與洛人張循之、仲之兄弟善，而二人以學顯。循之上書忤武后，見殺。仲之神龍中謀去武三思，爲宋之遜等所發，死，晉厚撫其子漸，爲營婚宦。晉卒，漸喪之若諸父云。

尹思貞，京兆長安人。弱冠以明經第，調隆州參軍事。屬邑豪蒲氏驁肆不法，州檄思貞按之，擿其姦贓萬計，卒論死，部人稱慶，刻石歎頌。遷明堂令，以善政聞。擢殿中少監，檢校洺州刺史。會契丹孫萬榮亂，朔方震驚，思貞循撫境內，獨無擾。武后璽書褒尉。

長安中，遷秋官侍郎，忤張昌宗意，出爲定州刺史。召授司府少卿。時卿侯知一亦厲威嚴，吏爲語曰：「不畏侯卿杖，祗畏尹卿筆。」加銀青光祿大夫。其家坎地，獲古戟十二，俄而門樹戟，時人異焉。

神龍初，擢大理卿。雍人韋月將告武三思大逆，中宗命斬之，思貞以方發生月，固奏不可，乃決杖，流嶺南。三思諷所司加法殺之，復固爭，御史大夫李承嘉助三思，而以他事劾思貞，不得謁。思貞謂承嘉曰：「公爲天子執法，乃擅威福，慢憲度，諛附姦臣圖不軌，今將除忠良以自恣邪？」承嘉慚怒，劾思貞，爲青州刺史。或問曰：「公敏行，何與承嘉辯？」答曰：「石非能言者，而或有言。承嘉恃權而侮吾，義不辱，亦不知言何從而至。」治州有績，蠶至歲四熟，黜陟使路敬潛至部，歎曰：「是非善政致祥乎！」表言之。

睿宗立，召授將作大匠，封天水郡公。僕射竇懷貞護作金仙、玉眞觀，廣調夫匠，思貞數有損節。懷貞讓之，答曰：「公，輔臣也，不能宣贊王化，而土木是興，以媚上害下，又聽小人譖以廷辱士，今不可事公矣。」乃拂衣去，闔門待罪。帝知之，特詔令視事。懷貞誅，拜御史大夫，累遷工部尚書。請致仕，許之。開元四年卒，年七十七，贈黃門監，謚曰簡。思貞前後爲刺史十三郡，其政皆以清最聞。

畢構字隆擇，河南偃師人。六歲能爲文。及冠，擢進士第，補金水尉，遷九隴主簿。居親喪，毀棘甚，已除，猶屏處丘園。武后召爲左拾遺。神龍初，遷中書舍人。敬暉等表諸武不宜爲王，構當讀表，抗聲析句，左右皆曉知。三思疾之，出爲潤州刺史，政有惠愛。徙衞、同、陝三州，遷益州府長史。

景龍末，召爲左御史大夫。會平諸韋，治其黨，衣冠多坐，構詳比重輕，皆得其情。時李傑爲河南尹，與構皆一時選，世謂「畢李」。封魏縣男。復爲益州長史，按察劍南，振弊梖私，號爲淸嚴。睿宗嘉構脩絜獨行，有古人風，其治術又爲諸使最，乃賜璽書、袍帶。再遷吏部尚書，並遙領益州長史，徙廣州都督。

玄宗立，授河南尹，進戶部尚書。久之，移疾，帝手疏醫方賜之。當時以戶部爲凶官，遽改太子詹事，冀其愈。會卒，贈黃門監，謚曰景。

始，構喪繼母，而二妹襁褓，身鞠養至成人。妹爲構服三年。弟栩，以太府主簿留司東都，聞疾馳歸，哀毀如大喪，雖變服未嘗笑，天下稱其友悌。終荊州司馬。

構子炕，天寶末爲廣平太守，拒安祿山，城陷，覆其家。贈戶部尙書。炕生垧，始四歲，與弟增以細弱得不殺，爲賞口。河北平，宗人宏以財贖出之。後舉明經，爲臨渙尉。徐州節度使張建封高炕節，聞垧篤行，表署幕府，攝符離令。後調王屋尉，以謹廉聞。喜賓客，家未嘗以有無計。及歿，無貲以治喪云。

李傑本名務光，相州滏陽人。後魏幷州刺史寶之裔孫。少以孝友著。擢明經第，解褐齊州參軍事，遷累天官員外郞。爲吏詳敏，有治譽。以採訪使行山南，時戶口逋蕩，細弱下戶爲豪力所兼，傑爲設科條區處，檢防亡匿，復業者十七八。神龍中，爲河東巡察黜陟使，課最諸道。先天中，進陝州刺史、水陸發運使。置使自傑始。改河南尹。

傑旣精聽斷，雖行來食飮，省治不少廢，繇是府無淹事，人吏愛之。寡婦有告其子不孝者，傑物色非是，謂婦曰：「子法當死，無悔乎？」答曰：「子無狀，寧其悔！」乃命市棺還斂之，使人迹婦出，與一道士語，頃持棺至，傑令捕道士按問，乃與婦私不得逞。傑殺道士，內于棺。河、汴之交舊有梁公堰，廢不治，南方漕弗通，傑調汴、鄭丁男復作之，不費而利。

入代宋璟爲御史大夫。尙衣奉御長孫昕素惡傑，遇于道，內侍玄宗婭婿，與所親楊仙玉共毆辱之。傑訴曰：「敗髮膚，痛在身；辱衣冠，恥在國。」帝怒，詔斬昕等朝堂。左散騎常侍馬懷素建言：「陽和月，不可以殊死。」乃敕杖殺之，謝百官，降書慰傑。

以護作橋陵，封武威縣子。初，傑引侍御史王旭爲護陵判官，旭貪贓，傑將繩之，未及發，反爲所構，出衢州刺史。遷揚州大都督府長史，復爲御史劾免。開元六年卒，帝悼之，特贈戶部尙書。

鄭惟忠，宋州宋城人。第進士，補井陘尉。天授中，以制舉召見廷中，武后問舉者，何所事爲忠，對皆不合旨。惟忠曰：「外揚君之美，內正君之惡。」后曰：「善。」擢左司禦冑曹參軍事，遷水部員外郞。后還長安，復以待制召。后曰：「非嘗於東都對忠臣者乎？朕今不忘。」遷鳳閣舍人。

中宗立，擢黃門侍郞。時議禁嶺南酋戶不得畜兵，惟忠曰：「善爲政者因其俗。且吳人所謂家鶴膝、戶犀渠，此民風也，禁之得無擾乎？」遂止。進大理卿。節愍太子敗，守衞詿誤皆流，已決，諸韋黨請悉誅之，帝欲改推。惟忠奏：「大獄始判，復改訊，恐反側者不自安，且失信天下。」有詔百司參議，卒論如前，所全貸爲多。俄授御史大夫，持節賑給河北道，且許黜陟守宰。還奏稱旨，封滎陽縣男，遷太子賓客。卒，贈太子少保。

王志愔，博州聊城人。擢進士第。中宗神龍中，爲左臺侍御史，以剛鷙爲治，所居人吏畏讋，呼爲「皁鵰」。遷大理正，嘗奏言：「法令者，人之隄防，不立則無所制。今大理多不奉法，以縱罪爲仁，持文爲苛，臣執刑典，恐且得謗。」遂上所著應正論以見志，因規帝失。大抵以「易萃之六二曰『引吉无咎』，謂處萃之時，己獨居正，異操而聚，獨正者危，未能以遠害。惟九五應之，乃履正迎吉，由己居下位而中正是託，期於上應之，不括囊以守祿也。」又言：「刑賞二柄，惟人主操之。故曰：『以力役法者，百姓也；以死守法者，有司也；以道變法者，君上也。』魏游肇爲廷尉，帝私敕肇有所降恕，肇執不從，曰：『陛下自能恕之，豈可令臣曲筆也？』」又言：「爲國當以嚴致平，非以寬致平。嚴者，非凝網重罰，在人不易犯而防難越也。故捨銜策於奔踶，則王良不能御騂；停藥石於膚腠，則俞附不能攻疾。」又言：「漢武帝甥昭平君殺人，以公主子，廷尉上請，帝垂涕曰：『法令者，先帝之所造也，用親故誣先帝法，吾何面目入高廟乎？』卒可其奏。隋文帝子秦王俊爲并州總管，以奢縱免官。楊素曰：『王，陛下愛子，請赦之。』帝曰：『法不可違，若如公意，我乃五兒之父，非兆人之父，何不別制天子子律乎？』故天子操法有不變之義。」凡數千言，帝嘉之。

景雲初，以左御史中丞遷大理少卿。時詔用漢故事，設刺史監郡，於天下劇州置都督，選素威重者授之。遂拜志愔齊州都督，事中格，復授齊州刺史、河南道按察使。徙汴州，封北海縣男。太極元年，兼御史中丞內供奉，實封百戶。出爲魏州刺史，改揚州長史。所至破碎姦猾，令行禁信，境內肅然。

開元九年，帝幸東都，詔留守京師。京兆人權梁山妄稱襄王子，與左右屯營官謀反，自稱光帝，夜犯長樂門，入宮城，將殺志愔，志愔踰垣走，而屯營兵悔，更斬梁山等自歸，志愔慚悸卒。

許景先，常州義興人。曾祖緒，武德時以佐命功，歷左散騎常侍，封眞定公，遂家洛陽。

景先由進士第釋褐夏陽尉。神龍初，東都造服慈閣，景先獻賦，李迥秀見其文，畏歎曰：「是宜付太史！」擢左拾遺。以論事切直，外補滑州司士參軍。舉手筆俊拔、茂才異等連中，進揚州兵曹參軍。還爲左補闕。宋璟、蘇頲擇殿中侍御史，久不補，以授景先，時議僉愜。抨按不避近疆。與齊澣、王丘、韓休、張九齡更知制誥，以雅厚稱。張說曰：「許舍人之文，雖乏峻峯激流，然詞旨豐美，得中和之氣。」

開元十年，伊、汝溢，壞廬舍甚衆，景先見侍中源乾曜曰：「災眚所降，王者宜修德應之，因遣大臣存問失職，罪己引咎，以答天譴。公在元弼，庸可默乎？」乾曜悟，遽白玄宗，遣陸象先持節振贍。

十三年，帝自擇刺史，景先由吏部侍郎爲刺史治虢州，大理卿源光裕鄭州，兵部侍郎寇泚宋州，禮部侍郎鄭温琦邠州，大理少卿袁仁敬杭州，鴻臚少卿崔志廉襄州，衞尉少卿李昇期邢州，太僕少卿鄭放定州，國子司業蔣挺湖州，左衞將軍裴觀滄州，衞率崔誠遂州，凡十一人。治行，詔宰相、諸王、御史以上祖道洛濱，盛具，奏太常樂，帛舫水嬉，命高力士賜詩，帝親書，且給筆紙令自賦，賚絹三千遣之。後徙岐州，入爲吏部侍郎，卒。

潘好禮，貝州宗城人。第明經，累遷上蔡令，治在最，擢監察御史。坐小累，下除芮城令，拜侍御史，徙岐王府司馬。居後母喪，詔奪服，固辭不出。

開元初，爲邠王府長史。王爲滑州刺史，好禮兼府司馬、知州事。王御下不能肅，有詔好禮檢督王家，至過失皆上聞。王每游觀，好禮必諫諭禁切。農月，王出獵，家奴羅迾，好禮遮道諫，王初不許，乃臥馬下譟曰：「今農在田，王何得非時暴禾稼，以損下人？要先踐殺司馬，然後聽所爲！」王慚，爲還。

遷豫州刺史。勤力于治，淸廉無所私，然喜察細事，下厭其苛。子請舉明經，好禮曰：「經不明，不可妄進。」乃自試之，不能通，怒笞之，械而徇於門。復以公累，徙溫州別駕，卒。

好禮博學，能論議，節行脩整，一意無所傾附。未嘗自列階勳，居室服用粗苟至終身，世謂近名。

倪若水字子泉，恆州藁城人。擢進士第，累遷右臺監察御史。黜陟劍南道，繩舉嚴允，課第一。開元初，爲中書舍人、尚書右丞，出爲汴州刺史，政淸淨。增脩孔子廟，興州縣學廬，勸生徒，身爲教誨，風化興行。

玄宗遣中人捕鵁鶄、溪鶒南方，若水上言：「農方田，婦方蠶，以此時捕奇禽怪羽爲園籞之玩，自江、嶺而南，達京師，水舟陸齎，所飼魚蟲、稻粱，道路之言，不以賤人貴鳥望陛下邪？」帝手詔褒答，悉放所玩，謫使人過取罪，而賜若水帛四十段。

時天下久平，朝廷尊榮，人皆重內任，雖自冗官擢方面，皆自謂下遷。班景倩自揚州採訪使入爲大理少卿，過州，若水餞于郊，顧左右曰：「班公是行若登仙，吾恨不得爲騶僕。」未幾，入爲戶部侍郎，復拜右丞，卒。

席豫字建侯，襄州襄陽人。後周昌州刺史固七世孫，後徙河南。長安中，舉學兼流略、詞擅文場科，擢上第，時年十六，以父喪罷。復舉手筆俊拔科，中之。補襄邑尉，奏事闕下，會節愍太子難，安樂公主請爲皇太女，豫曰：「昔梅福上書譏后族，彼何人哉！」乃上疏請立皇太子，語深切，人爲寒懼。太平公主聞其名，將表爲諫官，豫恥汙詖謁，遁去。俄舉賢良方正異等，爲陽翟尉。

開元初，觀察使薦豫賢，遷監察御史，出爲樂壽令。前令以親喪解，而豫母病，訴諸朝，改懷州司倉參軍。復舉超拔羣類科。會母喪去。服除，授大理丞，遷考功員外郎，進紬清明。爲中書舍人，與韓休、許景先、徐安貞、孫逖名相甲乙。出鄭州刺史。韓休輔政，舉代己，入拜吏部侍郎。玄宗曰：「卿前日考功職詳事允，故有今授。」豫典選六年，拔寒遠士多至臺閣，當時推知人，號席公云。天寶六載，進禮部尙書，累封襄陽縣子。凡四以使者按行江南、江東、淮南、河北。南方俗死不葬，暴骨中野，豫敎以埋斂，明列科防，俗爲之改。豫淸直亡欲，當官不爲勢權所撼。性謹畏，與子弟、屬吏書，不作草字。或曰：「此細事耳，何留慮？」答曰：「細不謹，況大事邪？」及疾篤，遺令：「三日斂，斂已卽葬，勿久留以黷公私；貲不足，可賣居宅以終事。」卒，年六十九，贈江陵大都督，謚曰文。

帝嘗登朝元閣賦詩，羣臣屬和，帝以豫詩最工，詔曰：「詩人之冠冕也。」

弟晉，亦以文名當時。

齊澣字洗心，定州義豐人。少開敏，年十四，見特進李嶠，嶠稱有王佐才。中宗在廬陵，澣上言請抑諸武，迎太子東宮，不報。及太子還，武后召澣宴同明殿，諭曰：「朕母子如初，卿豫有力焉，方不次待爾。」澣辭母老不忍遠離，賞而罷。聖曆初，及進士第，以拔萃調蒲州司法參軍。有父子連坐論死者，澣曰：「條落則本枯，奈何俱死？」議貸其父，太守不聽，固爭，卒原。景雲初，姚崇取爲監察御史。凡劾奏，常先風敎，號善職。睿宗將祠太廟，刑部尙書裴談攝太尉，先告。澣奏：「孝享攝事，稽首而拜，恭明神也，而談慢媟不恭。」幷劾談「神昏形瘁，挾邪以罔上。神龍時，事武三思，陷敬暉，沒其家以獲進。妻外淫，男女不得姓氏。夫告神慢，事主不忠，家不治，有是三罪，不可不寘之法。」談由是下除汾州刺史。

開元初，姚崇復相，用爲給事中、中書舍人。論駁及誥詔皆援準古誼，朝廷大政必咨之，時號「解事舍人」。數諷崇年老宜避位。時宋璟在廣州，因勸崇擧自代，崇用其謀。璟爲相，它日問曰：「吾不敢冀房、杜，比爾日諸公云何？」澣曰：「不如。」璟請故，答曰：「前時近郊戶三百以爲困，今不百戶，是以知之。」馬懷素等緒次四庫書，表澣爲副，改祕書少監。

出爲汴州刺史，地當舟車湊集，事浩繁，前刺史數不稱職，唯倪若水與澣以淸毅聞，吏民頌美。玄宗封太山，歷汴、宋、許，車騎數萬，王公妃主四夷君長馬、槖駝亦數萬，所頓彌數十里。澣列長棚，帟幕聯亙，上食凡千輿，納莞籥，身進膳，帝以爲知禮，喜甚，爲留三日，賜帛二千匹。澣以淮至徐城險急，鑿渠十八里，入靑水，人便其漕。

中書令張說擇丞轄，以王丘爲左，澣爲右。李元紘、杜暹當國，表宋璟爲吏部尙書，澣及蘇晉爲侍郎，世謂臺選。嘗奏事，帝指政事堂曰：「非卿尙誰居者。」

是時，開府王毛仲寵甚，與龍武將軍葛福順相婚嫁，毛仲奏請無不從。澣乘間曰：「福順典兵馬，與毛仲爲婚家，小人寵極則姦生，不預圖，且有後患。高力士小心謹畏，加宦人可備禁中驅使，腹心所委，何必毛仲哉？」又言：「君不密失臣，臣不密失身，惟陛下密此言。」帝嘉納，且勞曰：「卿第出，我徐計其宜。」會大理丞麻察坐事，出爲興州別駕，澣往餞，因道諫語。察素姦佻，遽言狀。帝怒，召澣入殿中曰：「卿向疑朕不密，而反告察，謂何？且察輕躁無行，常游太平門者，詎不知邪？」澣免冠頓首謝，貶高州良德丞，察再貶皇化尉，其黨齊敷、郭稟皆流放。

久之，澣徙索盧丞、郴州長史、濠常二州刺史。遷潤州，州北距瓜步沙尾，紆匯六十里，舟多敗溺。澣徙漕路繇京口埭，治伊婁渠以達揚子，歲無覆舟，減運錢數十萬。又立伊婁埭，官征其入；招還流人五百戶，置明州以安輯之。復徙汴州。

澣中失勢，益悵恨，素操寖衰。更倚力士助，得爲兩道採訪使，興利以中天子意，裒貨財遺謝貴幸。納劉戒女爲妾，不答其妻。李林甫惡其行，欲擠而廢之。會其幕府坐贓，事連澣，詔矜澣老，放歸田里。天寶初，召爲太子少詹事，留司東都。嚴挺之亦爲林甫所廢，與澣家居，杖屨經過不缺日，林甫畏之，乃用澣爲平陽太守，離其謀。更以黃老淸靜爲治，卒，年七十二。肅宗時，錄林甫所陷者，皆褒洗，故澣贈禮部尙書。

澣嘗稱陳希烈、宋遙、苗晉卿、韋述之才，後皆大顯。

詧者，河東人，由明經第五遷殿中侍御史。魏元忠子昇死節愍太子難，而元忠繫大理，昇妻鄭父遠，嘗納錢五百萬，以女易官。武后重元忠舊臣，欲榮其姻對，授遠河內令，子洛州參軍。元忠下獄，遣人絕婚，許之。明日，嫁其女。詧劾遠敗風教，請錮終身，遠遂廢。當時謂詧爲公，而終以憸險斥云。

澣孫抗。

抗字遐舉，少值天寶亂，奉母夫人隱會稽。壽州刺史張鎰辟署幕府。抗吏事閑敏，有文雅，從鎰鎭江西。及以宰相領鳳翔，奏署監察御史。李楚琳亂，奔奉天，授侍御史，遷戶部員外郎。蕭復引爲江淮宣慰判官。德宗自梁、洋還，財用大屈，鹽鐵使元琇薦抗材，改倉部郎中，斡鹽利。俄爲水陸運副使，護漕江淮，給京師。歷諫議大夫，坐小累，爲處州刺史。歷蘇州，徙潭州觀察使，召爲給事中，遷河南尹，進太常卿，以中書侍郎同中書門下平章事。

抗無遠謀大略，雖用心至精，末乃滋彰苛刻。以病乞身，罷爲太子賓客。卒，年六十五，贈戶部尙書，謚曰成。

初，吏部歲考書言，以它官第上下，中書、門下遣官覆實，以爲常。抗以尙書、侍郎皆大臣選，今更覆覈，非任人勿疑之道。禮部侍郎試貢士，其姻舊悉試考功，謂之「別頭」，皆奏罷之。又省州別駕、田曹司田官、判司雙曹者，減中書吏員。此其稍近治者云。

唐書卷一百二十九

列傳第五十四

裴守眞 子餘 行立　崔沔　盧從愿　李朝隱　王丘

嚴挺之 武 綬 澈

裴守眞，絳州稷山人，後魏冀州刺史叔業六世孫。父眘，隋大業中爲淮安司戶參軍。郡人楊琳、田瓚等亂，劫吏多死，唯眘以仁愛故，賊約其屬無敢害，護送還鄉。

守眞早孤，母喪，哀毀癯盡。舉進士，六科連中，累調乾封尉。養寡姊謹甚，士推其禮法。永淳初，關中旱，悉稟祿奉姊及諸甥，與妻息惡食不贍也。

授太常博士。守眞善容典，時謂才稱其官。高宗將封嵩山，詔諸儒議射牲事。守眞奏：「古者郊祀天地，天子自射牲。漢武帝封太山，令侍中儒者射之，帝不親也。今按禮，前明十五刻，宰人鸞刀割牲，質明行事，毛血已具，天子至，奠玉酌獻而已。今若前祀一日射牲，則早於事；及日，則晚不逮事。漢又天子不親，古今異宜，恐不可行。」是時，破陣、慶善二樂舞入，帝常立以視，須樂闋乃坐。守眞幷言：「二舞誠祖宗盛德，然古無天子立觀者。化育詒庇，孰非厥功，不應鼓舞別申嚴奉。」詔可，未及行。會帝崩，大行舊禮無在者，守眞與博士韋叔夏、輔抱素等討按故事，稱情爲文，咸適所宜，時人服其得禮。天授中，爲司府丞，推覈詔獄，多裁恕，全免數十姓。不合武后旨，出爲汴州司馬。遷累成州刺史，政不務威嚴，吏民兩懷之。徙寧州，送者千數，出境尙不止。長安中卒，贈戶部尙書。

子子餘、耀卿、巨卿。曾孫行立。耀卿、巨卿別有傳。

子餘事繼母爲聞孝，中明經，補鄠尉。時同舍李朝隱、程行諶以文法稱，而子餘以儒顯，或問優劣於長史陳崇業，答曰：「蘭菊異芬，胡有廢者？」景龍中，爲左臺監察御史。涇、岐有隋世番戶子孫數千家，司農卿趙履溫奏籍爲奴婢，充賜口。子餘曰：「官戶以恩原爲番戶，且今又子孫，可抑爲賤乎？」履溫倚宗楚客勢，辯于廷，子餘執對不撓，遂詘其議。開元初，累遷冀州刺史，爲政惠裕，人稱有恩。入爲岐王府長史。卒，謚曰孝。時程行諶謚貞。中書令張説歎曰：「二謚可無媿矣！」子餘居官清，家閨友愛，兄弟六人，皆有志行云。

行立重然諾，學兵有法。母亡，泣血幾毀。以軍勞累授沁州刺史，遷衞尉少卿。口陳願治民，試一縣自效，除河東令，寬猛時當。

繇蘄州刺史遷安南經略使。環王國叛人李樂山謀廢其君，來乞兵，行立不受，命部將杜英策討斬之，歸其孥，蠻人悅服。英策及范廷芝者，皆谿洞豪也，隸于軍，它經略使多假借，暴恣干治，行立陰把其罪，貸之，許自效，故能得英策死力。廷芝嘗休沐，久不還，行立召之，約曰：「軍法，踰日者斬，異時復然，爾且死！」後廷芝踰期，行立笞殺之，以尸還范氏，更爲擇良子弟以代，於是威聲風行。徙桂管觀察使。黃家洞賊叛，行立討平之。俄代桂仲武爲安南都護。鋭於立功，爲時所訾。召還，道卒，年四十七，贈右散騎常侍。

崔沔字善沖，京兆長安人，後周隴州刺史士約四世孫，自博陵徙焉。純謹無二言，事親篤孝，有才章。擢進士。舉賢良方正高第，不中者誦訾之，武后敕有司覆試，對益工，遂爲第一。再補陸渾主簿，入調吏部，侍郎岑羲歎曰：「君今郤詵也！」薦爲左補闕。性舒遲，進止雍如也，當官則正言，不可得而詘。

睿宗召授中書舍人，以母病東都不忍去，固辭求侍，更表陸渾尉郭隣、太樂丞封希顏、處士李喜以代己處。詔改虞部郎中，俄檢校御史中丞。請發太倉粟及減苑囿鳥獸所給以賑貧乏，人賴其利。監察御史宋宣遠與盧懷愼姻家，恃以弄法；姚崇子彝留司東都，通賓客，招賄賂。沔將按劾，崇、懷愼方執政，共薦沔有史才，轉著作郎，去其權，蓋憚之也。久之，爲太子左庶子。母亡，受弔廬前，賓客未嘗至樞室。語人曰：「平生非至親不升堂入謁，豈以存亡變禮邪？」中書令張說數稱之。服除，遷中書侍郎。

玄宗以仙州數喪刺史，欲廢之，沔請治舞陽，舞陽，故樊噲國也，更爲樊州，帝不納，州卒廢。沔既喜論得失，或曰：「今中書宰相承制，雖侍郎貳之，取充位而已。」沔曰：「百官分職，上下相維，以成至治，豈可俛首懷祿邪？」凡詔敕曹事，多所異同，說不悅，出爲魏州刺史。雨潦敗稼，沔弛禁便人。召還，分掌吏部十銓，以左散騎常侍爲集賢脩撰，歷祕書監、太子賓客。

是時，太常議加宗廟籩豆，又欲增喪服，於是卿韋縚請坐增籩豆至十二；外祖服大功，舅小功，堂姨若舅、舅母袒免。沔曰：「祭祀上矣，古者飲食必先嚴獻。未有火化，故有毛血之薦，未有麴糵，故有玄酒之奠。後王作爲酒醴、犧牲以致馨香，故有三牲、八簋、五齊、九獻。神道主敬，可備而不敢廢也，雖曰備物，而節制存焉。鉶俎、籩豆、簠簋、尊罍之實，皆周時饌，其用通宴饗賓客，而周公與毛血、玄酒同薦於先祖。晉盧諶家祭禮，所薦皆晉時常食，不純用古。此聖賢變文而通其情也。然當時飲食不可闕於祭，明矣。國家清廟時享，禮饌具設，周制也，古物存焉。園寢上食，時膳備列，漢法也，它珍極焉。職貢來祭，致遠物也。有新必薦，順時令也。苑囿躬稼所收，蒐狩親中，莫不薦而後食，盡誠敬也。若此至矣，無以加矣。諸珍羞鮮物，弟敕有司悉使著于令，因宜而薦，不必加籩豆以爲嫌也。大羹，古食也，盛於古器。和羹，常饌也，盛於時器。毛血盛於盤，玄酒盛於尊。未有薦時饌而用古器者，繇古質而今文，便事也。故加籩豆未足盡天下美物，而措諸廟，徒近侈耳。魯丹桓宮之楹，刻其桷，春秋非之。班固稱：『墨家出於清廟，是以貴儉。』然清廟不奢，舊矣。太常所請，臣所未安。」

又太常言：「爵小不及合，執持至難。」沔曰：「禮有以小爲貴者，獻以爵是也。然今不及制，則非禮，自有司之陋也。隨失制宜，不待議而革云。」又言：「禮本於家正，家正而天下定。家不可以貳，故父以尊崇，母以厭降。是以內服齊斬，外服緦，尊名所加，不過一等，今古不易之道也。昔辛有適伊川，見被髮而祭，知其將戎，禮先亡也。比制唐禮，推廣舅恩，故弘道以來，國命再移於外姓，本禮驗亡，可不戒哉！」時職方郎中韋述、戶部郎中陽伯成、禮部員外郎楊仲昌、監門兵曹參軍劉秩等議與沔合，又詔中書門下參裁，於是宗廟籩豆坐各六，姨若舅小功，舅母緦麻，堂姨袒免，餘仍舊制。

每朝廷有疑議，皆咨逮取衷。卒，年六十七，贈禮部尚書，謚曰孝。沔儉約自持，祿稟隨散宗族，不治居宅，嘗作陋室銘以見志。子祐甫至宰相，別傳。

盧從愿字子龔。六世祖昶，仕後魏爲度支尚書，自范陽從臨潭，故從愿爲臨潭人。擢明經，爲夏尉。又舉制科高第，拜右拾遺，遷監察御史，爲山南黜陟巡撫使，還奏稱旨，進累中書舍人。

睿宗立，拜吏部侍郎。吏選自中宗後綱紀耗蕩，從愿精力于官，僞牒詭功，擿檢無所遺，銓總六年，以平允聞。帝異之，特官其一子。從愿請贈其父敬一爲鄭州長史，制可。初，高宗時，吏部號稱職者裴行儉、馬載，及是，從愿與李朝隱爲有名，故號「前有裴、馬，後有盧、李」。

開元四年，玄宗悉召縣令策於廷，考下第者罷之。從愿坐擬選失實，下遷豫州刺史。

政嚴簡，奏課爲天下第一，璽書勞問，賜絹百匹。召爲工部侍郎，遷尚書左丞、中書侍郎，以工部尚書留守東都，代韋抗爲刑部尚書。數充校考使，升退詳確。

御史中丞宇文融方用事，將以括田戶功爲上下考，從愿不許，融恨之，乃密白「從愿盛殖產，占良田數百頃」，帝自此薄之，目爲多田翁。後欲用爲相屢矣，卒以是止。十八年，復爲東都留守，坐子起居郎論輸糴于官取利多，貶絳州刺史，遷太子賓客。二十年，河北飢，詔爲宣撫處置使，發倉廥賑飢民。使還，乞骸骨，授吏部尚書致仕，給全祿終身。卒，贈益州大都督，謚曰文。

李朝隱字光國，京兆三原人。明法中第，調臨汾尉，擢至大理丞。武三思構五王，而侍御史鄭愔請誅之，朝隱獨以「不經鞫實，不宜輕用法」，忤旨，貶嶺南醜地。宰相韋巨源、李嶠言於中宗曰：「朝隱素清正，一日遠逐，恐駭天下。」帝更以爲聞喜令。

遷侍御史、吏部員外郎。時政出權幸，不關兩省而內授官，但斜封其狀付中書，即宜所司。朝隱執罷千四百員，怨誹讙騰，朝隱胖然無避屈。遷長安令，宦官閭興貴有所干請，曳去之。睿宗嘉歎，後御承天門，對百官及朝集使褒諭其能，使偏聞之。進太中大夫一階，賜中上考，絹百匹，以旌剛烈。咸安公主奪民園，不酬直，朝隱取主奴杖之，由是權豪斂伏。爲執政所擠，出通州都督，徙絳州刺史。開元初，遷吏部侍郎，銓敍明審，與盧從愿並授一子官。久之，以策縣令有下第，降滑州刺史，徙同州。玄宗東幸，召見慰勞，賜以衣、帛。擢河南尹，政嚴淸，姦人不容息。太子舅趙常奴怙勢橫閭里，朝隱曰：「此不繩，不可爲政。」執而搒辱之，帝賜書慰勉。

入爲大理卿。武彊令裴景仙丐贓五千匹，亡命，帝怒，詔殺之。朝隱曰：「景仙，其先寂有國功，載初時，家爲酷吏所破，誅夷略盡，而景仙獨存，且承嫡，於法當請。又丐乞贓無死比，藉當死坐，猶將宥之，使私廟之祀無餒魂可也。」帝不許，固請曰：「生殺之柄，人主專之；條別輕重，有司當守。且贓惟枉法抵死，今丐贓即斬，後有枉法，亦又何加？且近發德音，杖者聽減，流者給程，豈一景仙獨過常法？」有詔決杖百，流嶺南。

朝隱更授岐州刺史，母喪解。召爲揚州大都督府長史，固辭，見聽。時年已衰，而篤于孝，自致毀瘠，士人以爲難。明年，詔書敦遣揚州就職。還爲大理卿，封金城伯，代崔隱甫爲御史大夫。天下以其有素望，每大夫缺，冀朝隱得之。及居職，不爭引大體，惟先細務，由是名少衰。進太常卿，出爲嶺南採訪處置使，兼判廣州。卒於官，贈吏部尚書，官給車轝北還，謚曰貞。

王丘字仲山，同晈從子也。父同晊，終太子左庶子。丘十一擢童子科，它童皆專經，而獨屬文　繇是知名。及冠，舉制科中第，授奉禮郎。氣象清古，行脩絜，於詞賦尤高。族人方慶及魏元忠更薦之，自偃師主簿擢監察御史。

開元初，遷考功員外郎。考功異時多請託，進者濫冒，歲數百人。丘務覈實材，登科纔滿百，議者謂自武后至是數十年，采錄精明無丘比。其後席豫、嚴挺之亦有稱，然出丘下。遷紫微舍人、吏部侍郎，典選，復號平允。其奬用如山陰尉孫逖、桃林尉張鏡微、湖城尉張晉明、進士王泠然，皆一時茂秀。久之，爲黃門侍郎。

會山東旱飢，議以中朝臣爲刺史，制詔：「臯陶稱：『在知人，在安民。』皆念存邦本，乾乾夕惕，無忘一日。今長吏或未稱，蒼生謂何？深思循良，以革頹敝，宜重刺史之選，自朝廷始。」乃以丘與中書侍郎崔沔等並爲山東刺史。而丘守懷州，尤清嚴，爲下畏慕。入知吏部選，改尚書左丞，以父喪解。服除，爲右散騎常侍，仍知制誥。裴光庭卒，蕭嵩與丘善，將引與當國，丘固辭，盛推韓休行能。及休秉政，薦爲御史大夫。丘訥於言，所白奏帝多不喜，改太子賓客，襲父封。以疾徙禮部尚書，致仕。

丘更履華劇，而所守淸約，未嘗通饋遺，室宅童騎敝陋，旣老，藥餌不自給。帝歎之，以謂有古人節，下制給全祿以旌絜吏。天寶二年卒，贈荆州大都督，謚曰文。

嚴挺之名浚，以字行，華州華陰人。少好學，姿質軒秀。舉進士，幷擢制科，調義興尉，號材吏。姚崇爲州刺史，異之。崇執政，引爲右拾遺。

睿宗好音律，每聽忘倦。先天二年正月望夜，胡人婆陁請然百千燈，因弛門禁，又追賜元年酺，帝御延喜、安福門縱觀，晝夜不息，閱月未止。挺之上疏諫，以爲：「酺者因人所利，合醵爲歡也，不使靡敝。今暴衣冠，羅伎樂，雜鄭、衞之音，縱倡優之玩，不深戒愼，使有司跛倚，下人罷劇，府縣里閭課賦苛嚴，呼嗟道路，貿壞家產，營百戲，擾方春之業，欲同其樂而反遺之患。」乃陳「五不可」，誠意忠到，帝納焉。

侍御史任正名恃風憲，至廷中責詈衣冠，挺之讓其不敬，反爲所劾，貶萬州員外參軍事。開元中，爲考功員外郎，累進給事中，典貢舉，時號平允。會杜暹、李元紘爲相，不相中。暹善挺之，而元紘善宋遙，用爲中書舍人。遙校吏部判，取捨與挺之異，言於元紘，元紘屢詰譙，挺之厲言曰：「公位相國，而愛憎反任小人乎？」元紘曰：「小人爲誰？」曰：

「宋遙也。」繇是出爲登州刺史，改太原少尹。

初，殿中監王毛仲持節抵太原、朔方籍兵馬，後累年，仍移太原取兵仗，挺之不肯應，且以毛仲寵幸，久恐有變，密啓於帝。俄改濮、汴二州刺史，所治皆嚴威，吏至重足脅息。會毛仲敗死，帝以挺之言忠，召爲刑部侍郎，遷太府卿。

宰相張九齡雅知之，用爲尚書左丞，知吏部選。李林甫與九齡同輔政，以九齡方得君，諂事之，內實不善也。戶部侍郎蕭炅，林甫所引，不知書，嘗與挺之言，稱「蒸嘗伏臘」乃爲「伏獵」。挺之白九齡：「省中而有伏獵侍郎乎！」乃出炅岐州刺史，林甫恨之。九齡欲引以輔政，使往謁林甫，挺之負正，陋其爲人，凡三年，非公事不造也，林甫益怨。會挺之有所諉於蔚州刺史王元琰，林甫使人暴其語禁中，下除洺州刺史，徙絳州。

天寶初，帝顧林甫曰：「嚴挺之安在？此其材可用。」林甫退召其弟損之與道舊，諄諄款曲，且許美官，因曰：「天子視絳州厚，要當以事自解歸，得見上，且大用。」因紿挺之使稱疾，願就醫京師。林甫已得奏，卽言挺之春秋高，有疾，幸閑官得自養。帝恨吒久之，乃以爲員外詹事，詔歸東都。挺之鬱鬱成疾，乃自爲文誌墓，遺令薄葬，斂以時服。

挺之重交游，許與生死不易，嫁故人孤女數十人，當時重之。然溺志于佛，與浮屠惠義善，義卒，衰服送其喪，已乃自葬於其塔左，君子以爲偏。子武。

武字季鷹。幼豪爽。母裴不爲挺之所答，獨厚其妾英。武始八歲，怪問其母，母語之故。武奮然以鐵鎚就英寢，碎其首。左右驚白挺之曰：「郎戲殺英。」武辭曰：「安有大臣厚妾而薄妻者，兒故殺之，非戲也。」父奇之，曰：「眞嚴挺之子！」然數禁敕。武讀書不甚究其義，以蔭調太原府參軍事，累遷殿中侍御史。

從玄宗入蜀，擢諫議大夫。至德初，赴肅宗行在，房琯以其名臣子，薦爲給事中。已收長安，拜京兆少尹。坐琯事貶巴州刺史。久之，遷東川節度使。上皇合劍南爲一道，擢武成都尹、劍南節度使。還，拜京兆尹，爲二聖山陵橋道使，封鄭國公。遷黃門侍郎。與元載厚相結，求宰相不遂，復節度劍南。破吐蕃七萬衆于當狗城，遂收鹽川。加檢校吏部尙書。

武在蜀頗放肆，用度無藝，或一言之悅，賞至百萬。蜀雖號富饒，而峻掊亟斂，閭里爲空，然虜亦不敢近境。梓州刺史章彝始爲武判官，因小忿殺之。琯以故宰相爲巡內刺史，武慢倨不爲禮。最厚杜甫，然欲殺甫數矣。李白爲蜀道難者，乃爲房與杜危之也。永泰初卒，母哭，且曰：「而今而後，吾知免爲官婢矣。」年四十，贈尙書左僕射。

挺之從孫綬。綬父丹，嘗爲劍南鹽鐵、青苗、租庸使，以武在蜀，辭不拜。綬擢進士第，以侍御史副劉贊爲宣歙團練使。贊卒，綬總留事，悉庫物以獻，召爲刑部員外郎。賓佐進奉由綬始。

河東節度使李說病，軍司馬鄭儋總其政，說卒，代爲節度。時德宗務姑息，方鎭若帥死，不它命，卽用軍司馬代之，以和厭衆情。至是，帝頗憶綬所獻，故擢爲河東司馬。明年，儋卒，卽檢校工部尙書，代其使。憲宗立，楊惠琳反夏州，劉闢反蜀，綬建言：「天子始卽位，不可失威，請必誅。」選銳兵，遣大將李光顏助討賊。二賊平，檢校尙書左僕射，封扶風郡公，進司空。在鎭九年，尙寬惠，治稱流聞，士馬孳息。嘗大閱，旗幟周七十里，回鶻梅錄將軍在會，聞金鼓震伏。入爲尙書右僕射。

綬既名胄，於吏事有方略，然銳進趣，素議薄之。始就廊下食，在百官上，帝使中人賜含桃，綬見拜之，爲御史劾奏，綬慚懼待罪，詔釋綬而貶中人。出爲荆南節度使，封鄭國公。

溆州蠻張伯靖殺吏，據辰、錦州，連九洞自固，詔綬進討。綬勒兵出次，遣將齎檄開曉，羣蠻悉降。吳元濟反，僉以綬明恕可大事，乃徙山南東道節度使，加淮西招撫使。綬引師壓賊境，多出金帛賞士，以厚賂謝中人，招聲援，既未有以制賊，閉屯彌年不戰。宰相裴度謂綬非將才，以太子少保召還，檢校司徒，判光祿卿事，進少傅。卒，年七十七，贈太保。綬才不踰中人，然歷三鎮，所奏辟及綬時位將相者九人。初，綬未顯，過于闐鄉尉李達，達不禮，方飯它客，不召綬。後達罷彭城令，過并州，晨入謁，不知綬也。綬方大宴賓客，召達至，戒客勿起，讓曰：「吾昔羇旅闐鄉，君方召客食而不顧我，今我召客亦不敢留君。」達慚，不得去，左右引出，悸而瘖，臥館數月，其佐令狐楚爲請，乃免。

河東李進賢者，善畜牧，家高貲，得幸於綬，署牙門將。元和中，進賢累爲振武節度使，辟綬子澈爲判官。澈年少，治苛刻，軍中苦之。回鶻入辟鵜泉，進賢發兵討之，吏稟糧不實，次鳴砂，焚殺其將楊遵憲而還。進賢大怒，衆懼，因燔城門，攻進賢，左右拒戰不勝，縋而去，奔靖邊軍。乃殺澈而屠進賢家。詔以夏綏銀節度使張煦代之，誅亂首數百人乃定。

唐書卷一百三十

列傳第五十五

裴漼 寬 諝 冑　陽嶠　宋慶禮　楊瑒　崔隱甫　李尚隱
解琬

裴漼，絳州聞喜著姓。父琰之，永徽中爲同州司戶參軍，年甚少，不主曹務，刺史李崇義內輕之，鐫諭曰：「同，三輔，吏事繁，子盍求便官？毋留此！」琰之唯唯。吏白積案數百，崇義讓使趣斷，琰之曰：「何至逼人？」乃命吏連紙進筆爲省決，一日畢，既與奪當理，而筆詞勁妙。崇義驚曰：「子何自晦，成吾過耶？」由是名動一州，號「霹靂手」。後爲永年令，有惠政，吏刻石頌美。以倉部郎中病廢。漼侍疾十餘年，不肯仕。琰之沒，始擢明經，調陳留主簿，遷監察御史。

時崔湜、鄭愔典吏部，坐姦贓，爲李尚隱所劾，詔漼按訊，而安樂公主、上官昭容爲阿右，灌執正其罪，天下稱之。累進中書舍人。睿宗造金仙、玉眞二觀，時旱甚，役不止，灌上言：「春夏毋聚大衆，起大役，不可興土功，妨農事。若役使乖度，則有疾疫水旱之災，此天人常應也。今自冬徂春，雨不時降，人心憔然，莫知所出，而土木方興，時暵之孽，職爲此發。今東作云始，丁壯就功，妨多益少，飢寒有漸。春秋莊公三十一年冬，不雨，是時歲三築臺；僖公二十一年夏，大旱，是時作南門。陛下以四方爲念，宜下明制，令二京營作、和市木石，一切停止。有如農桑失時，戶口流散，雖寺觀營立，能救飢寒敝哉！」不報。遷兵部侍郎。以銓總勞，特授一子官。開元五年，爲吏部侍郎，甄拔士爲多。拜御史大夫。

灌雅與張說善，說方宰相，數薦之，灌長於敷奏，天子亦自重焉，擢吏部尚書。世儉素，而晚節稍畜伎妾，爲奢侈事，議者以爲缺。改太子賓客。卒，贈禮部尚書，謚曰懿。從祖弟寬。

寬性通敏，工騎射、彈棋、投壺，略通書記。景雲中，爲潤州參軍事。刺史韋詵有女，擇所宜歸，會休日登樓，見人於後圃有所瘞藏者，訪諸吏，曰：「參軍裴寬居也。」與偕來，詵問狀，答曰：「寬義不以包苴汙家，適有人以鹿爲餉，致而去，不敢自欺，故瘞之。」詵嗟異，乃引爲按察判官，許妻以女。歸語妻曰：「常求佳壻，今得矣。」明日，幃其族使觀之。寬時衣碧，瘠而長，既入，族人皆笑，呼爲「碧鸛雀」。詵曰：「愛其女，必以爲賢公侯妻也，何可以貌求人？」卒妻寬。

舉拔萃，爲河南丞，遷長安尉。宇文融爲侍御史，括天下田，奏爲江東覆田判官。改太常博士。禮部建言忌日享廟應用樂，寬自以情立議曰：「廟尊忌卑則作樂，廟卑忌尊則備而不奏。」中書令張說善之，請如寬議。遷刑部員外郎。萬騎將軍馬崇白日殺人，而王毛仲方以貴倖，將鬻其獄，寬固執不肯從。河西節度使蕭嵩表爲判官，歷兵部侍郎。宰相裴耀卿領江淮運，列倉河陰，奏寬爲戶部侍郎自副。遷吏部。出爲蒲州刺史，州久旱，寬入境輒雨。徙河南尹，不屈附權貴，河南大治。繇金吾大將軍授太原尹，玄宗賦詩褒餞。天寶初，由陳留太守拜范陽節度使。時北平軍使烏承恩，虜酋也，與中人通，數冒賄，寬以法繩治。檀州刺史何僧獻生口數十，寬悉歸之，故夷夏感附。

三載，用安祿山守范陽，召寬爲戶部尚書，兼御史大夫。裴敦復平海賊還，廣張功簿，寬密白其妄。會河北部將入朝，盛譽寬政，且言華虜猶思之，帝嗟賞，睠倚加厚。李林甫恐其遂相，又惡寬善李適之，乃漏寬語以激敦復，敦復任氣而踈，以林甫爲誠。先是，寬以所善請於敦復，即欲白發其言，林甫趣之。敦復未及聞，扈幸溫泉宮。而其下裨將程藏曜、曹鑒自以他事繫臺，寬捕按之，敦復謂寬求致其罪，遽以金五百兩賂貴妃姊，因得事聞於帝，由是貶寬睢陽太守。及韋堅獄起，寬復坐親，貶安陸別駕。林甫任羅希奭殺李適之也，亦使過安陸，將怖殺寬，寬叩頭祈哀，希奭乃去。寬懼終見殺，丐爲浮屠，不許。稍遷東海太守，徙馮翊，入爲禮部尙書。卒，年七十五，贈太子太傅。

寬兄弟八人，皆擢明經，任臺、省、州刺史。雅性友愛，於東都治第，八院相對，甥姪亦有名稱，常擊鼓會飯。其爲政務淸簡，所莅人愛之，世皆冀其得宰相。天寶閒稱舊德，以寬爲首。然惑于佛，喜與桑門游，習誦其書，老彌篤云。子諝。

諝字士明，擢明經，調河南參軍事。性通綽，舉止不煩。累遷京兆倉曹參軍。虢王巨表署襄、鄧營田判官。母喪，居東都。會史思明亂，逃山谷閒。思明故爲寬將，德寬舊恩，且聞諝名，遣捕騎跡獲之，喜甚，呼爲「郎君」，僞授御史中丞。賊殘殺宗室，諝陰緩之，全活者數百人。又嘗疏賊虛實於朝，事泄，思明恨罵，危死而免。賊平，除太子中允，遷考功郎中，數燕見奏事。

代宗幸陝，諝徒步挾考功南曹印赴行在，帝曰：「疾風知勁草，果可信。」將用爲御史中丞，爲元載沮却，故拜河東租庸、鹽鐵使。時關輔旱，諝入計，帝召至便殿，問榷酤利歲出內幾何，諝久不對。帝復問，曰：「臣有所思。」帝曰：「何邪？」諝曰：「臣自河東來，涉三百里，而農人愁歎，穀菽未種。誠謂陛下軫念元元，先訪疾苦，而乃責臣以利。孟子曰：『治國者，仁義而已，何以利爲？』故未敢即對。」帝曰：「微公言，朕不聞此。」拜左司郎中，數訪政事。載忌之，出爲虔州刺史，歷饒、廬、亳三州，除右金吾將軍。

德宗新即位，以刑名治天下，百吏震服。時大行將蒧陵事，禁屠殺，尙父郭子儀家奴宰羊，諝列奏，帝謂不畏彊禦，善之。或曰：「尙父有社稷功，豈不爲庇之？」諝笑曰：「非君所知。尙父方貴盛，上新卽位，必謂黨附者衆。今發其細過，以明不恃權耳。吾上以盡事君之道，下以安大臣，不亦可乎？」

時朝堂別置三司決庶獄，辨爭者輒擊登聞鼓。諝上疏曰：「諫鼓、謗木之設，所以達幽枉，延直言。今詭猾之人，輕動天聽，爭纖微，若然者，安用吏治乎？」帝然之，於是悉歸有司。諝惡法吏舞文，或挾宿怨爲重輕，因獻獄官箴以諷。坐所善誅，貶閬州司馬。俄召爲太子右庶子，進兵部侍郎，至河南尹、東都副留守。凡五世爲河南，諝視事未嘗敢當正處。以寬厚和易爲治，不鞫人以贓。卒，年七十五，贈禮部尙書。

寬弟子胄，字胤叔，擢明經，佐李抱玉鳳翔幕府。不得意，謝歸，更從宣歙觀察使陳少游，抱玉怒，劾貶桐廬尉。時李栖筠觀察浙西，幕府皆一時高選。判官許鳴謙名知人，見崔造及胄，器之，白栖筠取胄爲支使。代宗惡宰相元載怙權，召栖筠爲御史大夫，欲以相，栖筠引胄殿中侍御史，尤爲載所惡。會栖筠卒，胄護喪歸洛陽，人爲危之，胄屹然不沮惴。少游復表爲淮南觀察判官。載誅，始拜刑部員外郎，遷宣州刺史。楊炎當國，爲載復讎，窮摭所惡。會胄部人積胄雜奉爲贓，炎遣員寓蔓劾峭詆，貶汀州司馬。稍遷京兆少尹，以父名不拜，換國子司業。遷江西觀察使。初，李兼嘗罷南昌卒千餘人，收資稟爲月進，胄白罷之。樊澤徙襄州，宰相議所代，德宗雅記胄才，遂拜荆南節度使。

是時，方鎭爭剝下希恩，製重錦異綾，名貢奉，有中使者，即悉公帑市歡。胄待之有節，獻餉直不數金，宴勞止三爵。是時武臣多粗暴庸人，待賓介不以禮，少失意，則以罪中傷之，胄亦劾斥其管記，世恨胄之流于俗。卒，年七十五，贈尚書右僕射，謚曰成。

陽嶠，其先北平人，世徙洛陽，北齊尚書右僕射休之四世孫。舉八科皆中，調將陵尉，累遷詹事司直。長安中，左右御史中丞桓彥範、袁恕己爭取爲御史。楊再思素與嶠善，知其意不樂彈抨事，爲語彥範，彥範曰：「爲官擇人，豈待情樂乎？唯不樂者固與之，以伸難進，抑躁求也。」遂爲右臺侍御史。久乃遷國子司業。嶠資謹飭好學，喜誘勸後生，脩講舍，人以爲善職。

睿宗立，進尚書右丞。時議建都督府，擇最吏，故嶠爲涇州都督。議罷，歷魏州刺史、荆州長史、本道按察使，率以淸白聞。魏州人剺耳闕下，請嶠爲刺史，故再治魏。入爲國子祭酒，封北平縣伯。

引尹知章、范行恭、趙玄默爲學官，皆名儒冠云。生徒游惰者至督以鞭楚，人怨之，乘夜毆嶠道中，事聞，詔捕毆者殺之。嶠撫孤姪與子均，常語人曰：「吾備位方伯，而心亦昔時一尉耳。」以老致仕。卒，謚曰敬。

宋慶禮，洺州永年人〔一〕。擢明經，補衞尉。武后詔侍御史桓彥範行河北，鄣斷居庸、五回等路，以支突厥，召慶禮與議，見其方略，器之。俄遷大理評事，爲嶺南採訪使。時崖、振五州首領更相掠，民苦于兵，使者至，輒苦瘴癘，莫敢往。慶禮身到其境，諭首領大誼，皆釋仇相親，州土以安，罷戍卒五千。歷監察、殿中侍御史。以習識邊事，拜河東、河北營田使。善騎，日能馳數百里。性甘於勞苦，然好興作，濱塞掘穽植兵，以邀虜徑，議者蚩其不切事。稍遷貝州刺史，復爲河北支度營田使。

初，營州都督府治柳城，扼制奚、契丹。武后時，趙文翽失兩蕃情，攻殘其府，更治東漁陽城。玄宗時，奚、契丹款附，帝欲復治故城，宋璟固爭不可，獨慶禮執處其利，乃詔與太子詹事姜師度、左驍衞將軍邵宏等爲使，築裁三旬畢。俄兼營州都督，開屯田八十餘所，追拔漁陽、淄靑沒戶還舊田宅，又集商胡立邸肆。不數年，倉廥充，居人蕃輯。

卒，贈工部尚書。慶禮爲政嚴，少私，吏畏威不敢犯。太常博士張星以好巧自是，謚曰「專」。禮部員外郎張九齡申駁曰：「慶禮國勞臣，在邊垂三十年。往城營州，士纔數千，無甲兵彊衞，指期而往，不失所慮，遂罷海運，收歲儲，邊亭晏然。其功可推，不當醜謚。」慶禮兄子辭玉亦自詣闕訴。改謚曰敬。

楊瑒字瑤光，華州華陰人。五世祖縉爲陳中書舍人，名屬文，終交、愛九州都督、武康郡公。子林甫代領都督，隋滅陳，踰三年乃降，徙長安。林甫字衞卿，爲柳城太守，高祖軍興，遣其子琮招之，挈郡以來，授檢校總管，足疾不能造朝。帝以絳州寒涼，拜刺史，累封宜春郡公。琮字孝璋，爲上津令。會天下亂，去官，與秦王同里居。武德初，爲王府參軍，兼庫直。隱太子事平，詔親王、宰相一人入宴，而琮獨預，太宗賜懷昔賦，中以恩意。歷沔、綏二州刺史。姆饋孺子以餅，妻僞受而棄之垣外，人咨其廉。

瑒始爲麟游令，時竇懷貞大營金仙、玉眞二觀，檄取畿內嘗負逆人貲者，暴斂之以佐費，瑒拒不應。懷貞怒曰：「縣令而拒大夫命乎？」瑒曰：「所論者民冤抑也，位高下乎何取？」懷貞壯其對，爲止。

初，韋后表民二十二爲丁限，及敗，有司追趣其課，瑒執不可，曰：「韋氏當國，擅擢士大夫，赦罪人，皆不改，奚獨取已寬之人重斂其租？非所以保下之宜。」遂止不課，由是名顯當世。

擢累侍御史。京兆尹崔日知貪沓不法，瑒與大夫李傑謀劾舉之，反爲日知先構。瑒廷奏曰：「肅繩之司，一爲恐脅所屈，開姦人謀，則御史府可廢。」玄宗直之，令傑還視事，而逐日知。

瑒進歷御史中丞、戶部侍郎。帝嘗召宰相大臣議天下戶版延英殿，瑒言利病尤詳，帝咨賞。於是宇文融建檢脫戶餘口，瑒執不便。融方貴，公卿唫默唯唯，獨瑒抗議，故出爲華州刺史。帝封太山，集樂工山下，居喪者亦在行。瑒謂起苴絰使和鍾律，非人情所堪，帝許，乃免。

入爲國子祭酒，表大儒王迥質、尹子路、白履忠等三人教授國子。有詔迥質諫議大夫、皇太子侍讀；履忠老不任職，拜朝散大夫罷歸；子路直弘文館。皆有名。瑒奏：「有司帖試明經，不質大義，乃取年頭、月尾、孤經、絕句，且今習春秋三家、儀禮者纔十二，恐諸家廢無日，請帖平文以存學家，其能通者稍加優宦，奬孤學。」從之，因詔以三家傳、儀禮出身者不任散官，遂著令。生徒爲瑒立頌太學門。

又言：「古者卿大夫子弟及諸侯歲貢小學之異者入太學，漸漬禮樂，知朝廷君臣之序，班以品類，分以師長，三德四教，學成然後爵之。唐興，二監舉者千百數，當選者十之二，考功覆校以第，謂經明行修，故無多少之限。今考功限天下明經、進士歲百人，二監之得無幾，然則學徒費官稟，而博士濫天祿者也。且以流外及諸色仕者歲二千，過明經、進士十倍，胥史浮虛之徒，眊先王禮義，非得與服勤道業者挈長短、絕輕重也。國家啓庠序，廣化導，將有以用而勸進之。有司爲限約以黜退之，欲望俊乂在朝，難矣。」帝然其言。再遷大理卿，以疾辭，改左散騎常侍。卒，年六十八，贈戶部尚書，謚曰貞。

瑒常歎士大夫不能用古禮，因其家冠、婚、喪、祭，乃據舊典爲之節文，揖讓威儀，哭踊衰殺，無有違者。在官淸白，吏請立石紀德，瑒曰：「事益於人，書名史氏足矣。若碑頌者，徒遺後人作碇石耳。」

瑒伯父志操，頗剛簡，未遇時，著閑居賦自託，常曰：「得田十頃、僮婢十人，下有兄弟布粟之資，上可供先公伏臘足矣。」位終司屬卿、安平縣男。瑒從父兄晏，精孝經學，常手寫數十篇，可教者輒遺之。

崔隱甫，貝州武城人。隋散騎侍郎儦曾孫。解褐左玉鈐衞兵曹參軍，遷殿中侍御史內供奉。浮屠惠範倚太平公主脅人子女，隱甫劾狀，反爲所擠，貶邛州司馬。

玄宗立，擢汾州長史，兼河東道支度營田使，遷洛陽令。梨園弟子胡鶵善笛，有寵，嘗負罪匿禁中。帝以他事召隱甫，從容指曰：「就卿丐此人。」對曰：「陛下輕臣而重樂工，請解官。」再拜出，帝遽謝，與胡鶵，隱甫殺之，有詔貰死，不及矣。賜隱甫百縑。孫佺敗績于奚，擢隱甫并州司馬護邊，會兄逸甫疾甚，未及行，詔責逗留，下除河南令。累拜華州刺史、太原尹，入爲河南尹。居三歲，進拜御史大夫。

初，臺無獄，凡有囚則繫大理。貞觀時，李乾祐爲大夫，始置獄，由是中丞、侍御史皆得繫人。隱甫執故事，廢掘諸獄。其後患囚往來或漏泄，復繫之廚院云。臺中自監察御史而下，舊皆得顓事，無所承諮。隱甫始一切令歸稟乃得行，有忤意輒劾正，多貶絀者，臺吏側目，威名赫然。帝嘗詔校外官歲考。異時必委曲參審，竟春未定。隱甫一日會朝集使，詢逮檢實，其暮皆訖，議者服其敏。帝嘗謂曰：「卿爲大夫，天下以爲稱職。」張說當國，隱甫素惡之，乃與中丞宇文融、李林甫暴其過，不宜處位，說賜罷；然帝嫉朋黨，免其官，使侍母。歲餘，復爲大夫。遷刑部尚書，兼河南尹。帝還京師，卽拜東都留守，累封淸河郡公。卒，贈益州大都督，謚曰忠。

始，帝欲相隱甫也，謂曰：「牛仙客可與語，卿常見否？」對曰：「未也。」帝曰：「可見之。」隱甫終不詣。他日又問，對如初。帝乃不用。子弟或問故，答曰：「吾不以其人微易之也，其材不逮中人，可與之對耶？」隱甫所至絜介自守，明吏治，在職以彊正稱云。

贊曰：嚴挺之拒宰相不肯見李林甫，崔隱甫違詔不屈牛仙客，信剛者乎！二人坐是皆不得相，彼亦各申其志也。管夷吾以編棧諭之，信曲與直不相函哉！

李尙隱，其先出趙郡，徙貫萬年。年二十，舉明經，再調下邽主簿，州刺史姚珽說其能，器之。

神龍中，左臺中丞侯令德爲關內黜陟使，尚隱佐之，以最擢左臺監察御史。於是，崔湜、鄭愔典吏部選，附勢倖，銓擬不平，至逆用三年員闕，材廉者軋不進，俄而相踵知政事，尚隱與御史李懷讓顯劾其罪，湜等皆斥去。睦州刺史馮昭泰性鷙刻，人憚其彊，嘗誣繫桐廬令李師旦二百餘家爲妖蠱，有詔御史覆驗，皆稱病不肯往。尚隱曰：「善良方蒙枉，不爲申明，可乎？」因請行，果推雪其冤。湜、愔復當路，乃出尚隱爲伊闕令，懷讓魏令。湜等伏誅，玄宗知尚隱方嚴，繇定州司馬擢吏部員外郎，懷讓自河陽令拜兵部員外郎。懷讓，蓨人，後歷給事中。

尚隱以將作少監營橋陵，封高邑縣男。未幾，進御史中丞。御史王旭招權，稍不制，仇家告其罪，尚隱窮治，具得姦贓，無假借，遂抵罪。進兵部侍郎。俄出爲蒲州刺史。浮屠懷照者，自言母夢日入懷生己，鏤石著驗，聞人馮待徵等助實其言。尚隱劾處妖妄，詔流懷照播州。再遷河南尹。

尚隱性剛亮，論議皆披心示誠，處事分明，御下不苛密。尤詳練故實，前後制令，誦記略無遺。妖賊劉定高夜犯通洛門，尚隱坐不素覺，左遷桂州都督。帝遣使勞曰：「知卿忠公，然國法須爾。」因賜雜綵百匹遣之。遷廣州都督、五府經略使。及還，人或袖金以贈，尚隱曰：「吾自性分不可易，非畏人知也。」

代王丘爲御史大夫。時司農卿陳思問引屬史多小人，乾隱錢穀，倘隱按其違，臧累鉅萬，思問流死嶺南。改倘隱太子詹事。不閱旬，進戶部倘書。前後更揚、益二州長史、東都留守，爵高邑伯。開元二十八年，以太子賓客卒，年七十五，謚曰貞。

倘隱三入御史府，輒繩惡吏，不以殘摯失名，所發當也，素議歸重。仕官未嘗以過謫，惟劾詆幸臣及坐小法左遷，復見用，以循吏終始云。

自開元二十二年置京畿採訪處置等使，用中丞盧奐爲之，倘隱以大夫不充使。永泰以後，大夫王翊、崔渙、李涵、崔寧、盧杞乃爲之。

解琬，魏州元城人。舉幽素科，中之，調新政尉。後自成都丞奏事稱旨，躐除監察御史，以喪免。武后顧琬習邊事，迫追西撫羌夷，琬因乞終喪，后嘉許之，詔服除赴屯。遷侍御史，安撫烏質勒及十姓部落，以功擢御史中丞，兼北庭都護、西域安撫使。琬與郭元振善，宗楚客惡之，左授滄州刺史。爲政引大體，部人順附。

景龍中，遷御史大夫，兼朔方行軍大總管。前後乘邊積二十年，大抵務農習戰，多爲長利，華虜安之。景雲二年，復爲朔方軍大總管，分遣隨軍要籍官河陽丞張冠宗、肥鄉令韋景駿、普安令于處忠料三城兵，省其戍十萬人。改右武衞大將軍，兼檢校晉州刺史、濟南縣男。

以老丐骸骨，不待報輒去，優詔以金紫光祿大夫聽致仕，準品給全祿，璽書勞問。會吐蕃騷邊，復召授左散騎常侍，詔與虜定經界，因諳輯十姓降戶。琬建言吐蕃不可以信約，請調兵十萬屯秦、渭間，防遏其姦。是冬，吐蕃果入寇，爲秦、渭兵擊走之。俄復請老，不許，遷太子賓客。年八十餘，開元五年，終同州刺史。

校勘記

〔一〕洛州永年人　「永年」，各本原作「永平」。按本書及舊書卷三九地理志、元和志卷一五，洛州領縣有「永年」，無「永平」。舊書卷一八五下宋慶禮傳亦作「永年」。據改。

唐書卷一百三十一

列傳第五十六

宗室宰相

李適之　李峴　李勉　李夷簡　李程鄘　李石福　李回

李適之，恆山愍王孫也，始名昌。神龍初，擢左衞郎將。開元中，遷累通州刺史，以辦治聞。按察使韓朝宗言諸朝，擢秦州都督。徙陝州刺史、河南尹。其政不苛細，爲下所便。玄宗患穀、洛歲暴耗徭力，詔適之以禁錢作三大防，曰上陽、積翠、月陂，自是水不能患。刻石著功，詔永王璘書，皇太子瑛署額。進御史大夫。二十七年，兼幽州長史，知節度事。適之以祖被廢，而父象見逐武后時，葬有闕，至是丐陪瘞昭陵闕中，詔可。褒册典物，焜照都邑，行道爲咨歎。遷刑部尙書。適之喜賓客，飲酒至斗餘不亂。夜宴娛，晝決事，案無留辭。

天寶元年，代牛仙客爲左相，累封淸和縣公。嘗與李林甫爭權不協，林甫陰賊，卽好謂適之曰：「華山生金，采之可以富國，顧上未之知。」適之性疏，信其言，他日從容爲帝道之，帝喜以問林甫，對曰：「臣知之舊矣。顧華山陛下本命，王氣之舍，不可以穿治，故不敢聞。」帝以林甫爲愛己，而薄適之不親。於是，皇甫惟明、韋堅、裴寬、韓朝宗皆適之厚善，悉爲林甫所構得罪。適之懼不自安，乃上宰政求散職，以太子少保罷，欣然自以爲免禍。俄坐韋堅累，貶宜春太守。會御史羅希奭陰被詔殺堅等貶所，州縣震恐，及過宜春，適之懼，仰藥自殺。

李峴，吳王恪孫也。折節下士，長吏治。天寶時，累遷京兆尹。玄宗歲幸温湯，甸內巧供億以媚上，峴獨無所獻，帝異之。楊國忠使客蹇昂、何盈擿安祿山陰事，諷京兆捕其第，得安岱、李方來等與祿山反狀，縊殺之。祿山怒，上書自言，帝懼變，出峴爲零陵太守。峴爲政得人心，時京師米翔貴，百姓乃相與謠曰：「欲粟賤，追李峴。」尋徙長沙。永王爲江陵大都督，假峴爲長史。至德初，肅宗召之，拜扶風太守，兼御史大夫。明年，擢京兆尹，封梁國公。

乾元二年，以中書侍郎同中書門下平章事。於是呂諲、李揆、第五琦同輔政，而峴位望最舊，事多獨決，諲等不平。李輔國用權，制詔或不出中書，百司莫敢覆。峴頓首帝前，極言其惡，帝悟，稍加檢制，輔國由是讓行軍司馬，然深銜峴。鳳翔七馬坊押官盜掠人，天興令謝夷甫殺之。輔國諷其妻使訴枉，詔監察御史孫鎣鞫之，直夷甫。其妻又訴，詔御史中丞崔伯陽、刑部侍郎李曄、大理卿權獻爲三司訊之，無異辭。妻不臣，輔國助之，乃令侍御史毛若虛覆按。若虛委罪夷甫，言御史用法不端，伯陽怒，欲質讓，若虛馳入自歸帝，帝留若虛簾中，頃，伯陽等至，劾若虛傅中人失有罪，帝怒叱之，貶伯陽高要尉、權獻杜陽尉，逐李曄嶺南，流鎣播州。峴謂責太重，入言於帝曰：「若虛希旨用刑，亂國法。陛下信爲重輕，示無御史臺。」帝怒，李揆不敢爭，乃出峴爲蜀州刺史。時右散騎常侍韓擇木入對，帝曰：「峴欲專權耶？乃云任毛若虛示無御史臺。朕今出之，尙恨法太寬。」擇木曰：「峴言直，不敢專權。陛下寬之，祇益盛德耳。」

代宗立，改荆南節度，知江淮選補使。入爲禮部尙書兼宗正卿。乘輿在陝，由商山走帝所。還京，拜門下侍郎、同中書門下平章事。故事，政事堂不接客。自元載爲相，中人傳詔者引升堂，置榻待之。峴至，卽敕吏撤榻。又奏常參官舉才任諫官、憲官者，無限員。不踰月，爲要近譖短，遂失恩，罷爲太子詹事。遷吏部尙書，復知江淮選，改檢校兵部尙書兼衢州刺史。卒年五十八。

初，東京平，陳希烈等數百人待罪，議者將悉抵死，帝意亦欲懲天下，故崔器等附致深文。峴時爲三司，獨曰：「法有首有從，情有重有輕，若一切論死，非陛下與天下惟新意。且羯胡亂常，誰不凌汙，衣冠奔亡，各顧其生，可盡責邪？陛下之親戚勳舊子若孫，一日皆血鈇砧，尙爲仁恕哉？書稱『殲厥渠魁，脅從罔治』。況河北殘孽劫服官吏，其人尙多，今不開自新之路而盡誅之，是堅叛者心，使爲賊致死。困獸猶鬬，況數萬人乎？」於是，器與呂諲皆齪齪文吏，操常議，不及大體，尙騰頰固爭，數日乃見聽。衣冠蒙更生，賊亦不能使人歸怨天子，峴力也。

峴兄峘、嶧。峘從上皇，峴翊戴肅宗，以勳力相高，同時爲御史大夫，俱判臺事，又合制封公，而嶧爲戶部侍郎、銀青光祿大夫，同居長興里第，門列三戟。

李勉字玄卿，鄭惠王元懿曾孫。父擇言，累爲州刺史，封安德郡公，以吏治稱。張嘉貞爲益州都督，性簡貴，接部刺史倨甚，擇言守漢州，獨引同榻坐，講繹政事，名重當時。

勉少喜學，內沈雅，外清整。始調開封尉，汴州水陸一都會，俗厖錯，號難治，勉摧姦決隱爲有名。從肅宗於靈武，擢監察御史。時武臣崛興，無法度，大將管崇嗣背闕坐，笑語譁縱，勉劾不恭，帝歎曰：「吾有勉，乃知朝廷之尊！」遷司膳員外郎。關東獻俘百，將即死，有歎者，勉過問，曰：「被脅而官，非敢反。」勉入見帝曰：「寇亂之汙半天下，其欲澡心自歸無繇。如盡殺之，是驅以助賊也。」帝馳騎完宥，後歸者日至。

累爲河東王思禮、朔方河東都統李國貞行軍司馬，進梁州刺史。勉假王晬南鄭令，晬爲權幸所誣，詔誅之。勉曰：「方藉牧宰爲人父母，豈以讒殺良吏乎？」即拘晬，爲請得免。晬後以推擇爲龍門令，果有名。

羌、渾、奴剌寇州，勉不能守，召爲大理少卿。然天子素重其正，擢太常少卿，欲遂柄用。而李輔國諷使下己，勉不肯，乃出爲汾州刺史。歷河南尹，徙江西觀察使。厲兵睦鄰，平賊屯。部人父病，爲蠱求厭者，以木偶署勉名埋之，掘治驗服，勉曰：「是爲其父，則孝也。」縱不誅。入爲京兆尹兼御史大夫。魚朝恩領國子監，威寵震赫，前尹黎幹諂事之，須其入，敕吏治數百人具以餉。至是吏請，勉不從，曰：「吾候太學，彼當見享，軍容幸過府，則脩具。」朝恩銜之，亦不復至太學。

尋拜嶺南節度使。番禺賊馮崇道、桂叛將朱濟時等負險爲亂，殘十餘州，勉遣將李觀率容州刺史王翃討斬之，五嶺平。西南夷舶歲至纔四五，譏視苛謹。勉既廉絜，又不暴征，明年至者乃四十餘柁。居官久，未嘗抆飾器用車服。後召歸，至石門，盡搜家人所蓄犀珍投江中。時人謂可繼宋璟、盧奐、李朝隱；部人叩闕請立碑頌德，代宗許之。進工部尚書，封汧國公。

滑亳節度使令狐彰且死，表勉爲代，從之。勉居鎮且八年，以舊德方重，不威而治，東諸帥暴桀者皆尊憚之。田神玉死，詔勉節度汴宋，未行，汴將李靈耀反，魏將田悅以兵來，叩汴而屯，勉與李忠臣、馬燧合討之。淮西軍據汴北，河陽軍壁其東，大將杜如江、尹伯良與悅戰匡城，不勝。徙壘與靈耀合，忠臣將軍李重倩夜攻其營，與河陽軍合譟，賊不陣潰，悅走河北，靈耀奔韋城，爲如江所禽，勉縛以獻，斬闕下。既而忠臣專汴，故勉還滑臺。明年，忠臣爲麾下所逐，復詔勉移治汴。德宗立，就加同中書門下平章事。俄爲汴宋、滑亳、河陽等道都統。

建中四年，李希烈圍襄城，詔勉出兵救之，帝又遣神策將劉德信以兵三千援接。勉奏言：「賊以精兵攻襄城，而許必虛，令兵直擣許，則襄圍解。」不待報，使其將唐漢臣與德信襲許，未至數十里，有詔詰讓，二將懼而還，次扈澗，不設備，爲賊所乘，殺傷什五，輜械盡亡。漢臣走汴，德信走汝。勉懼東都危，復遣兵四千往戍，賊斷其後不得歸。於是希烈自將攻勉，勉氣索，嬰守累月，援莫至，裒兵萬人潰圍出，東保睢陽。

興元元年，勉固讓都統，以檢校司徒平章事召。既見帝，素服待罪，詔不許，勉內愧，取充位而已，不敢有所與。貞元初，帝起盧杞爲刺史，袁高還詔不得下。帝問勉曰：「衆謂盧杞姦邪，朕顧不知，謂何？」勉曰：「天下皆知，而陛下獨不知，此所以爲姦邪也。」時韙其對，然自是益見疏。居相二歲，辭位，以太子太師罷。卒年七十二，贈太傅，謚曰貞簡。

勉少貧狹，客梁、宋，與諸生共逆旅，諸生疾且死，出白金曰：「左右無知者，幸君以此爲我葬，餘則君自取之。」勉許諾，既葬，密置餘金棺下。後其家謁勉，共啓墓出金付之。位將相，所得奉賜，悉遺親黨，身沒，無贏藏。其在朝廷，鯁亮廉介，爲宗臣表。禮賢下士有終始，嘗引李巡、張參在幕府，後二人卒，至宴飲，仍設虛位沃饋之。遣戍兵，常視其資糧，春秋存問家室，故能得人死力。善鼓琴，有所自製，天下寶之，樂家傳「響泉」、「韻磬」，勉所愛者。

李夷簡字易之，鄭惠王元懿四世孫。以宗室子始補鄭丞。德宗幸奉天，朱泚外示迎天子，遣使東出關至華，候吏李翼不敢問。夷簡謂曰：「泚必反。向發幽、隴兵五千救襄城，乃賊舊部，是將追還耳。上越在外，召天下兵未至，若凶狡還西，助泚送死，危禍也。請驗之。」

翼馳及潼關，果得召符，白于關大將駱元光，乃斬賊使，收僞符，獻行在。詔卽拜元光華州刺史。元光掠功，故無知者。

夷簡棄官去，擢進士第，中拔萃科，調藍田尉。遷監察御史。坐小累，下遷虔州司戶參軍。九歲，復爲殿中侍御史。元和時，至御史中丞。京兆尹楊憑性驁侻，始爲江南觀察使，冒没于財。夷簡爲屬刺史，不爲憑所禮。至是發其貪，憑貶臨賀尉，夷簡賜金紫，以戶部侍郎判度支。

俄檢校禮部尙書、山南東道節度使。初，貞元時，取江西兵五百戍襄陽，制蔡右脅，仰給度支，後亡死略盡，而歲取貲不置。夷簡曰：「迹空文，苟軍興，可乎？」奏罷之。閱三歲，徙帥劍南西川。巂州刺史王顒積姦贓，屬蠻怒，畔去。夷簡逐顒，占檄諭禍福，蠻落復平。始，韋皋作奉聖樂，于頔作順聖樂，常奏之軍中，夷簡輒廢去，謂禮樂非諸侯可擅制，語其屬曰：「我欲蓋前人非，以詒戒後來。」

十三年，召爲御史大夫，進門下侍郎、同中書門下平章事。李師道方叛，裴度當國，帝倚以平賊，夷簡自謂才不能有以過度，乃求外遷，以檢校尙書左僕射平章事爲淮南節度使。

穆宗立，有司方議廟號，夷簡建言：「王者祖有功，宗有德。大行皇帝有武功，廟宜稱祖。」詔公卿禮官議，不合，止。久之，請老，朝廷謂夷簡齒力可任，不聽，以右僕射召，辭不拜；復以檢校左僕射兼太子少師，分司東都。明年卒，年六十七，贈太子太保。夷簡致位顯處，以直自閑，未嘗苟辭氣悅人。歷三鎭，家無產貲。病不迎醫，將終，戒毋厚葬，毋事浮屠，無碑神道，惟識墓則已。世謂行己能有終始者。

李程字表臣，襄邑恭王神符五世孫也。擢進士宏辭，賦日五色，造語警拔，士流推之。調藍田尉，縣有滯獄十年，程單言輒判。京兆狀最，遷監察御史。召爲翰林學士，再遷司勳員外郎，爵渭源縣男。德宗季秋出畋，有寒色，顧左右曰：「九月猶衫，二月而袍，不爲順時。朕欲改月，謂何？」左右稱善，程獨曰：「玄宗著月令，十月始裘，不可改。」帝矍然止。學士入署，常視日影爲候，程性懶，日過八塼乃至，時號「八塼學士」。

元和三年，出爲隨州刺史，以能政賜金紫服。李夷簡鎭西川，辟成都少尹。以兵部郎中入知制誥。韓弘爲都統，命程宣慰汴州。歷御史中丞、鄂岳觀察使，還爲吏部侍郎。

敬宗初，以本官同中書門下平章事。帝冲逸，好宮室畋獵，功用奢廣。程諫曰：「先王以儉德化天下，陛下方諒陰，未宜興作，願回所費奉園陵。」帝嘉納。又請置侍講學士，選名臣備訪問。加中書侍郎，進彭原郡公。寶曆二年，檢校吏部尚書、同平章事，爲河東節度使。

徙河中。召拜尚書左僕射。俄檢校司空，領宣武、山南東道節度。再爲僕射。先是，元和、長慶時，僕射視事，百官皆賀，四品以下官答拜。大和四年，詔不答拜。王涯、竇易直行之自如，程循其故，不自安，言諸朝。御史中丞李漢謂不答拜於禮太重，文宗不許，聽用大和詔書。議者不善也。

程爲人辯給多智，然簡倪無儀檢，雖在華密，而無重望。最爲帝所遇，嘗曰：「高飛之翮，長者在前。卿朝廷羽翮也。」武宗立，爲東都留守。卒，年七十七，贈太保，謚曰繆。

子廓，第進士，累遷刑部侍郎。大中中，拜武寧節度使，不能治軍。補闕鄭魯奏言：「新麥未登，徐必亂。」既而果逐廓，乃擢魯起居舍人。

李石字中玉，襄邑恭王神符五世孫。元和中，擢進士第，辟李聽幕府，從歷四鎮，有材略，爲吏精明。聽每征伐，必留石主後務。大和中，爲行軍司馬。聽以兵北渡河，令石入奏，占對華敏，文宗異之。府罷，擢工部郎中，判鹽鐵案。令狐楚節度河東，引爲副使。入遷給事中，累進戶部侍郎，判度支。

帝惡李宗閔等以黨相排，背公害政，凡舊臣皆疑不用，取後出孤立者，欲懲刈之，故李訓等至宰相。訓誅死，乃擢石以本官同中書門下平章事，仍領度支。石器雄遠，當軸秉權亡所撓。

方是時，宦寺氣盛，陵暴朝廷，每對延英，而仇士良等往往斥訓以折大臣，石徐謂曰：「亂京師者訓、注也，然其進，孰爲之先？」士良等恧縮不得對，氣益奪，搢紳賴以爲彊。它日紫宸殿，宰相進及陛，帝喟而嘆，石進曰：「陛下之歎，臣固未諭，敢問所從。」帝曰：「朕歎治之難也。且朕即位十年，不能得治本。故前歲有疾，今茲震擾，皆自取之。夫託億兆之上，不能以美利及百姓，焉得久無事乎？」石曰：「陛下罪己當然，然責治太早，雖十年孜孜養德，適成爾。天下治不治，要自今觀之。且人之氣志，雖賢聖猶有優劣，故仲尼稱：『三十而立，四十不惑。』陛下春秋少，非起人間也，而知人情僞。今自視何如即位時？」帝曰：「有間矣。」石曰：「古之聖賢，必觀書以考察往行，然後成治功。陛下積十年，盛德日新，然向所以疾戾震驚者，天其固陛下之志乎！誠務修將來之政，視太宗致昇平之期，猶不爲晚。」帝曰：「行之得至乎？」石曰：「今四海夷一，唯登拔才良，使小大各任其職，愛人節用，國有餘力，下不加賦，太平之術也。」

于時大臣新族死，歲苦寒，外情不安。帝曰：「人心未舒何也？」石曰：「刑殺太甚，則致陰沴。比鄭注多募鳳翔兵，至今誅索不已，臣恐緣以生變，請下詔尉安之。」帝曰：「善。」又問：「奈何致太平之難？」鄭覃曰：「欲天下治，莫若恤人。」石卽贊曰：「恤之得術，倘何太平之難？陛下節用度，去冗食，簿最不得措其姦，則百司治。百司治，天下安矣。」帝戚然曰：「我思貞觀、開元時以視今日，卽氣拂吾膺。」石曰：「治道本於上，而下罔敢不率。」帝曰：「不然。張元昌爲左街副使，而用金唾壺，比坐事誅之。吾聞禁中有金鳥錦袍二，昔玄宗幸溫泉，與楊貴妃衣之，今富人時時有之。」石曰：「毛玠以清德爲魏尙書，而人不敢鮮衣美食，況天子獨不可爲法乎？」

是時，宰相吏卒因內變多死，詔江西、湖南索募直助召士力。石建言：「宰相左右天子教化，若徇正忘私，宗廟神靈，猶當祐之，雖有盜，無害也。有如挾姦自欺，植權黨，害正直，雖加之防，鬼得以誅。無所事於召募，請直以金吾爲衞。」帝嘗顧鄭覃曰：「覃老矣，當無妄，試諭我猶漢何等主？」覃曰：「陛下文、宣主也。」帝曰：「渠敢望是！」石欲彊帝志使不怠，因曰：「陛下之問而覃之對，臣皆以爲非。顏回匹夫耳，自比於舜。陛下有四海，春秋富，當觀得失於前，日引月長，以齊堯、舜，奈何比文、宣而又自以爲不及。惟陛下開肆厥志，不以文、宣自安，則大業濟矣。」

中人自邊還，走馬入金光門，道路妄言兵且至，京師讙走塵起，百官或韈而騎，臺省吏稍稍遁去。鄭覃將出，石曰：「事未可知，宜坐須其定。宰相走，則亂矣。若變出不虞，逃將安適？人之所瞻，不可忽也。」益治簿書，沛然如平時。里閭羣無賴望南闕，陰持兵俟變。金吾大將軍陳君賞率衆立望仙門，內使趣闔門，君賞不從，日入乃止。當是時，非石鎮靜、君賞有謀，幾亂。

開成赦令：賜京畿一歲租；停方鎮正、至、端午三歲獻，以其直代百姓醞緡；天下非藥物茗果，它貢悉禁；又罷宣索、營造。帝曰：「朕務其實，不欲事空文。」石以異時詔令，天子多自踰之，因請「內置赦令一通，以時省覽。臨遣十道黜陟使，敕以政治根本，使與長吏奉行之，乃盡病利」。

俄進中書侍郎。帝嘗曰：「朕觀晉君臣以夷曠致傾覆，當時卿大夫過邪？」石曰：「然。古詩有之：『人生不滿百，常懷千歲憂』，畏不逢也；『晝短苦夜長』，闇時多也；『何不秉燭游』，勸之照也。臣願捐軀命濟國家，惟陛下鑒照不惑，則安人彊國其庶乎。」又言：「致治之道在得人。德宗多猜貳，仕進之塗塞，奏請輒報罷，東省閉闥累月，南臺惟一御史。故兩河諸侯競引豪英，士之喜利者多趨之，用爲謀主，故藩鎮日橫，天子爲旰食。元和間進用日廣，陛下嗣位，惟賢是咨，士皆在朝廷。彼疆宇甲兵如故，而低摧順屈者，士不之助也。」帝曰：「天下之勢猶持衡然，此首重則彼尾輕矣。其爲我博選士，朕且用之。」石奏：「咸陽令韓遼治興成渠，渠當咸陽右十八里，左直永豐倉，秦、漢故漕。渠成，起咸陽，抵潼關，三百里無車輓勞，則輳下牛盡可耕，永利秦中矣。」李固言曰：「然恐役非其時，奈何？」帝曰：「以陰陽拘畏乎？苟利於人，朕奚慮哉？」石用韓益判度支案，以贓敗。石曰：「臣本以益知財利，不保其貪。」帝曰：「宰相任人，知則用，過則棄，謂之至公。它宰相所用，彊蔽其過，此其私也。」

三年正月，將朝，騎至親仁里，狙盜發，射石傷，馬逸，盜邀斫之坊門，絶馬尾，乃得脫。天子駭愕，遣使者慰撫，賜良藥。始命六軍衞士二十人從宰相。是日京師震恐，百官造朝纔十一。石因臥家固辭位，有詔以中書侍郎平章事爲荆南節度使。始，訓、注亂，權歸閹豎，天子畏偪，幾不立。石起爲相，以身徇國，不卹近倖，張權綱，欲彊王室，收威柄。而仇士良疾之，將加害，帝知其然，而未爲之，遂罷去。遣日，饗賚都闕，士人恨憤。石讓中書侍郎，換檢校兵部尚書，它不聽。

會昌三年，檢校司空，徙節河東。會伐潞，詔以太原兵助王逢軍楡社。石起橫水戍千五百人，令別將楊弁領之。常日軍興，人賜二縑治裝，會財匱而給以半，士怨；又促其行，弁乘隙激衆以亂，還兵逐石出之。詔以太子少傅分司東都，俄檢校吏部尚書，即拜留守。卒，年六十二，贈尚書右僕射。

弟福，字能之。大和中，第進士。楊嗣復領劍南，辟幕府。崔鄲輔政，兼集賢殿大學士，引爲校理。調藍田尉。後石當國，薦福可任治人，繇監察御史至戶部郎中，累歷州刺史，進諫議大夫。大中時，党項羌震擾，議者以將臣貪牟產虜怨，議擇儒臣治邊。乃授福夏綏銀節度使，宣宗臨軒諭遣。福以善政聞，徙鎭鄭滑，再遷兵部侍郎，判度支，出爲宣武節度使，入遷戶部尚書。會蠻侵蜀，詔福持節宣撫，卽拜劍南西川節度使，同中書門下平章事。與蠻戰敗績，貶蘄王傅，分司東都。

僖宗初，以檢校尚書左僕射就拜留守，改山南東道節度使。王仙芝寇山南，福團訓鄉兵，邀險須之，賊不敢入，轉略岳、鄂，以逼江陵。節度使楊知溫求援於福，乃自將州兵，率沙陀壯騎五百赴之。賊已殘江陵郛而聞福至，乃走。以勞檢校司空、同中書門下平章事。還朝，以太子太傅卒。

李回字昭度，新興王德良六世孫，本名躔，字昭回，避武宗諱改焉。長慶中，擢進士第，又策賢良方正異等，辟義成、淮南幕府，稍遷監察御史，累進起居郎。李德裕雅知之。爲人彊幹，所涖無不辦。繇職方員外郎判戶部案。四遷中書舍人。

會昌中，以刑部侍郎兼御史中丞。時方伐劉稹，武宗慮河朔列鎭陰相締以橈兵事，德裕薦回持節往諭何弘敬、王元逵，以「澤潞邇京、洛，非若河北三鎭，國家許世以壤地傳子孫者。且稹父子無功，悖誼理。上以邢、洺、磁三州與河北比境，用軍莫便魏、鎭。且王師不欲輕出山東，請公等取三州報天子」。二將聽命。又張仲武以幽州兵攻回鶻，而與劉沔不協。回至，諭以大義，仲武釋然，卽合太原軍攻潞。復以回爲使，督戰至蒲東，王宰、石雄櫜鞬謁道左，回不弛行，顧左右呼直史責破賊限牒，宰等震恐，期六旬取潞，否則死之。未及期二日，賊平。以戶部侍郎判戶部事。俄進中書侍郎、同中書門下平章事。

武宗崩，爲山陵使，遷門下侍郎，兼戶部尙書。出爲劍南西川節度使。以與德裕善，決吳湘獄，時回爲中丞，坐不糾擿，貶湖南觀察使。俄以太子賓客分司東都。給事中還制，謂責回薄，遂貶賀州刺史。徙撫州長史，卒。大中九年，詔復湖南觀察使，贈刑部尙書。

贊曰：周之卿士，周、召、毛、原，皆同姓國也。唐宰相以宗室進者九人。林甫姦諛，幾亡天下。李程知柔，在位無所發明。其餘以材稱職，號賢宰相。秦、隋棄親侮賢，皆二世而滅。周、唐任人不疑，得親親用賢之道，饗國長久。嗚呼盛歟！